司法書士目線で答える

会社の法務実務

株式・株主関係実務から契約関係実務、予防法務まで
企業法務全般を解説

司法書士 堀江 泰夫［監修］
司法書士 早川 将和［編著］
日本組織内司法書士協会［著］

日本加除出版株式会社

推薦の言葉

　本書の編者は，「日本組織内司法書士協会」というやや聞き慣れない団体に属しており，著者は，企業内の法務事務に従事している司法書士有資格者です。

　近時，企業におけるコンプライアンスの不履行による不祥事が続発しています。これに応じて，企業内の法務チェックの必要性も高まり，企業内にあって司法書士の役割も高まっています。株主総会や取締役会が実際は開かれていないのに登記のための議事録が存在し，「株主総会や取締役会は，司法書士のパソコンの中にある。」と揶揄される状態は，殆どなくなったようです。

　本書は，一問一答式で，問題に対する答えとその解説で構成されています。

　株主総会，取締役会の運営，新株発行など企業法務が取り扱う基本的な問題のみでなく，不動産の証券化やコーポレートガバナンスの問題など最新の問題も取り上げられていて，説明は，実務的で，平易で分かり易く書かれています。

　企業内法務部門には，司法書士のみでなく，弁護士もかなりの数入ってきています。企業内の法務部門にも人が育っています。企業法務はこれらの者の競争状態にあります。会社法の重要な行為は，登記と結びついており，登記申請の専門職である司法書士は，この競争の中で名誉ある地位を占めるのが望ましいと考えます。また，企業内にある者のみでなく，司法書士は，商業登記を基本として，もっと企業の法務についてより関与するよう努めることが望ましい。

　本書は，企業法務にかかわる司法書士向けに書かれていますが，すべ

ての司法書士に有益であり，さらに，司法書士のみでなく，弁護士を始め，企業法務の関係者の座右に置かれ，広く読まれることを期待します。

平成 30 年 9 月

弁護士・元日本公証人連合会会長

笕　康生

ま え が き

　企業法務の一角を占める会社法・商業記法分野は，司法書士の根幹業務です。しかしながら，この分野は近年の会社法改正による役員任期の長期化などにより登記件数が激減しているほか，対立構造や複数当事者間の利害関係が生じる不動産登記とは異なり，登記申請それ自体は，いわゆる手間取り的な見方をされてしまうことが少なくありません。

　私たちは，組織で働く司法書士及び司法書士有資格者の団体です。組織で働く我々の立場から見ると，企業が司法書士に商業登記業務を委任する意義を認め，司法書士がそれに応えていくためには，従来の「結論の出ている案件の登記処理」という手間取りからの脱却が不可欠であり，そのためには，企業が抱える問題の全体像を理解し，より本質的なアドバイスとともに登記業務を遂行する姿勢を持つことが必要だと考えています。本来，登記という独占分野を持ち，手続法に精通している司法書士は，このような姿勢で周辺分野の知見を高めることで，登記業務のみならず，企業の法務パートナーとなることができる素地があるはずです。

　これまでも，分野ごとの書籍は数多く出版されていますが，分野によっては法律的に解説しているものが少なかったり，あるいは，法律の専門書があっても局所的過ぎて全体がつかめないということが少なくありませんでした。これは，私が司法書士事務所で企業法務分野の仕事をしていたときに感じていたことでした。

　本書では，周辺分野の知識を，実際に企業で法務実務を担う日本組織内司法書士協会のメンバーが解説することで，司法書士が周辺分野についての概要と法的なポイントを掴むことができる書籍を目指しました。

本書が企業法務の一端を担う司法書士の皆様の一助になり，ひいては，我々のような組織で働く司法書士及び司法書士有資格者が認知されるきっかけとなれば幸いです。

　平成 30 年 9 月

日本組織内司法書士協会　発起人・幹事

早川　将和

凡　例

[1] 法令の略語

　　平成 29 年改正民法……改正民法

　　外国為替及び外国貿易法……外為法

　　会社計算規則……会計規

　　会社法施行規則……会社規

　　企業内容等の開示に関する内閣府令……開示府令

　　金融商品取引業等に関する内閣府令……金商業等府令

　　金融商品取引法……金商法

　　私的独占の禁止及び公正取引の確保に関する法律……独占禁止法／独禁法

　　社債，株式等の振替に関する法律……振替法

　　消費者の財産的被害の集団的な回復のための民事の裁判手続の特例に関する法律
　　　　……消費者裁判手続特例法

　　短時間労働者の雇用管理の改善等に関する法律……パートタイム労働法

　　知的財産基本法……知財基法

　　投資信託及び投資法人に関する法律……投信法

　　不正競争防止法……不競法

　　不当景品類及び不当表示防止法……景品表示法

　　民事訴訟法……民訴法

　　労働基準法……労基法

　　労働契約法……労契法

　　労働審判法……労審法

[2] 判例集・雑誌の略語

　　最高裁判所民事判例集……民集

　　下級裁判所民事裁判例集……下民集

　　大審院民事判例録……民録

　　判例時報……判時

　　判例タイムズ……判タ

　　労働判例……労判

　　労働経済判例速報……労経速

[3] 引用文献等の略語

　　江頭憲治郎『株式会社法〔第 7 版〕』（有斐閣，2017）……江頭

目 次

第 **1** 企業法務とは

Q 1 企業法務とは何か...1
　　　1　企業法務の一般的な分類　*1*／2　企業法務の具体的業務
　　　2

第 **2** 株式関係

Q 2 上場会社の株式事務...7
　　　1　振替法　*7*／2　金融庁　*9*／3　取引所　*9*／4　ほふり
　　　10／5　株主名簿管理人　*10*／6　証券会社　*11*

Q 3 上場準備・手続..12
　　　1　関係者とその役割　*12*／2　会社の状況その事前準備手
　　　続（上場申請まで）　*18*／3　上場申請後新株発行まで　*20*／4
　　　上場後の開示体制に向けた準備　*21*

Q 4 新株発行..22
　　　1　募集・売出し　*22*／2　上場企業の新株発行　*23*

Q 5 自己株式の取得...27
　　　1　分配可能額規制　*27*／2　取得方法の規制　*27*／3　上場
　　　会社における具体的な取引の方法　*29*／4　手続　*32*／5
　　　会計・税務　*33*

Q 6 上場株式の取引...34
　　　1　市場取引の仕組み　*34*／2　金融商品取引所に上場され
　　　た株式取引のルール　*34*／3　名義書換えのルール　*36*／4
　　　インサイダー取引　*37*

vii

第3 ガバナンス

Q 7 上場会社の機関設計 ……………………………………………41
　　1　各機関の特徴　*41*／2　機関の選択について　*45*

Q 8 コーポレートガバナンス・コード ………………………48
　　1　CG コードの概要　*48*／2　CG コードの特色　*50*／3
　　CG コード対応　*51*

Q 9 役員報酬に関する規制 ……………………………………53
　　1　役員報酬に関する会社法上の規制　*53*／2　役員報酬に
　　関する税法上の規制　*57*／3　役員報酬に関する開示規制
　　58

Q10 役員報酬の改定手続 ………………………………………60
　　1　役員報酬の改定に当たっての会社法上の手続　*60*／2
　　役員報酬の改定に当たっての税務上の手続　*61*

Q11 D & O 保険 …………………………………………………62
　　1　D & O 保険の概要　*62*／2　保険契約・約款・特約の概
　　略　*62*／3　利益相反，経済産業省ガイドライン　*63*

第4 会議体

Q12 株主総会の開催 ……………………………………………65
　　1　基本スケジュールの策定　*66*／2　株主総会業務関係者
　　との協働（株主総会事務局業務）　*69*／3　付議議案の検討，決
　　定並びに招集通知の作成及び発送（議決権行使集計）　*70*／4
　　想定問答集の作成　*74*／5　議事運営ルールの確認及びリ
　　ハーサルの実施　*75*／6　株主総会当日の対応　*78*／7　終
　　了後の諸手続　*81*

Q13 取締役会の運営 ……………………………………………84
　　1　年間開催スケジュールの策定　*84*／2　議案及び報告事
　　項等関係資料の作成　*86*／3　取締役会の招集並びに取締役
　　会議長及び社外役員等への事前説明　*88*／4　取締役会当日
　　の議事運営（審議の充実化）　*90*／5　終了後の諸手続　*92*

viii

目　次

第5　グループ会社管理

Q14　グループ会社化のメリット……………………………………94

1　経営責任の明確化及び意思決定の迅速化　*94*／2　業容
に応じた人事戦略の選択　*95*／3　事業等リスクの遮断　*96*
／4　事業・組織再編への対応　*96*

Q15　グループ会社管理……………………………………………97

1　機関設計―社外性，非業務執行役員の適格性　*97*／2
競業・利益相反取引　*100*／3　親子・関連会社間取引　*101*

Q16　グループ会社管理に必要な情報……………………………103

1　グループ会社基礎情報などの把握　*103*／2　グループ会
社間で把握が必要となるその他の情報　*105*／3　基準設定
となるグループ会社共通の規程　*106*／4　情報共有体制
107

第6　M＆A

Q17　M＆Aの全体の流れ…………………………………………109

1　全体像　*109*／2　準備段階における手続　*111*／3　マッ
チング段階における手続　*111*／4　実行段階における手続
111

Q18　スキームの選択方法…………………………………………118

1　M＆Aの対象の判断基準　*118*／2　受入主体の判断基
準　*119*／3　対価の選択　*120*／4　コスト・時間・リスク
の精査　*121*／5　M＆Aの代表的なスキーム　*124*

Q19　DDで確認すべき事項…………………………………………131

1　潜在債務・偶発債務の有無　*131*／2　株券，潜在株式の
有無（株主名簿，新株予約権名簿，転換社債原簿登記簿，議事録）
132／3　訴訟・紛争・クレームの有無（インタビュー）　*132*／
4　チェンジオブコントロール（COC）（契約書）　*132*／5　契
約上の地位譲渡の禁止条項（契約書）　*132*／6　競業避止条項
（契約書）　*132*／7　許認可（許認可証）　*133*／8　保証債務（イ
ンタビュー，議事録）　*133*／9　残業問題の有無（就業規則，36協
定，タイムカード，賃金台帳）　*133*／10　未払残業代・社会保険

ix

未加入者の有無（上記9と同様）*133*／11　労働基準監督署からの指摘の有無（インタビュー）*133*

Q20　M＆Aで締結する契約書 ·· 134

1　秘密保持契約（CA，NDA）*134*／2　基本合意書（LOI，MOU）*135*／3　最終契約書（DA，SPA）*138*

Q21　最終契約書に記載すべきM＆A特有事項 ·················· 140

1　特に注意すべき事項　*140*

第**7**　不動産

Q22　土地・建物を借りる場合の留意点 ···························· 144

1　土地（借地）*144*／2　建物（借家）*148*

Q23　不動産管理をする場合の留意点 ······························· 151

1　契約関係のある当事者間の紛争　*151*／2　契約関係にない第三者との間の紛争とその予防　*156*

Q24　不動産売買の留意点 ·· 158

1　物件情報の取得・調査　*158*

Q25　不動産の証券化について ··· 160

1　不動産証券化の仕組み・基本構造　*160*／2　不動産証券化の主なスキーム　*163*

第**8**　契約書関係

Q26　契約審査におけるポイント ··· 168

1　契約自由の原則　*168*／2　契約書作成の目的　*170*／3　契約審査の一般的ポイント　*171*／4　契約審査の具体的ポイント　*179*

Q27　契約書管理の方法 ·· 192

1　契約書の保存・管理　*192*／2　契約書のデータベース化　*195*

目　次

第**9** 債権回収・与信管理

Q28 与信管理··198
　　1　与信管理の方法　*198*／2　与信管理を意識した契約交渉
　　202／3　物的担保の取得　*203*／4　人的担保の取得　*204*

Q29 債権回収··206
　　1　債務者の協力が得られる場合　*206*／2　債務者の協力が
　　得られない場合　*208*

第**10** 会計税務

Q30 会計・税務···211
　　1　会社法会計　*211*／2　金融商品取引法会計　*212*／3　税
　　務会計　*212*

第**11** 内部統制

Q31 内部統制システム···214
　　1　内部統制システムの概要　*214*／2　決定すべき事項
　　215／3　事業報告等による開示　*215*

Q32 内部統制システムの体制整備··217
　　1　会社法に基づく内部統制の具体例　*217*／2　財務報告に
　　関する内部統制の具体例　*219*

第**12** 労務関係

Q33 従業員雇用···220
　　1　雇用時の労働契約，労働条件決定に関する法規制　*220*
　　／2　労働条件を定める契約等　*221*／3　各種保険に関する
　　届出手続　*223*／4　雇用に関するその他の留意点　*224*

Q34 労働時間管理··227
　　1　労働時間，休憩・休日に関する労働基準法の定め　*227*
　　／2　時間外労働　*228*／3　上記規制が適用されない「管理

xi

監督者」に関する留意点　*229*

Q35　労務トラブルへの対処 ………………………………………………………231
　　1　従業員による問題行動への対応　*231*／2　従業員退職後のトラブル　*234*

Q36　紛争解決方法 …………………………………………………………………235
　　1　都道府県労働局長による紛争解決方法　*235*／2　労働委員会による紛争解決方法　*236*／3　その他の行政による紛争解決方法　*237*／4　労働審判（労働審判法）　*237*

第 **13**　社内規程・文書管理

Q37　社内規程 …………………………………………………………………………239
　　1　社内規程の体系及び種類　*239*／2　主な規程のカテゴリー及び規程の内容　*239*

Q38　文書管理 …………………………………………………………………………245
　　1　文書の保存期間　*245*／2　秘密文書の取扱い　*246*／3　文書の持出し等の管理　*247*

第 **14**　知財・不正競争防止法

Q39　知的財産権 ………………………………………………………………………248
　　1　総論　*248*／2　特許権　*248*／3　実用新案権　*250*／4　意匠権　*251*／5　商標権　*252*／6　著作権　*254*

Q40　職務発明・職務著作 ……………………………………………………………257
　　1　職務発明　*257*／2　職務著作　*258*

Q41　不正競争防止法 …………………………………………………………………259
　　1　目的　*259*／2　不正競争行為　*259*

第 **15**　独占禁止法・下請法

Q42　独占禁止法・下請法の概要 ……………………………………………………261
　　1　独占禁止法　*261*／2　下請法　*263*

xii

目　次

Q43　独占禁止法上の届出⋯⋯⋯⋯⋯⋯⋯⋯⋯⋯⋯⋯⋯⋯⋯⋯266
　　　1　届出制度の概要　*266*／2　届出後の審査　*267*

Q44　独占禁止法，下請法の実務対応⋯⋯⋯⋯⋯⋯⋯⋯⋯⋯270
　　　1　流通・取引慣行ガイドライン（流通・取引慣行に関する独占禁
　　　止法上の指針）　*270*／2　優越的地位の濫用　*272*／3　代金の
　　　支払等，取引条件に関する下請法の適用　*274*／4　返品に
　　　関する下請法の適用　*276*

Q45　独禁法・下請法に関する調査⋯⋯⋯⋯⋯⋯⋯⋯⋯⋯⋯277
　　　1　下請法に関する調査　*277*／2　独占禁止法に関する調査
　　　277

第 16　消費者関連

Q46　企業法務から見た消費者法⋯⋯⋯⋯⋯⋯⋯⋯⋯⋯⋯⋯279
　　　1　B to C 取引と企業法務　*279*／2　消費者法　*280*／3　消
　　　費者団体訴訟制度　*281*

Q47　表示・広告と消費者法⋯⋯⋯⋯⋯⋯⋯⋯⋯⋯⋯⋯⋯⋯283
　　　1　表示・広告と消費者法　*283*／2　景品表示法による不当
　　　な表示の禁止　*284*／3　積極的表示が要求されている法令
　　　について　*286*

Q48　消費者契約法⋯⋯⋯⋯⋯⋯⋯⋯⋯⋯⋯⋯⋯⋯⋯⋯⋯⋯287
　　　1　消費者契約とは　*287*／2　不当な勧誘行為が行われた場
　　　合について（取消権の発生）　*287*／3　不当な契約条項につい
　　　て（条項の無効）　*289*／4　改正法の動向について　*290*

Q49　個人情報保護法⋯⋯⋯⋯⋯⋯⋯⋯⋯⋯⋯⋯⋯⋯⋯⋯⋯291
　　　1　個人情報保護法とは　*291*／2　個人情報に係る規制につ
　　　いて　*292*／3　匿名加工情報に係る規制について　*296*／4
　　　認定個人情報保護団体　*297*

事項索引⋯⋯⋯⋯⋯⋯⋯⋯⋯⋯⋯⋯⋯⋯⋯⋯⋯⋯⋯⋯⋯⋯⋯299
執筆者紹介⋯⋯⋯⋯⋯⋯⋯⋯⋯⋯⋯⋯⋯⋯⋯⋯⋯⋯⋯⋯⋯⋯305

xiii

企業法務とは

Q1 企業法務とは何か

企業法務の業務範囲（対象業務）を教えてください。

A 企業法務には，明確な定義はありません。企業が関わる全ての法律業務が企業法務だといえるでしょう。したがって，企業の業種や規模によって，実際の企業法務の対象も異なります。

解説

一口に企業法務といっても，その対象は広範に及びます。また，金融，メーカー，サービス業，マスコミ等，企業の業種によって，その活動内容が異なることから，当然法務業務も異なることになります。

なお，「企業法務」は，以前は「会社法務」と呼ばれることもありましたが，会社法務と言った場合，会社法・商業登記法に関する法務，つまり，「会社設立，株式，機関（経営管理），新株発行，組織変更，解散・清算」等の会社法関連業務だけが対象であると思われることがあるからでしょうか，最近では会社法務と呼ぶことはあまりないようです。

1 企業法務の一般的な分類

従来から，企業法務は一般的に，大きく①臨床法務，②予防法務，③戦略法務，④経営法務の4つに分けて説明されてきました。

① 臨床法務

これは，臨床医が個別具体的な病理現象に対処する様に，紛争発生時（企業活動における病理現象発生時）に，法的に対処し，解決する法務をいいます。具体的には，企業活動において発生した法的紛争，法律違反事件，各種訴訟，クレームへの対応・解決や債権回収等です。

② 予防法務

臨床法務の対象である病理現象を予防するための業務です。法令違反を

防ぎ，適切にリスクを管理するために，契約の作成や法律相談等を実施するとともに，社内に法遵守の教育・徹底をしていくこと等であり，リーガル・リスク対応と呼ばれることもあります。

③　戦略法務

企業活動の目的遂行のために，法務部門が自らの創意・工夫を基に個々の取引や企業の経営判断に際して新たな価値を創造するための提案をする業務のことです。つまり戦略部門としての機能を担うことであり，具体例としては，事業の再編に際して，どのようなスキームが最善・最適であるかを，会社法制上の手続や税制・会計上の考慮も踏まえて策定することが挙げられます。

④　経営法務

株主・債権者・地域社会・ユーザーなどの企業を取り巻くステークホルダー（利害関係者）の利益を考慮しながら，会社として何が合理的で適切なのかを評価・指導していくことです。

2　企業法務の具体的業務

1の企業法務の分類は，観念的な分類です。具体的な業務を基に分類すると，おおむね次のようになります。

①　契約業務

企業法務において最もボリュームの大きい業務です。企業法務では，売買契約，賃貸借契約，請負契約，寄託契約（倉庫寄託契約）等の典型契約の他，リース契約，人事労務契約，Ｍ＆Ａ業務における株式譲渡契約，合併・分割契約，事業譲渡契約等，ありとあらゆる契約業務があります。これらの契約業務をこなすためには民・商法の実体法はもとより，特別法・業法，税法を始めとする幅広い法律の理解が必要です。

②　債権管理・回収業務

規模の大小は別として，ほとんどの企業に必要となる業務です。売買契約一つをとっても，商品の引渡と現金の支払が同時になされる，いわゆる現実売買はまれです。ほとんどの商取引が，掛け売りであり，その場合は売掛金の管理と回収が必要となるわけです。

また，BtoC企業の場合，売掛金はあまり発生しないと思われますが，その場合は，買掛金の管理が重要な業務となります。

③ 株主総会関連業務

株主総会関連業務も重要な企業法務の業務です。株主総会の円滑な運営のためには，総会スケジュール・総会運営シナリオ・想定問答の作成業務と社内リハーサルの運営業務等が必要となります。その他，株主総会の前後を通じて株主に交付する招集通知，議決権行使書面，包括委任状等や決算公告・その他の公告，決議通知，臨時報告書等の各種法定書類の作成業務も重要です。

上場会社の場合は，さらに株主総会当日の会場警備のための警察署との連携や，特殊株主（総会屋・クレーマー等）対策業務もあります。最近は中小企業の場合でも，きちんと株主総会を開くことが多くなっています。

④ 裁判業務

企業が訴訟を提起され，また，自ら訴訟を提起する場合もあります。その場合，社外の弁護士事務所等の協力を得て訴訟に対応することになります。裁判事務を遂行する際には，訴訟対象の事案について事実認定を的確に行い，弁護士に正確に提示するとともに，弁護士と協議しながら会社にとって，ベストの対応をとることが重要な役割となります。

簡易裁判所管轄の訴訟（訴額140万円以下）の場合，簡易裁判所へ法務部員が代理人許可申請を申し立て，訴訟代理人として訴訟を遂行することもあります。

⑤ 会社法関連業務

企業法務の主体が会社である以上，幅広い会社法関連業務が企業法務の対象となります。子会社設立・役員変更等の各種商業登記もあります。③株主総会関連業務とも関係しますが，株式実務も重要な企業法務業務です。また株式譲渡，事業譲渡，合併，会社分割等のM&A・組織再編業務も対象となります。取締役会議事録・株主総会議事録等の法定書類の作成も，会社法関連業務として，重要な業務です。

上場会社の場合は，これらの法務業務以外に，いわゆる「ソフト・

ロー」（Soft Law）（国の法律（ハード・ロー）に対する観念で，「国の機関によって正式に強制的な実現がされない社会規範」を指します。）に関する業務も重要です。東京証券取引所の諸規則である有価証券上場規程，コーポレートガバナンス・コード（Q8「コーポレートガバナンス・コード」参照）等がその例です。

【図表：ソフト・ローとハード・ローの比較】

	ソフト・ロー	ハード・ロー
企　業	・上場会社コーポレートガバナンス原則 ・コーポレートガバナンス・コード	・会社法 ・各種法令
機　関 投資家	・国連責任投資原則 ・日本版スチュワードシップ・コード	・金融商品取引法
制度の 内　容	主に原理が提示され，各主体はその内容を尊重したうえで，自身が適切と考える行動を決定する	主に規制が提示され，各主体はその規制に従って，自身の行動を決定する
違反行為 への処罰	明確な処罰規定はなく，非拘束的	刑事罰，課徴金等の拘束力のある処罰

・『日本版スチュワードシップ・コードについて』（三菱 UFJ 信託資産運用情報 2014 年 12 月号）6 頁参照

⑥　不動産関連業務

　　不動産は，企業にとって重要な財産ですから，不動産に関する売買契約書・賃貸借契約害の作成（審査）と相手方との条件交渉，契約締結及び不動産登記手続は企業法務の重要な業務です。

　　不動産会社でなく，一般企業でも不動産を重要な資産として持っていることが多いですし，事業用不動産として賃借する場合もあります。

⑦　クレーム対応・反社会的勢力対応等

　　企業では，数多くの取引が行われるため，取引上のクレームやトラブルは避けることのできない問題です。取引対象の製品・原材料等について，瑕疵・数量不足・低品質・契約の不完全履行等を理由として，物の修補や，交換，代金減額，損害賠償，契約解除等の請求をされることがあります。この場合，個々の取引を法的に分析し，過失はないかといった検証を行い，場合によって減額に応じたり，逆に正当な理由を示してクレームとして拒否したりします。これらのクレーム対応も企業法務の重要な業務の1つです。

また，B to C 企業にとっては，一般消費者からのクレームが問題となることもあります。俗に「クレームは適切に対応することによって，自社及び自社製品・サービスに対する信頼を高め，顧客を自社のファンにすることも可能である。」と言われますが，いわゆる「モンスタークレーマー」も増えており，それらへの対応にも法務部門が直接・間接的に関わることもあります。

　さらに，いわゆる反社会的勢力への対応も，総務部門と共に法務部門が行うことがあります。

⑧　労務関連業務

　企業法務として，労働基準法，労働契約法及びこれらと関連する就業規則または労働協約による規制，判例法上の規制，特別法（育児介護休業法，公益通報者保護法等）による規制，賃金・退職金に関する賃金支払いに関する労働基準法上の原則，退職金の法的性格及び，賃金・退職金と会社の労働者に対する債権の相殺等に関連する業務があります。また，最近では雇い止め，各種ハラスメント（セクハラ・パワハラ）や過重労働・サービス残業等への対応も重要な業務です。

⑨　知的財産権関連業務

　特許法，実用新案法，著作権法，商標法等の知的財産権の管理・保全業務が挙げられます。メーカーにとっては自社特許の保護や他社特許の不侵害のための対応は生命線ですし，またマスコミや流通業にとっては，著作権や商標権は企業法務の重要な対象です。

⑩　内部統制・コンプライアンス関連業務

　内部統制及びコンプライアンスは，近年大会社にとっては不可欠の法務業務となっています。また，中小企業であっても，大企業との取引もありますので，適正な内部統制・コンプライアンス対応を求められることも多いです。これらの業務は各社によって担当部署が異なる（専門部署を置く企業も多い）こともありますが，いずれにしても法律知識が前提となるため，法務部門が全く関わらないということはなく，法務業務の一つに挙げられることが多いです。

第1　企業法務とは

⑪　独禁法関連業務

　　独占禁止法では，「私的独占」，「不当廉売」，「抱き合わせ販売」，「価格拘束」，「優越的地位の濫用」等の行為は規制されています。また下請法では，親事業者の禁止行為が詳細に定められています。独禁法・下請法違反のないよう十分に留意することも，企業法務の重要な業務です。

　　近年独禁法及び下請法の運用の厳格化が顕著です。また，日本国内の独禁法にだけ目配りしていれば良いわけではありません。外国の独禁法の域外適用の問題もありますし，外国へ事業進出する際の現地の独禁法（競争法）規制への対応が必要となることもあります。

⑫　その他

　　これ以外にも消費者契約法，製造物責任法，金融商品取引法，個人情報保護法といった法令や，土壌汚染対策法等の環境法に関連する法務業務も企業法務の対象ですし，また，業界特有の業法（例えば，IT関連企業であれば，「特定電気通信役務提供者の損害賠償責任の制限及び発信者情報の開示に関する法律」（いわゆる「プロバイダー責任制限法」や「電気通信事業法」等），大規模小売業であれば，大規模小売店舗立地法が業法に当たります。）対応も必要となります。

株式関係

Q2 上場会社の株式事務

上場会社の株式事務について，教えてください。

A 上場会社の株式については，社債，株式等の振替に関する法律（以下，「振替法」といいます。）の適用を受ける点が，それ以外の会社との最も大きな違いです。一般の株式会社は，株主から直接会社又は株主名簿管理人に名義書換を請求しますが（会社法133条・123条），上場会社の株式の名義書換は，証券保管振替機構（ほふり）による通知に基づき，株主名簿管理人が実施します（振替法151条・161条1項）。このような名義書換ルールに伴い，株主権の行使に当たって，個別株主通知（同法154条3項）などの特別な手続が必要となります。

これに以外に，株式関係の手続において関連する，金融庁，取引所，ほふり，株主名簿管理人，証券会社それぞれに対して，独自のルールにしたがった手続が必要となる点が上場外会社以外の会社とは異なります。

解説

上場会社は，上場していない会社と比べて，多数のルールに従う必要があります。1つは，振替法であり，それ以外にも主要な関係者ごとに定められたルールが存在し，それらに従う必要があります。

1 振替法

(1) 総論

株券が電子化された会社では，株主は，証券保管振替機構（ほふり）に株式を預託することになります。したがって，上場会社の株主名簿は全ての株式について，株主がほふり名義になってしまうため，会社は現時点の株主を把握することができません。株主が株式を売買すると，証券会社経由でほふりに通知がなされ，ほふりが保有する「振替口座簿」の名義が書

き換えられます（振替法132条）。このため，会社には，半期あるいは基準日を設定したとき等の必要な場合に，ほふりから振替口座簿の株主データ（総株主通知）が送付され（振替法151条1項），それを元に会社（株主名簿管理人）が実質株主名簿を作成してその登録者を株主として取り扱うこととされています（同法152条）。

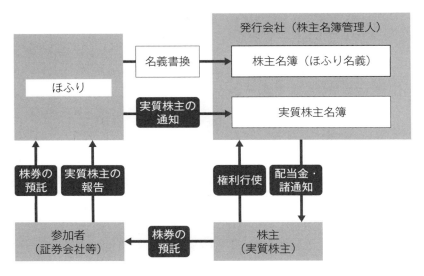

(2) 個別株主通知

　一般の株式会社では，株主名簿の記載が株主であることを会社に対抗するための要件となりますが（会社法130条1項），振替制度を利用する会社では，株主名簿はほふりの名義になっており，実質的な株主は基準日等にほふりから送付される総株主通知（同法151条）以外には知ることができません。したがって，例えば株主総会議事録等の閲覧（会社法318条4項）や，株主提案（同法303条）など，株主としての権利行使があった場合に，その権利行使者が株主かどうかを把握することができないことになります。この不都合を回避するために必要となるのが個別株主通知（振替法154条）です。

　個別株主通知は，株主が口座を持つ証券会社を通じて，ほふりに対して

自己が株主であることを発行会社に通知してもらう手続です（振替法154条）。個別株主通知は，株主が証券会社に依頼して，原則として4営業日後に発行会社に通知されます。会社に対して株主権を行使しようとする株主は，この通知が到着した後に会社に実際の権利行使をすることになります。

　もっとも，個別株主通知は会社に対する対抗要件であるのみで，権利行使に法律上必要なものではありません。振替制度を利用している会社が，株主権を行使しようとしている株主（らしき人）を株主であると認めてしまえば，その必要はなくなります。例えば，上場会社は定款を常時公開することが義務付けられており（金商法24条6項），EDINET（エディネット）[1]で検索すればいつでも閲覧することができます。したがって，株主として定款の閲覧請求（会社法31条2項）をしてきた場合に，わざわざ個別株主通知を要求する必要はないと考えられます。

2　金融庁

　株式関係のコーポレートアクションに関して金融庁への届出等で問題となるのは，募集株式発行や自己株式処分の際の有価証券届（金商法5条1項）又は有価証券通知（金商法4条6項）のほか，臨時報告書（金商法24条4項）の提出があります。具体的な臨時報告書の提出事由は，企業内容等の開示に関する内閣府令19条に詳細な定めがあり，株式関係としては，有価証券の募集又は売出し，募集によらない有価証券の発行決議等が該当します。投資家に対してタイムリーに重要事実を伝える趣旨である点は，後述する取引所の適時開示制度と同様ですが，適時開示より提出事由が少ない点，軽微基準による提出免除がない点などが異なります。

3　取引所

(1)　適時開示

　株式関係のコーポレートアクションにおいて，取引所に関連するのは，いわゆる適時開示です。適時開示とは，投資家の投資行動に影響するような会社の重要事実について，公平かつ迅速な開示を求めるものであり，大

---

[1] http://disclosure.edinet-fsa.go.jp/

きく発生事実と決定事実とに分けられます（東証有価証券上場規程 402 条以下）。発生事実とは，災害等による損失の発生や主要株主の異動等，会社の意図に関らずに外的要因により発生する事実であり，決定事実とは募集株式の発行や株式消却，合併等重要事項についての会社の決定をいいます。株式事務に関する適時開示はもっぱら決定事実に該当することになりますが，おおむね，登記事項に変動が生じる場合には，適時開示が必要とされるといえます[2]。

(2) その他申請

　株式関係に関しては，商号を変更して銘柄名が変更になる場合，募集株式の発行，株式の分割・併合・消却等により上場株式数が変更される場合又は単元株式数を設定若しくは変更しようとする場合等には，変更等に先立って取引所に「有価証券変更上場申請書」を提出しなければなりません（東証有価証券上場規程 306 条）。

4　ほふり

　上場会社の株式はすべてほふり名義となっており，ほふりが実質的な株主を管理しています（振替法 129 条以下）。したがって，上場会社の株式について生じた一定の時効はほふりに通知する必要があります。具体的な通知事由は 16 あり，ほふりの WEB サイトに詳細に記載されていますが[3]，おおむね株式数に変動を生じる場合と，基準日の設定，定款変更が該当します。

5　株主名簿管理人

　上場会社では適切に株式事務を遂行するために株主名簿管理人の設置が必要とされていますが（東証有価証券上場規程 424 条等），名義書き換えの対象となる株式に変更が生じる際には，これを名簿管理人に通知する必要があります。典型的には，募集株式の発行，株式の分割・併合・消却等の株式数の増減を伴うような場合が該当しますが，株式事務の際には念のため事前に名簿管理人に確認することが重要です。

---

[2] 一定の事項については軽微なものであれば開示を不要とする軽微基準があります（東証有価証券上場規程施行規則 401 条）。

[3] https://www.jasdec.com/system/less/notice/01.html

6 証券会社

証券会社へ通知を要するのは非常に例外的ですが，自己株式を消却した場合には，預託する証券会社に預託有価証券の抹消通知する必要があります。消却による株式の減少は当然には証券会社に通知されないためです。

第2　株式関係

Q3　上場準備・手続

株式を上場するときの手続等について教えてください。

A　株式を証券取引市場に上場するには，取引所の有価証券上場規程やそれぞれの市場の基準に則した制度を会社が準備する必要があります。

そのため，会社内では，定款変更や，機関設計，新株発行といった司法書士にとって専門の部分のほかにも，社内規程の整備，株式の電子化など，社内や，社外の関係者とも調整が必要な部分について準備する必要があります。多くの場合は，会社内で事務局などを立ち上げて，担当範囲を決めてそれらの関係者との調整を図り，証券会社の事前審査や，証券取引所の本審査を経て，株式公開に臨みます。

最終的には，それらの審査を経て決定した算定価格を元に，新株発行又は売出しを行います。

解　説

上場審査基準には，形式要件と適格要件があります。各証券取引所，各市場では，異なる審査基準が設けられており，上場に当たっては，その基準に合わせて上場会社としての体制を整える必要があります。

1　関係者とその役割

(1)　主幹事証券会社

主幹事証券会社とは，これから上場しようとする株式の引き受けを行う幹事証券会社の中で中心的な役割を担う証券会社です。主幹事証券会社は，上場を準備する会社のため，コンサルティング業務として，経営管理体制の整備指導や，資本政策の立案，上場申請書類の作成などの上場指導をすると同時に，公開株式の引受証券会社として，公開適格性，経営の健全性等の引受審査をすることとなります。

上場承認後には，公開株式の引受けや，公開価格の決定など，証券取引として企業に関わる立場となり，上場準備期間から上場されるまで長期間にわたり重要な役割を担います。

⑵ 監査法人

　上場時には，会計監査人の設置（会社法326条2項）が必要となります（有価証券上場規程437条1項3号）。ただし，上場審査基準においては，直前々期から会計監査を行う必要があるため（東証有価証券上場規程204条6項，同施行規則207条1項1号），直前々期に突入する前に監査法人と契約を行うのが一般的ですが，上場直前までは会社法上の会計監査人ではなく，任意の監査契約により監査を実施するのが通常です。

⑶ 証券取引所

　株式市場を開設する取引所をいいます。日本では東京・大阪・名古屋・札幌・福岡の証券取引所が存在し，それぞれ1つ又は複数の市場を開設しています。東京証券取引所であれば，一部，二部，マザーズ，JASDAQの市場があり，その市場ごとの上場審査基準により審査が行われます。

⑷ 株主名簿管理人（証券代行機関）

　取引所の形式基準により，上場会社には株主名簿管理人の設置が必要になります（東証有価証券上場規程424条等）。会社法上，株主名簿管理人の資格に要件はありませんが，上場する際には，取引所の要件に沿った機関の設置が必要です[1]。主に委託するのは証券代行機関であるため，株式の名義書換えに限らず，定款変更など株主総会議案の検討や，招集通知の作成に関する助言・発送業務，又は株主総会の運営に関する助言など，株式事務に関する実務において協力を得ることになります。

⑸ 財務局

　上場が承認されると，株式の募集や，売出しを行うため，有価証券届出書を財務局に提出します（金商法5条）。言葉の上では「届出」ですが，現実には提出に当たって細かな審査があることから，事前相談を行うこととなります。

---

[1] 東証では，信託銀行，東京証券代行株式会社，日本証券代行株式会社及び株式会社アイ・アールジャパンに限るとされています（東証有価証券上場規程施行規則212条8項）。

第2 株式関係

【図表：各市場の形式・実質基準（東証）】
① 各市場の形式基準（一部抜粋）

項目		市場第一部	市場第二部	マザーズ	JASDAQ		TOKYO PRO Market
					スタンダード	グロース	
株主数		2,200人以上	800人以上	200人以上	200人以上		—
流通株式	流通株式数	20,000単位以上	4,000単位以上	2,000単位以上	—		—
	流通株式時価総額	10億円以上	10億円以上	5億円以上	5億円以上		—
	流通株式比率	35%以上	30%以上	25%以上	—		—
公募又は売出し等の実施		—	—	公募500単位以上	①1,000単位以上 ②上場株数10%以上 上記①，②のうちいずれか多い数の公募・売出し		—
時価総額		250億円以上	20億円以上	10億円以上	—		—
事業継続年数		3年以上		1年以上	—		
純資産額（連結・上場時見込み）		10億円以上		—	2億円以上	正	—
利益の額（連結）又は時価総額		次のa又はbに適合 a 経営利益の額が最近2年合計5億円以上 b 時価総額500億円以上，直前期売上高100億円以上		—	直前期1億円又は時価総額50億円	—	—

出典：東京証券取引所ホームページ

② 各市場の実質基準

本則市場 (市場第一部・第二部)	マザーズ	JASDAQ スタンダード	JASDAQ グロース
1. 企業の継続性および収益性	4. 事業計画の合理性	1. 企業の存続性	1. 企業の成長可能性
継続的に事業を営み，かつ，安定的な収益基盤を有していること	当該事業計画を遂行するために必要な事業基盤を整備していること又は整備する合理的な見込みのあること	事業活動の存続に支障を来たす状況にないこと	成長可能性を有していること
2. 企業経営の健全性	2. 企業経営の健全性	3. 企業行動の信頼性	3. 企業行動の信頼性
事業を公正かつ忠実に遂行していること	事業を公正かつ忠実に遂行していること	市場を混乱させる企業行動を起こす見込みのないこと	市場を混乱させる企業行動を起こす見込みのないこと
3. 企業のコーポレートガバナンス及び内部管理体制の有効性	3. 企業のコーポレートガバナンス及び内部管理体制の有効性	2. 健全な企業の統治及び有効な内部管理体制の確立	2. 健全な企業の統治及び有効な内部管理体制の確立
コーポレートガバナンス及び内部管理体制が適切に整備され，機能していること	コーポレート・ガバナンス及び内部管理体制が，企業の規模や成熟度等に応じて整備され，適切に機能していること	企業規模に応じた企業統治及び内部管理体制が確立し，有効に機能していること	成長の段階に応じた企業統治及び内部管理体制が確立し，有効に機能していること
4. 企業内容等の開示の適正性	1. 企業内容，リスク情報の開示の適切性	4. 企業内容等の開示の適正性	4. 企業内容等の開示の適正性
企業内容等の開示を適正に行うことができる状況にあること	企業内容，リスク情報等の開示を適切に行うことができる状況にあること	企業内容等の開示を適正に行うことができる状況にあること	企業内容等の開示を適正に行うことができる状況にあること
5. その他公益又は投資者保護の観点から当取引所が必要と認める事項	5. その他公益又は投資者保護の観点から当取引所が必要と認める事項	5. その他公益又は投資者保護の観点から当取引所が必要と認める事項	5. その他公益又は投資者保護の観点から当取引所が必要と認める事項

出典：東京証券取引所ホームページ

第2　株式関係

(6)　**証券保管振替機構**

　　上場会社は，株式保管振替制度に参加する必要があります（東証有価証券上場規程205条11号等）。振替制度に参加するには，株券を廃止して，取引所が指定する振替機関に開設される口座で電子的に株主等の権利を記載・記録する必要があります。東京証券取引所であれば，株式会社証券保管振替機構が指定されています（有価証券上場規程施行規則4条）。

(7)　**ディスクロージャー専門の印刷会社**（申請書類等の作成支援会社）

　　金融商品取引所に提出する有価証券報告書Ⅰの部等の申請書類や，財務局に提出する上場時の有価証券届出書，投資家への説明に用意される目論見書，株主総会の招集通知などの作成に当たっては，専門知識を必要とするため，印刷会社[2]に支援を委託することになります。

(8)　**既存株主**

　　設立から上場までに投資してくれた株主には，経営者の親類や古くからの友人，ベンチャーキャピタルなど様々な方がいます。これらの既存株主に対しては，上場申請に当たっての定款変更を目的とした株主総会や，上場承認後の株式の保管振替手続のため，通知を送ることになります。上場申請に当たっても，会社の特別利害関係者等が上場申請直前の事業年度末から2年前までに行った株式の移動は証券取引所に提出する必要があります（有価証券上場規程施行規則253条）。そのため，株主名簿は，最新の情報に更新をしておくことが求められます。

　　また，上場時に，発行済株式の5％を超えて保有している株主には，大量保有報告書の提出が求められます（金商法27条の23）。

(9)　**株式公開担当部署**（事務局，公開準備室など）

　　証券会社の引受審査，取引所の上場審査は，書面による質疑応答の方法で進められます。質問事項は数百に及ぶため，会社側でこれに回答する担当者が必要になります。一般的には，主に管理部門（財務経理，法務総務，経営企画等）の役割が多くなりますが，会社の状況によっても異なります。

---

[2]大手では，株式会社プロネクサス，宝印刷株式会社があります。

また，公開準備に当たり，社内に該当する適任者が存在しない場合，知識や経験を持った人物を新たに雇い入れるケースもあります。

⑽　**内部監査**

内部監査は，会社内部の従業員が，社内規程等に従い内部管理体制の運用が行われているかを監査する制度です。法令上直接の根拠はなく任意で行われるものですが，いわゆる内部統制（会社法362条4項6号等）の1つといえます。「会計監査人監査」及び「監査役監査」と合わせて，三様監査と呼ばれ，上場審査においてもその整備状況や，運用状況が確認されることから，上場に当たって専任の担当者を置くことが一般的です。

⑾　**従業員**

株式公開担当部署以外の従業員は，事前準備において，内部管理体制として整備された規程等に則った業務を行うことが必要になります。従来の業務の仕組みと異なることや，変化を求められることもあり，会社全体でのサポートが必要です。

また，ストックオプションの付与や，新規公開株式をあらかじめ従業員持株会を通して購入する「親引け」など，従業員が株式取引を通じて上場の利益を受けることもあります。

【図表：対応時期とその対応事項】

時期	決定や対応すべき事項
検討時期	主幹事証券会社の決定 監査法人の選定・契約 監査法人によるショートレビューの実施 中期経営計画の策定 公開準備担当部署の立上げ
直前々期	内部管理体制の整備
直前期	監査（監査役，内部監査，監査法人）の運用・実施 株主名簿管理人の設置
申請期	主幹事証券会社による引受審査 証券取引所への上場申請 新規上場申請のための有価証券報告書の作成
上場承認から上場まで	証券取引所の上場審査 公募価格の検討・決定 目論見書の作成

第 2　株式関係

2　会社の状況その事前準備手続 （上場申請まで）

(1)　直前々期及びその前期

　　上場会社は，四半期ごとに遅くとも 45 日以内に決算を行う必要があります（金商法 24 条の 4 の 7，上場規程 404 条）。このため，上場申請を準備する直前々期には，決算の早期化を図るため内部管理体制の整備や，監査法人の監査に加え，監査役や，内部監査部門による監査も準備が必要になります。そのため，直前々期を迎える段階では，まず監査法人の選定を行うこととなります。また，監査法人との契約の前にショートレビュー（予備調査）を実施します。上場の要件を満たすためには，会社の業績も審査条件を満たす必要がありますので，業績の進捗率を測るためにも，予算・実績管理体制の整備が重要になります。

(2)　直前期

　　直前期になると，直前々期に整えた体制が実際に運用され，その状況を確認する段階となります。また，取締役会等の設置や，独立役員（社外取締役及び社外監査役）の確保，株主名簿管理人の選定など，機関設計や，役員の変更など会社法に関連する変更事項が発生する時期でもあります。

　　また，上場準備中には，株式や新株予約権の発行に対しての規制にも注意が必要です。証券取引所は，上場する直前期の末日から 1 年間において第三者割当により発行された募集株式又はストックオプションとしての新株予約権を用いて，利益を得ることについて規制を行っています。具体的には，以下に当てはまる場合は，申請会社は，割当てた者との間で，継続所有について書面により意思確認を行い，その書面[3]を証券取引所へ提出する必要があります（東証有価証券上場規程 217 条，同施行規則 255 条等）。

(3)　申請期

　　上場申請の直前には，主幹事証券会社による引受審査が実施されます。会社の財務分析や，会社が整備してきた内部管理体制等を総点検することになります。

---

[3]第三者割当，ストックオプションの付与等に係る提出書類
　http://www.jpx.co.jp/equities/listing-on-tse/format/00-01.html

【図表：公開前規制】

	募集株式の発行	ストックオプションとしての新株予約権の割当
継続所有期間	上場後 6 か月を経過する日まで ただし，保有期間が 1 年に満たない場合には，募集株式の割当後 1 年間	割当日から上場日の前日又は権利行使日のいずれか早い日まで
開示対象義務 （Ⅰの部及び有価証券届出書等への記載）	上場申請日の直前事業年度末の 2 年前の日の翌日から株式上場日の前日までに行われた第三者割当等による募集株式の割当を行っている場合及び特別利害関係者等が株式等の移動を行っている場合	上場申請日の直前事業年度末の 2 年前の日の翌日から株式上場日の前日までに行われたストックオプションとしての新株予約権を発行している場合

　また，直前期にかかる定時株主総会が，上場前の最後の株主総会になることとなるため，ここで定款変更を行う場合が多くなります。主な項目は以下のとおりです。

・単元株を設けて，100 株単位とする。あわせて株式分割を行う。

・株式公開に当たり，株式譲渡制限規定を外す。これに伴い発行可能株式総数が公開会社の上限（発行済株式の 4 倍）を超えている場合には，その変更を行う（会社法 113 条 3 項）。

・株式保管振替制度への移行のため株券を廃止する。

・公告方法の方法を電子公告に変更する。

　それ以外にも，事業拡大・多様化を図るための会社の目的変更や，任意契約に基づき監査を行っていた監査法人を会計監査人として選任するための定款変更などを行うことがあります。また，社外役員の選任やそれに伴う賠償責任規定の見直しも行うことがあります。

(4)　その他申請までの注意点

　上場準備において，取引先関係での対応が必要になるケースが「関連当事者取引」と「反社会的勢力の排除」への対応になります。

　会社と関係性の深い関連当事者（財務諸表等規則 8 条 17 項）との取引では，公正な取引における対価からかけ離れる等，取引条件の妥当性を欠く取引，又は取引そのものの必要性が乏しい等，取引自体の妥当性を欠く取

第2　株式関係

引など，不当な利益供与を目的として行われる恐れがあります。また，実際にそのような不公正な取引に当たらなくとも，疑われる要素がないことを証明するために，取引が公正に行われている根拠を示して，取引に関する資料等を十分に精査しておく必要があります。

　反社会的勢力とは，暴力団，暴力団関係企業，総会屋等の，暴力や，威力，詐欺的手法を駆使して経済的利益を要求する集団や個人を言います。当然，反社会的勢力との関連がある会社は，上場することはできません。上場企業は特に反社会的勢力に経済的利益を注目され狙われる恐れがあることから，上場準備の段階においても，組織の内部統制システム（会社法362条4項6号等）の一環として，反社会的勢力を排除する体制の整備が求められます。

3　上場申請後新株発行まで

(1)　上場申請から上場承認まで

　申請から2〜3か月の期間で，証券取引所による審査が行われます。その期間内で以下の対応を行う必要がありますので，上場準備担当者はこの間の対応について，迅速性と正確性が求められることとなります。

・証券取引所に対して上場申請エントリー

・証券取引所による上場申請に係る事前確認

・上場申請書類（新規上場申請のための有価証券報告書（東証有価証券上場規程204条2項）など）提出

・証券取引所によるヒアリング対応（3回程度）

　（証券取引所から提示される質問事項に対して，中2営業日の準備期間を経て回答案作成及び資料の提出の上，担当者がヒアリングに対応）

・証券取引所による会計士へのヒアリング

・証券取引所による社長や，監査役，独立役員等の面談

・主幹事証券会社から推薦書の受領

(2)　上場承認から上場日まで

　上場承認後は，投資家への説明や，公開株式の申込みなど資金調達に関する取組が中心となります。株式の公募価格の決定方法は複数あります

20

が，多くはブックビルディング方式を採用します。この場合には，主幹事証券が設定した価格帯（仮条件）を投資家に提示し，投資家は，この仮条件を基に，需要価格や需要株数を主幹事証券に申告します。この申告内容や，株式市場の市況，上場日までの期間リスクを勘案し，主幹事証券と会社とで公開価格（発行価格及び売出価格）を決定します。また，このときに投資家に対して目論見書を提出します（金商法2条10項）。

このようにして決定した「公開価格」は，主幹事証券会社が投資家に株式を販売する際の価格です。会社法による新株の発行は，主幹事証券会社に対して行います。そのため，実際に主幹事証券会社が発行会社に支払う「引受価格」や，会社法上の「払込金額」も併せて決定されることとなります。引受価格は，公開価格を下回る金額で設定され，発行価格との差は引受証券会社の利益となります。会社法上の払込金額（会社法199条1項2号）は，多くの場合，仮条件の下限の金額に設定されます。

主幹事証券の要請により，監査人は有価証券届出書に記載された内容について，財務情報やその後の変動状況についての報告書（コンフォートレター）の提出が求められます[4]。

4　上場後の開示体制に向けた準備

証券取引所の規則に基づいて投資家に公表する適時開示情報を公開するTDnet（適時開示情報閲覧サービス）や，有価証券報告書などの金商法に基づく開示書類を公開するEDINET（エディネット）と呼ばれる情報公開システムを用いて，上場会社の開示する情報は広く一般に公開されています。このような形で公開される情報のなかには，インサイダー取引の対象となる重要事実に関する情報（金商法166条2項）が含まれる場合が多くあるため，上場会社は公開する情報を取り扱うための社内の情報管理体制も整備する必要があります。また，一般の従業員に対しても，自社株取引に関する注意事項としてインサイダー取引規制に関する注意事項について，研修などを通じて周知しておく必要があります。

---

[4] 日本証券業協会「有価証券の引受け等に関する規則」12条5項

第2 株式関係

Q4 新株発行

上場会社が新株発行をする際のルールを教えてください。

A 上場株式の新株発行を行う場合には，金商法に定める発行開示規制に従い，届出や開示が必要となるほか，上場する取引所の規則に従った開示が必要になります。

発行の条件に応じて方法が異なるので，新株発行を行う場合はこれらの準備期間も想定して準備する必要があります。

解 説

金融商品取引所に上場している企業は有価証券報告書の提出義務があります（金商法24条）。金融商品取引法は，総額1億円を超える有価証券の募集と売出しについて，「発行開示規制」により，募集等を行う上場会社についての重要な情報を記載した有価証券届出書を開示させることで投資家を保護することを目的としています。

1 募集・売出し

(1) 募集

募集とは，多数の者又は適格機関投資家・特定投資家以外の者に対して，新たに発行される有価証券の取得の申込みの勧誘を行うことをいいます（金商法2条3項）。上場会社が新株発行をする場合には，①株主割当て（会社法202条），②公募ではない第三者割当（同法199条〜201条），③公募（金商法4条）の方法があります。このうち，②の第三者割当において50名以上に対して申込みの勧誘を行う場合と，③公募による場合には「募集」に該当し，その総額が1億円を超える場合に，金商法による発行開示規制の対象となります（同法4条1項5号）。

(2) 売出し

既に発行された上場有価証券を多数の投資家に対して売付けの申込み又はその買付けの申込みの勧誘を行うことを売出しといいます（金商法2条4項）。上場会社がする市場での自己株の処分や，新規上場時に行う既存大

22

株主からの市場での売却などが，これに当たります。ただし，上場企業が所有する株式（自己株式）の処分は，売出しではなく募集に該当します（同項1号）。

2 上場企業の新株発行

以下では，上場会社が新株発行を公募の方法で行うことを前提に，その手続等について解説します。

(1) 発行の方法

ア 株主割当

新株の割当てを受ける権利を既存の株主に持株割合に応じて与えます（会社法202条）。既存株主の経済的利益を害することがないことから有利発行には当たらず，新株の払込金額は株式市場での時価より低い金額で発行されることも可能となることや，新株発行後の株主構成や持分割合に対して影響が少ないなどの特徴があり，上場企業であっても，買収防衛策などに利用されることがあります。

イ 第三者割当（公募を除く。）

上場会社が，特定の第三者（従業員や親会社，業務提携の相手先，取引先，金融機関等，上場会社と関係者）に新株の割当てを受ける権利を与えます（会社法199条〜201条）。公募ではない第三者割当の方法は，業務提携先との関係強化や資本提携を行う場合など，多くの場面で用いられます。有利発行規制の適用があるため（同法199条2項・3項，200条2項，201条1項，309条2項5号），新株発行時の時価で株価を決定しない場合には，公認会計士等の第三者の外部専門家の意見を踏まえて価格を決定することが一般的です。ただし，証券会社が新株発行の引受人となる上場企業の第三者割当では，証券会社が引き受けた新株を「売出し」により市場で売却することが多く行われており，この場合の払込金額の決定方法としては，ブックビルディング方式がよく用いられます。この方式は，株価算定についてノウハウを持つ機関投資家等の意見を基にまず仮の条件（売出し価格や株式数等）を設定し，一般投資家にこの仮条件を提示してどの程度の需要があるか調査をし，その調査結果を基に市場の動向に即した払込金額を決定する方法です。

第2 株式関係

この方法は会社法上，適正な払込金額の決定方法（会社法201条2項）として認められていますが有利発行規制を免除するものではありません。

ウ　公募

既存の株主関係に関わらず，広く一般の投資家を対象に，新株の割当てを受ける権利を求める人を募集します。会社法でいう第三者割当の1つであり，有利発行規制の適用があります。上場企業が新株発行をする場合の最もオーソドックスな方法です。また，株価の決定方法としては，上記のブックビルディング方式で行うことが一般的です。公募による新株発行は，募集に該当することになります。

(2)　**開示制度**

ア　有価証券届出書

上場株式の募集及び売出しを行う際には，金額や募集（売出し）の人数により有価証券届出書の提出が必要となります（金商法5条1項）。ただし，以下のような場合にはこの提出が不要となる例外があります（金商法4条1項）。

【図表：有価証券届出書の例外】

	募集	売出し
①　ストックオプションの発行	不要	不要※
②　発行価格1億円未満の発行	不要	不要
③　開示が行われている有価証券の売出し	―	不要
④　外国の有価証券の売出し	―	不要※

※実際には，事業会社においては該当する事案が発生する可能性が低い。

イ　有価証券通知書

前記図表②（発行価格1億円未満）により，有価証券届出書が作成されなかった場合，その発行（売出）価格が1,000万円以上であれば「有価証券通知書」の提出が必要となります。ただし，通算規定も設けられていますので，当該発行以外の金額や人数の通算により「有価証券届出書」の提出が求められる場合もあります。

なお，有価証券届出書や臨時報告書に記載した内容については，会社法

24

の通知・公告が不要となりますが（会社法201条3項等），有価証券通知書にはその効果はありません。別途，通知・公告を行う準備が必要となります。

【図表：有価証券通知書・届出書提出の要否［＊有価証券報告書の提出会社の場合］】

区分	発行（売出）価額の総額		
	1千万円以下	1千万円超〜1億円未満	1億円以上
募集	不要	有価証券通知書 ［府令第4条通知書］ ［特定府令第5条通知書］ （金商法4条6項）	有価証券届出書 （金商法4条1項）
売出し	不要	不要	有価証券通知書 ［府令第4条通知書］ ［特定府令第5条通知書］ （金商法4条6項）

【図表：有価証券届出書と有価証券通知書の比較】

	有価証券届出書	有価証券通知書
要件	発行価格1億円以上の募集	発行価格1,000万円超1億円未満，又は売出価格1億円以上の売出し
会社の作成にかかるコスト	高い	安い
提出期限	払込期日の16日前（提出から効力発生まで中15日が必要なため。金商法8条1項，15条1項）	募集（売出し）が開始される前に提出
公告・通知	不要	必要

ウ　目論見書

　有価証券届出書の作成が必要な場合には，併せて目論見書の作成が必要になります（金商法13条1項）。目論見書は，募集又は売出しの相手方に対し，上場会社の事業等について説明するための文書であり，有価証券届出書とは異なり，提示する相手が実際に株式を取得する投資家になります。実際に記載する内容は，有価証券届出書と差異はほとんどありません。

エ　適時開示

　上場会社が新株発行を行う場合，金商法に基づく法定開示制度とは別に，その株式を上場している金融商品取引所が定める有価証券上場規程に

第2　株式関係

基づき適時開示を行う必要があります（有価証券上場規程402条）。ただし，その払込金額の総額が1億円未満の場合には，軽微基準に該当するため適時開示の対象とはなりません（有価証券等規制令49条1項1号）。

Q5 自己株式の取得

上場会社が自己株式を取得する際のルールを教えてください。

A 上場会社の行う自己株式の取得は，通常，定款の定め（会社法 165 条 2 項）に基づく「市場取引等」（同条 1 項）により行われます。市場取引等にもいくつか方法はありますが，不特定多数の株主から買い付ける場合にはオークション市場による単純買付け，特定の株主から買い付ける場合には事前公表型の ToSTNeT-3 による買付けを利用するのが一般的です。

解説

　自己株式の取得は，旧商法下では資本の払戻しに当たり資本維持の原則に反すること，特定の株主を対象とする場合には株主平等の原則に反すること，内部情報を知る会社が自己株式の取引を行うことは不公正取引につながることなどの理由で原則禁止されていましたが，平成 13 年の改正で取得が認められることとなりました。ただし，上記の問題を解決するために，いくつかの規制が設けられています。

1　分配可能額規制

　自己株式を取得する場合に株主に交付する金銭等の総額は，分配可能額を超えてはならないこととされています（会社法 461 条 1 項）。これは，自己株式の取得を認めつつ，債権者保護を目的とする資本金制度の根幹として維持されてきた資本維持の原則を保持するための規律です。自己株式の取得は，株主への資本の払戻しという側面がありますが，この金額を剰余金の配当と同様の分配可能額に制限することで，責任財産としての資本金を維持しようとするものです。

2　取得方法の規制

　一般に，株式会社が自己株式を取得しようとする場合には，大きく分けて全株主を対象に取得株式を募る方法と特定の株主からのみ取得をする方法とがありますが，株主平等の原則に配慮するため，どちらの方法でも全ての株主が取得を請求することができることになっています。すなわち，全株対象

第2 株式関係

の場合には全株主に対する自己株式取得の通知と申込みの機会の確保が行われ（会社法158条，159条），特定株主からの取得の場合には，一定の例外を除いて，自己を売主に追加する請求を行うことができる旨の通知が行われます（同法160条2項・3項）。

　これに加えて，上場会社が全株主を対象とした自己株式の取得をする場合については，不公正取引の防止の観点から，全株主を対象とする自己株式の

【図表：自己株式の取得方法】

全株主対象	原則的な方法（会社法156条～159条）※
	市場取引等による株式の取得（会社165条）
	公開買付け（金商法27条の22の2）
	オークション市場における単純買付け（金商法162条の2，有価証券取引等規制令17条）
	取引所が公正と認める方法（金商法162条の2，有価証券取引等規制令17条，23条） ・事前公表型のオークション市場における買付け ・事前公表型のToSTNeT-2による買付け ・事前公表型のToSTNeT-3による買付け

※上場企業は，会社法による原則的な全株主対象の自己株式取得をすることはできない（金商法27条の22の2第1項）。

特定の株主のみ対象	原則的な特定の株主からの取得（会社法160条）
	売主追加請求権の例外（会社法161条，162条，164条） ・市場価格のある株式の場合 ・相続人等からの取得の場合 ・定款に定めがある場合
	子会社からの取得（会社法163条）

取得を公開買付け、オークション市場における単純買付け、取引所が公正と認める方法の3つの類型に限定して認めています（金商法27条の22の2第1項）。

3 上場会社における具体的な取引の方法

(1) 概要

上場会社が会社法165条2項に基づき、定款の定めによって取締役会決議で実施する「市場取引等による自己株式の取得」には、市場外で行う公開買付けか（金商法27条の22の2）、市場取引として認められている以下の取引方法（同法162条の2，有価証券の取引等の規制に関する内閣府令17条，23条）があります。市場取引は常に時価で行われるのに対して、公開買付けは時価とは異なる金額での取得ができる特徴がありますが、公告や金融商品取引法による届出等の手続が煩雑であることから、以下の市場取引を利用するのが一般的です。

ア　オークション市場における単純買付け

① 自己発注方式

② 取引一任勘定契約方式

③ 信託方式

イ　取引所が公正と認める方法（特例・自己株取得規制は適用されない）

① 事前公表型のオークション市場における買付け

② 事前公表型の ToSTNeT-2（終値取引）による買付け

③ 事前公表型の ToSTNeT-3（終値取引）による買付け

(2) 各取引方法の特徴

ア　オークション市場における単純買付け

オークション市場における単純買付けとは、株式市場から時価で自己株式を取得する方法であり、一般的な証券取引と同様に、会社が証券会社経由で自己株式の買い注文を行う一般的な取得方法です。ただし、内部情報を持つ会社が自社の株式を取得するため、不公正な取引を規制する趣旨から、以下の【図表：上場企業のオークション市場における自己株取得に関する規制】が適用されます（金商法162条の2，有価証券等規制令17条）。取得

第2 株式関係

数の規制があることから，数を集めるのに時間がかかり継続的な注文が必要となります。また，自己株式の発注業務を行う会社の担当者や役員は，取得期間中，会社のインサイダー情報を保有していないかの配慮が必要となります。これを回避するため，オークション市場での取引においては，完全に自社の判断で発注を行う①自己発注方式のほかに，②証券会社と取引一任勘定契約を締結する方法と，③信託銀行に金銭を信託して売買を代行してもらう方法とがあります。

【図表：上場企業のオークション市場における自己株取得に関する規制】

	規制の内容
取得方法の規制（有価証券取引等規制令17条1号）	1日に2以上の証券会社から注文してはならない。
取得価格の規制（有価証券取引等規制令17条2号イ・ロ）	a）始値決定前の場合 　　前日終値より低い金額で指値しなければならない。 b）始値決定後の場合 　　直前の売買の価格（特別気配値段を含む。）を上回る価格で，反復継続して指値してはならない。
取得数の規制（有価証券取引等規制令17条3号イ・ロ）	1日当たりの買入限度数は，以下のいずれか多い数量を限度とする。 a）直近4週間内における1日平均売買高 b）直近6か月の月間平均売買数量に応じて定めた一定の数

① 自己発注方式

通常の株式投資と同様に，完全に自社で個別の注文を指値で行う方法です。全ての買い注文を会社の担当者が行います。現在はインサイダー規制の強化や相場操縦懸念からあまり利用されません。

② 取引一任勘定形式

証券会社に買付数と価格の上限のみを指定して包括的に売買を委託し，都度の発注は自社で行わない形式です。これにより，毎日の売買注文を一定期間ごとに包括的に委託できることから，発注の手間の削減と相場操縦の懸念を和らげることができます。ただし，後述する信託とは異なり，いつでも自社で発注・変更・取消ができるため，これをコントロールし，又は状況を知ることのできる社内の人間は常にインサイダー情報（自己株式

Q5　自己株式の取得

の取引情報）を持つことになり，この間は，役員や自己株式発注の担当者が自社株式の取引を行うことはインサイダー取引となります。

③　信託形式

自己株取得のための金銭を信託し，信託銀行が独自に売買を行い，自社からは一切発注を行わない形式です。これにより，売買注文を自社で行うことはできなくなり，発注の手間がないと同時に，相場操縦，自己株式取引情報のインサイダー情報から隔離されます。信託形式では，信託契約締結時にインサイダー情報を持っていなければ，その後の自己株取得は会社の意思とは無関係に行われるため，自己株式取得状況がインサイダー情報になることはありません。

イ　取引所が公正と認める方法（特例）

取引所が公正と認める方法は，売却希望の大株主等，特定の売主がいる場合に，それを買い取る方法として利用されるのが一般的であり，前述アのオークション市場における通常の市場買付けとは異なります。特定の株主からの自己株式の取得は，株主平等の原則に反することの無いよう，売主追加請求権を株主に与え，株主総会の特別決議を要するなどの厳格な手続を要するため，上場企業では利用することが困難です。このため，上場企業が特定の株主から自己株式を取得するには，他の株主にも売却の機会を与えつつ，確実に当該特定の株主から自己株式を取得できる方法として，以下の①～③の方法，中でも②か③のいずれかを利用します。これらの方法は，買い手である会社が取得の内容を事前に公表するため，前述アのオークション市場における買付けより公正であるとされており，これら取引による場合には，前述の自己株式取得に関する規制は全て適用されません（有価証券取引等規制令23条1号）。

①　事前公表型のオークション市場における買付け

買付内容を事前公表した上で，前日終値の指値取引でオークション市場から買い付ける方法です。

②　事前公表型のToSTNeT-2による買付け

買付内容を事前公表した上で，前日終値の指値取引でToSTNeT-2と

31

第2　株式関係

いわれる市場内時間外取引で時間優先により約定するものです。会社の買付に対して先に応札した者から取引が成立します。

　③　事前公表型の ToSTNeT‐3 による買付け

　基本的に(イ)と同じですが，ToSTNeT‐3 では，自己株式のみが対象となる点と，複数の売り注文があり買い注文の数量を超過した場合に時間優先ではなく買い注文株式数で按分して売買が成立する点が異なります。ToSTNeT‐3 は平成20年に導入されていますが，近年では多くの自己株式の取得はこの方法で行われています。ToSTNeT‐2 による取引では，想定している株主以外の株主から買付け上限を超える応札が先に入ってしまうと想定株主からの取得ができないことが嫌気されているものと考えられます。

4　手続

　もっとも一般的なオークション市場における単純買付けは，以下の手続により行います。

(1)　**取締役会決議**（会社法156条1項，165条2項）

　ア　決議事項

　　・取得する株式の数

　　・対価の総額

　　・取得期間

　　・取得の方法（任意）

　イ　時期

　　自己株式買入の直前に決議するのが一般的です。

(2)　**選択する形式に応じて，各業者との契約**

　ア　自己発注方式

　　契約等は不要です。

　イ　取引一任勘定形式

　　証券会社との取引一任勘定契約を締結します。

　ウ　信託形式

　　信託銀行との信託契約を締結し，買入期間開始までに金銭を預託します。

（3） **適時開示**（東証上場規程 402 条⑴ e）

　自己株式取得の決議後直ちに，その内容を Tdnet で開示します。な
お，いわゆる軽微基準はないため，どんなに少額の自己株式取得であって
も開示が必要となります。また，決定時だけでなく，途中経過の取得状
況，終了時にも開示するのが一般的です。

（4） **自己株券買付状況報告書の提出**（金商法 24 条の 6）

　自己株式取得の決議後，毎月 15 日までに前月の取得状況を記載した自
己株券買付状況報告書を EDINET で提出します。

5　会計・税務

　自己株式取得時に，取得価格で計上されます。なお，取得に要した費用
は，自己株式の帳簿額に加えることはできず，財務費用として営業外費用処
理することになります（自己株式及び準備金の額の減少等に関する会計基準 53）。

　　　　（自己株式）　　　　　　XX　　／　（現金）　　　　　　XX

　税務上，自己株式は有価証券に該当しないため，1 株当たりの純資産額の
減少と，それを超える支払分については利益の減少として処理します（法人
税法施行令 8 条 1 項 20 号，9 条 1 項 14 号）。この利益の減少分は「みなし配当」
として剰余金の配当と同様に取り扱われますが，上場企業については，みな
し配当は生じません（法人税法 24 条 1 項 5 号括弧書，法人税法施行令 23 条 3 項）。

第2 株式関係

Q6 上場株式の取引

上場株式の取引に関するルールを教えて下さい。

A 上場株式は，取引所の規定に従い売買が行われるため，特有の考え方である「権利確定日」や，金融商品取引法によるインサイダー取引には注意が必要となります。

特に，インサイダー取引については，会社のコーポレートアクションを事前に知り得る立場の司法書士も十分に注意する必要があります。

解 説

株式を公開している上場会社は，金融商品取引所，証券口座を管理する証券会社，株券を預託されている証券保管振替機構，株主名簿を管理する信託銀行などが関わり，株式の取引を円滑に行うための仕組みを形成しています。

1 市場取引の仕組み

⑴ 取引参加者

東京証券取引所などの金融商品取引所で行われる有価証券の売買取引は，その取引所の会員又は取引参加者に限って行うことができます（金商法111条1項）。金融商品取引所は，証券会社等の金融商品取引業者，取引所取引許可業者及び登録金融機関に限り，売買取引を行う取引参加資格を与えています（同法113条1項）。

⑵ 取次

一般の投資家は取引参加資格を持たないことから金融商品取引所で株式取引を行う場合には，直接売買取引を行うことはなく，取引参加資格を与えられた証券会社等が取次業務を行います。（金商法111条，113条）

2 金融商品取引所に上場された株式取引のルール

⑴ 取引時間

各金融商品取引所では，売買を行う立合時間を定めています。一般的には土日祝日，及び12月31日から翌年1月3日までの年末年始を除く，午前中は9時から11時30分までと，午後は12時30分から15時が立会い

34

Q6 上場株式の取引

【図表：市場取引の仕組み】

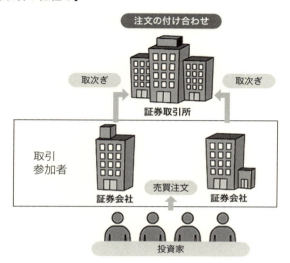

時間になります。

(2) 取引の種類

金融商品取引所における取引には，以下の3種類があります。通常の売買取引は，普通取引で行われるため，取引成立から権利移転（決済）まで

【図表：[1] 売買の種類】

普通取引	普通取引は，基本的な売買の形態で，売買契約締結の日から起算して3営業日後の日に株式の引渡し及び代金の支払（決済）を行う売買です。
当日決済取引	当日決済取引は，売買契約締結の日に決済を行う売買であり，クロス取引（同一参加者間の取引）のみがその対象となります。この取引は，株券又は現金を至急必要とするときに利用されるものです。
発行日決済取引	発行日決済取引は，上場会社が有償株主割当増資によって新株式を発行する場合に，その新株式を発行前の段階で売買することを可能にする方法として設けられたものです。

---

[1] 東京証券取引所 WEB サイト掲載
http://www.jpx.co.jp/equities/trading/domestic/02.html

35

第2　株式関係

にタイムラグが生じることとなります。したがって，例えば3月末日を基準日とする剰余金の配当を受けようとする場合には，基準日の3営業日前までに売買が成立する必要があり，その最終日を「権利付最終日」といいます。

3　名義書換えのルール

(1)　非公開会社の名義書換

　　株主は，株式発行会社に対して，剰余金の配当や残余財産の分配を受ける権利，及び株主総会において議決権を行使する権利を有しています（会社法105条1項）。株式会社は，株主権を行使する株主を明らかにするため，株主名簿を作成し，株主の氏名（名称）及び住所や，所有する株式の数，取得日等を記載し，記録する必要があります（同法121条）。株主が，株式の譲渡を第三者に対抗するには，株主名簿に記録する必要があります（同法130条1項）。そのため，株式を売買等によって取得した株主は，株式発行会社に対して，名義書換えを請求するのが原則です。

(2)　保振（ほふり）の仕組み

　　上場会社の場合，「社債，株式等の振替に関する法律」（以下，「振替法」という。）に基づく株式等振替制度[2]により，株式を証券保管振替機構（ほふり）に預けることとなります。この制度により株主の株式に関する権利の記録は，保振の「振替口座簿」において行われます（振替法129条）。決済の都度，振替口座簿が書き換えられますが会社に通知されることはありません。会社は，保振において原則として半年ごとに作成される株主データ（総株主通知）を基に，株式発行会社又は株主名簿管理人が実質株主名簿

---

[2]証券保管振替機構「株式等振替制度とは」
http://www.jasdec.com/system/less/outline/about/index.html
「株式等振替制度とは，「社債，株式等の振替に関する法律」により，上場会社の株式等に係る株券等をすべて廃止し，株券等の存在を前提として行われてきた株主等の権利の管理（発生，移転及び消滅）を，機構及び証券会社等に開設された口座において電子的に行うものです。
　この株式等振替制度において，機構は，金融商品取引所に上場されている株式，新株予約権，新株予約権付社債，投資口，優先出資，投資信託受益権（ETF）及びそれらに準ずるものであって，発行者の同意を得たものを取り扱います」。

【図表：実質株主名簿と実質株主の権利行使】

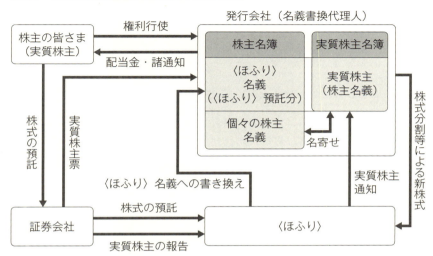

出典：株券の保管振替制度Q&A（証券保管振替機構）

を作成し、その登録者を実際の株主である権利者として取り扱うこととされています（同法152条）。

4 インサイダー取引

金商法では、「上場会社の『会社関係者』であって、上場会社等に係る業務等に関する『重要事実』を知った者は、重要事実の『公表』がされた後でなければ、当該上場会社等の株式等に係る売買等取引をしてはならない。」（同法166条）と定めています。これらの要件については以下のとおりとなります。

(1) **会社関係者**

会社関係者とは、会社経営において重要な影響を及ぼす決定事実や、上場会社の業績に関する決算情報等の会社の重要事実を知り得る立場にある者をいい、具体的には以下の者を指します（金商法166条1項）。

第2　株式関係

【図表：「会社関係者」の概要】

	会社関係者
①	当該上場会社等の役員等
②	当該上場会社等に対して会社法 433 条 1 項・3 項に定める権利を有する株主等（株主等が法人であるときはその役員等を，株主等が法人以外の者であるときはその代理人または使用人を含む。）
②の 2	当該上場会社等の投資主等（投資信託及び投資法人に関する法律に規定する投資主）
③	当該上場会社等に対する法令に基づく権限を有する者
④	当該上場会社等と契約を締結している者又は締結の交渉をしている者（その者が法人であるときはその役員等を，その者が法人以外の者であるときはその代理人又は使用人を含む。）であって，1 号該当者以外のもの
⑤	②・②の 2・④に掲げる者であって法人であるものの役員等（その者が役員等である当該法人の他の役員等が，それぞれ②・④に定めるところにより当該上場会社等に係る業務等に関する重要事実を知った場合におけるその者に限る。）

(2)　重要事実

　　インサイダー取引が成立する重要事実は，投資家の投資判断に影響する以下の項目に該当する重要な情報になります。（金商法 166 条 2 項）

　ア　決定事実

　　上場会社が，金商法 166 条 2 項 1 号に掲げる事項を取締役会や業務執行を決定する機関において決定（又はしないことを決定）した事実をいいます。同号に掲げる事項には，新株・新株予約権の募集，資本金・資本準備金・利益準備金の減少，株式の分割・併合，株式交換・株式移転，合併，会社の分割などの会社経営において重要な影響を及ぼす事項であり，また会社登記の変更や議事録の作成などで司法書士が関わる可能性も非常に高い事項と考えられます。

　イ　発生事実

　　災害や，主要株主の異動，訴訟の提起又は判決，行政処分など，上場会社の外的要因により発生する事実をいいます。

　ウ　決算情報

　　上場会社の売上高や，経常利益，純利益等の業績に関する情報，及び上場会社が公表した業績予想や当事業年度の決算において，投資者の投資判

断に及ぼす影響が重要なものとして「有価証券の取引等の規制に関する内閣府令」51 条で定める基準に該当する差異が生じたことをいいます。

エ　バスケット条項

規制対象事実の全てを条文で個別に規定することは難しいことから，金商法では，重要事実の中で決定事実，発生事実，決算情報を規定するのに加えて，「当該上場会社等の運営，業務又は財産に関する重要な事実であって投資者の投資判断に著しい影響を及ぼすもの」（同法166 条 2 項 4 号）を対象とするバスケット条項を設けて規制の対象としています。これにより，具体的な条文に当てはまらなくても，株価に著しい影響を及ぼす事実であれば，重要事実とみなされます。

オ　子会社情報

連結対象となる子会社に関する情報は，投資判断において重要な情報となります。子会社情報の内容は，前記ア〜エに関する上場会社の子会社の情報をいいます。

(3)　**公表**

公表とは，以下のいずれかの措置が講じられた場合をいいます（金商法施行令 30 条）。

①　2 以上の報道機関に情報を公開してから 12 時間以上経過した時

②　情報が適時開示情報閲覧サービス（TDnet）により開示された時

③　情報が記載された法定開示書類（有価証券届出書等）が電子開示システム（EDINET）により公衆縦覧された時

(4)　**罰則**

インサイダー取引違反者に対しては，金融庁が行う審判手続を経て課徴金納付命令が出されます（金商法 175 条）。実際の違反の検査は，証券取引等監視委員会が行い，検査の結果違反の事実が認められた事案について，課徴金納付命令を行う勧告がなされます（金融庁設置法 20 条）。

司法書士であれば，上場会社の株主総会や，取締役会での決議事項，登記の変更に関する事項について，会社関係者から相談を受けるケースも想定されます。実際に，上場会社の顧問弁護士が，取締役会の決定前に公募

第 2　株式関係

　増資の事実を知り，当該情報が公表される前にその会社の株式を売却した
ことにより，課徴金が課された事例があります[3]。

---

[3] 平成 26 年 8 月 22 日金融庁「株式会社ノジマとの契約締結者による内部者取引に対する
課徴金納付命令の決定について」
https://www.fsa.go.jp/news/26/syouken/20140822-2.html

Q7　上場会社の機関設計

第3　ガバナンス

Q7　上場会社の機関設計

上場会社の機関設計と特徴を教えてください。

A　上場会社が選択できる機関の設計は，監査役会設置会社，指名委員会等設置会社及び監査等委員会設置会社の３種です。現在，日本の上場会社の大半を占めているのは監査役会設置会社ですが，平成27年の監査等委員会設置会社の導入により，監査等委員会設置会社に移行する上場会社が増加しています。

解　説

　現在，東証一部に上場している全2,102社が採っている機関設計としては，監査役会設置会社が1,529社（72.7％），指名委員会等設置会社が60社（2.9％），監査等委員会設置会社442社（24.4％）となっています[1]。以下ではそれぞれの機関設計の特徴を概観し，企業がどのような点に留意して機関設計を選択するのかという視点から解説します。

1　各機関の特徴

(1)　監査役会設置会社

ア　取締役及び取締役会

　会社法上は社外取締役の設置義務はありません[2]が，事業年度の末日において社外取締役を置いていない場合は，当該事業年度に関する定時株主総会において，社外取締役を置くことが相当でない理由を説明する必要があります（会社法327条の2）。

　取締役会は，業務執行の決定，取締役の職務執行の監督，代表取締役の

---

[1]日本取締役協会「上場企業のコーポレート・ガバナンス調査（平成30（2018）年8月1日）」
[2]CGコードの原則4-8では，社外取締役を少なくとも2名以上選任すべきである旨定めています。

41

選定及び解職を行い（会社法 362 条 2 項），法令・定款に定められた株主総会の専権事項以外の業務執行に関する一切の事項についての決定権を有しています。これらの決定を代表取締役や他の取締役に委任することもできますが，重要な財産の処分及び譲受け，多額の借財等の重要な業務執行の決定については取締役に委任することができません（会社法 362 条 4 項）。

イ　監査役及び監査役会

監査役は，取締役の職務の執行を監査します（会社法 381 条 1 項）。

監査役には，取締役・使用人や子会社に対する報告徴求権，業務・財産状況の調査権（同法 381 条 2 項・3 項），取締役の法令・定款違反行為の差止請求権（同法 385 条 1 項）等があります。また，取締役会に出席し，意見を述べる義務などもありますが（同法 383 条 1 項），取締役会の議決権は有していません。監査役はこれらの権限を各自が単独で行うことができます（独任制）。

監査役会は，監査の方針，業務・財産の調査方法等，監査役の職務執行に関する事項の決定や監査報告の作成を行いますが，各監査役の権限行使を妨げることはできません（同法 390 条 2 項）。

(2)　**指名委員会等設置会社**

ア　取締役及び取締役会

取締役は，原則として業務執行することができず，使用人を兼ねることもできません（会社法 415 条，331 条 4 項）。取締役は執行役を兼ねることができますが，業務執行はあくまでも執行役として行います。

取締役会は，業務執行に関する全ての決定権限を有していますが，経営の基本方針[3]，内部統制システムの整備等の法定事項以外の事項については，その決議により大幅に執行役に委任することができるため（会社法 416 条 4 項），取締役会に期待される役割は，業務執行の決定よりも取締役及び執行役の職務執行の監督になります。取締役は業務執行を行いませんが，

---

[3] 監査役会設置会社においては，取締役会の専決事項に「経営の基本方針」が掲げられていませんが，これは，取締役に委任できるということではなく，当然取締役会で決議すべきものであり明記されていないだけとされています。

取締役会の構成員としての職務，後記ウの委員会委員としての職務を行います。

イ　執行役

　業務執行のトップは代表執行役であり，代表権の範囲は，監査役会設置会社の代表取締役と同じです。執行役は，取締役会から委任された事項の範囲内で業務執行の決定を行いますが，その方法は法定されていないため機動的な意思決定が可能になります。

ウ　指名委員会，監査委員会及び報酬委員会

　各委員会の決定は取締役会決議をもってしても覆すことはできません。

（ア）　指名委員会

　株主総会に提出する取締役の選任及び解任に関する議案の内容を決定します（会社法404条1項）。

（イ）　監査委員会

　取締役及び執行役の職務の執行の監査及び監査報告の作成，株主総会に提出する会計監査人の選任及び解任並びに会計監査人を再任しないことに関する議案の内容の決定をします（会社法404条2項）。

　監査委員会の監査は，内部統制部門を通じて行うことが想定されているため，内部統制システムの適切な構成・運営の監視，必要に応じた内部統制部門への具体的指示等がその職務になります[4]。

　監査委員会が選定する監査委員は，取締役・使用人や，子会社に対する報告徴求権，業務・財産状況の調査権を行使し，これについて監査委員会の決議があるときは，これに従う必要があります（会社法405条1項・2項・4項）。監査委員には独任制が認められておらず，監査委員の職務執行は，監査委員会の決議に基づいて行われるからです。ただし，取締役の法令・定款違反行為の差止請求権など緊急性の高いものについては，各監査委員が単独で行使することができます（同法407条1項）。

　なお，監査委員が取締役会の構成員であることから，監査の範囲は取

---

[4] 江頭・569頁

第3　ガバナンス

締役及び執行役の適法性だけでなく，妥当性にまで及ぶとされていま
す[5]。

（ウ）　報酬委員会

　取締役及び執行役の個人別の報酬等の内容を決定します。執行役が使
用人を兼ねているときは使用人の報酬等の内容についても同様です（会
社法404条3項）。

(3)　**監査等委員会設置会社**

ア　取締役及び取締役会

　監査等委員である取締役とそれ以外の取締役の選任は区別して行われま
す（会社法329条2項）。報酬等も区別して定めることになっており，監査
等委員である各取締役の報酬等については，定款の定めや株主総会の決議
がないときは，監査等委員である取締役の協議によって定められます（同
法361条2項～3項）。これらの規定は監査等委員である取締役の地位の独立
性を担保する趣旨です。

　取締役会の権限は，基本的に監査役会設置会社の取締役会と同様です
（会社法362条1項・3項）が，取締役の過半数が社外取締役である場合，又
は定款に定めがあるときは，取締役会決議により重要な業務執行の決定事
項を取締役に委任することが可能であり（同法399条の13第5項），指名委
員会等設置会社と同様に機動的な意思決定をすることができます。

イ　監査等委員及び監査等委員会

　監査の方法・権限等については指名委員会等設置会社の監査委員会と基
本的には同じですが，監査の役割は監査委員会より広範囲であり，監査等
委員会が選定する監査等委員は，監査等委員である取締役以外の取締役の
選解任及び報酬等について監査等委員会で決定された意見を株主総会にお
いて述べることができます（会社法399条の2第3項3号，342条の2第4項，
361条6項）。取締役の人事に対する決定権まではありませんが，社外取締
役が過半数を占める監査等委員会による経営評価を会社の運営に反映させ

---

[5]江頭・570頁

る仕組みです[6]。

　また，利益相反取引の承認権限も有しており，監査等委員以外の取締役と会社との利益相反取引により会社に損害が生じた場合に，当該利益相反取引について，監査等委員会の承認があった場合には，任務懈怠の推定規定は適用されないこととされています（会社法 423 条 4 項）。

【図表】機関設計

	監査役会設置会社	指名委員会等設置会社	監査等委員会設置会社
役員の任期	取締役：2 年 監査役：4 年	1 年	取締役：1 年 取締役（監査等委員）：2 年
業務執行機関	取締役	執行役	取締役
業務執行機関の選解任	株主総会・取締役会	取締役会	株主総会・取締役会
業務執行に関する決定権限の委任	重要な業務執行の決定を除き取締役に委任可能	経営に関する基本的事項その他法定事項を除き執行役に委任可能	①又は②の場合，経営に関する基本的事項その他法定事項を除き取締役に委任可能 ①社外取締役が過半数 ②予め定款で定めている
監査主体	監査役会	監査委員会	監査等委員会
監査主体の構成 ①社外役員の人数比 ②常勤者の要否 ③独任制の有無	監査役 3 名以上 ①半数以上 ②必須 ③有	取締役（監査委員）3 名以上 ①過半数 ②任意 ③無	取締役（監査等委員）3 名以上 ①過半数 ②任意 ③無
監査主体の選解任	株主総会	取締役の地位：株主総会 監査委員の地位：取締役会	株主総会
監査の範囲	適法性	適法性＋妥当性	適法性＋妥当性

2　機関の選択について

　取締役会で議決権を持たない監査役という日本独自の機関の監督機能の実効性に対する海外投資家からの批判を踏まえ，米国型の機関設計にならっ

---
[6]江頭・592～593 頁

第3　ガバナンス

て，平成 14 年に指名委員会等設置会社が導入されましたが（当時の名称は
「委員会等設置会社」），役員人事（指名及び報酬）を実質的に社長が決めてきた多
くの日本の企業では，社外取締役が過半数を占める委員会に決定されること
への抵抗感が大きく，同制度を採用した企業は少数にとどまりました。こう
した背景の下，監査役会設置会社と指名委員会等設置会社の中間的な位置付
けとして監査等委員会設置会社が導入されました。

　コーポレートガバナンス・コード（CG コード）[7] の導入を機に，取締役会の
在り方が議論されています。CG コードに沿って取締役会の役割や機能を見
直す際に，企業ごとに目指す取締役会の役割を整理し，その役割を果たすに
はどの機関設計が適切なのか検討する必要があります。

　取締役会の主な機能として，個別の業務執行の具体的な決定を行う「意思
決定機能」と経営陣の指名・報酬の決定を通じて，業務執行の評価を行う
「監督機能」があり，これらの機能のバランスを図るために機関設計を見直
すことも考えられます。例えば，取締役の監督のほか個別の意思決定も行っ
ている監査役会設置会社が，個別の意思決定を削減して監督機能に特化して
いきたい場合は委員会型の機関設計という選択肢，個別の意思決定は引き続
き重視しながら監督機能を強化したい場合は，取締役会の開催頻度・時間・
付議事項の見直し，指名や報酬に関する任意の諮問機関の設置等で改善を図
り，現状の機関設計を維持するという選択肢があり得ます。

　また，指名委員会等設置会社のように役員人事を委員会に委ねることが法
定されず，要求される社外取締役の人数が 2 名で足りる等の点で CG コード
の対応がしやすく導入が進んだ監査等委員会設置会社ですが[8]，平成 30 年 2

---

[7] CG コード基本原則 4 で，次の 3 点が取締役会の主要な役割・責務として掲げられてい
ます。
　①企業戦略等の大きな方向性を示すこと
　②経営陣幹部による適切なリスクテイクを支える環境整備を行うこと
　③独立した客観的な立場から，経営陣（執行役及びいわゆる執行役員を含む）・取締役に対する
　　実効性の高い監督を行うこと
[8] 監査役会設置会社が CG コード原則 4-8 をコンプライするには，社外監査役 2 名のほ
か，独立社外取締役 2 名以上という最低 4 名の社外役員の確保が必要になるため，社外
監査役を独立社外取締役にスライドさせる形で監査等委員会設置会社に移行するケース
も多く見受けられました。

月に大手議決権行使助言会社の ISS により，企業が委員会型の機関設計を採用すること自体，経営者が監督と経営の分離を目指す意思と解釈でき，監査役会設置会社よりも多くの社外取締役を求めることは合理的であるとし，平成 31 年 2 月より，指名委員会等設置会社及び監査等委員会設置会社において，株主総会後の取締役会に占める社外取締役（独立性の有無は問わない）の割合が 3 分の 1 未満である場合，経営トップである取締役の選任議案に原則として反対を推奨する旨の議決権行使助言方針の改定[9]が公表され，委員会型の機関設計においても今後は社外取締役の増員が求められます。

---

[9] ISS「2018 年版　日本向け議決権行使助言基準」

第3 ガバナンス

Q8 コーポレートガバナンス・コード

コーポレートガバナンス・コードとは何ですか。

A コーポレートガバナンス・コード（CGコード）とは，「会社が，株主をはじめ顧客・従業員・地域社会等の立場を踏まえた上で，透明・公正かつ迅速・果断な意思決定を行うための仕組み」であるコーポレートガバナンス（ガバナンス）を実効的に実現するための主要な原則をとりまとめたものをいい，平成27年6月から各証券取引所の定める上場規則として日本の上場会社に適用されています。

CGコードを適切に実践し，ガバナンスの改善を図っていくことで，企業の持続的成長と中長期的な企業価値の向上が期待されています。

解 説

1 CGコードの概要

(1) 制定の経緯

CGコードは，日本再興戦略の一環として，平成26年2月に策定・公表された機関投資家向けの行動規範である「『責任ある投資家の諸原則』《日本版スチュワードシップ・コード》」（SSコード）[1] に続き，金融庁と東京証券取引所を事務局とする「コーポレートガバナンス・コード策定に関する有識者会議」により「OECDコーポレート・ガバナンス原則」（OECD原則）の趣旨を踏まえた原案が取りまとめられ，平成27年6月に適用が開始されました。

(2) CGコードの目的

CGコードは，企業に株主に対する受託者責任，多様なステークホル

---

[1] 投資先企業との対話を通じて企業の中長期的な成長を促すこと等を目的とし，機関投資家が受託者責任を果たすための原則を定めたものです。「プリンシプルベース・アプローチ（原則主義）」，「コンプライ・オア・エクスプレイン（Comply or Explain）」の手法を採用しており，平成29年5月に改訂がなされ，七つの原則と30の指針で構成されています。CGコードとは異なり，SSコードには受け入れに関する拘束力はありませんが，金融庁の公表によると平成30年4月5日時点で227の機関投資家が受入れ表明をしています。

48

ダーに対する責務に関する説明責任を果たすことを含め意思決定の透明
性・公正性を担保し，迅速・果断な意思決定を促すことで，いわば「攻め
のガバナンス」の実現を目指すものです。CGコードに含まれるガバナン
スに関する規律は，事業活動への制約ではなく，CGコードを実践してガ
バナンスを改善していくことで，意思決定の合理性を確保し，経営陣が結
果責任を恐れずに積極的な経営を行える環境を整え，企業の持続的成長と
中長期的な企業価値向上を図ることを目的としています。

　また，中長期の投資を促す効果をもたらすことも期待しており，CG
コードを実践する企業の取組は，SSコードに基づく機関投資家との建設
的な「目的を持った対話」によって，更なる充実化を図ることができま
す。両コードが「車の両輪」となることで，実効的なガバナンスの実現が
期待されています[2]。

　両コードが制定された目的は諸外国とは異なり，欧米諸国が，短期的利
益を追求するあまり過度のリスクテイクを行った経営陣の暴走や企業不祥
事を止められなかった反省から「ブレーキ」としての役割を重視したのに
対し，日本は，上述のとおり，責任追及を恐れて過度なリスクヘッジを行
う経営陣に対して戦略的な意思決定を後押しし，収益性を高める「アクセ
ル」としての役割に主眼を置いています。

(3) CGコードの構成

　CGコードは，5つの基本原則，31の原則，42の補充原則の計78項目
から構成されます[3]。CGコードは，平成27年のOECD原則の改訂内容を
先取りして反映している点と，OECD原則にはない，「株主との対話」[4]
が基本原則5として追加されている点に特徴があります。

　CGコード適用開始後，多くの企業において，なお経営陣による果断な

---

[2] コーポレートガバナンス・コードの策定に関する有識者会議「コーポレートガバナン
ス・コード原案（平成27年3月5日）」
[3] 策定時は，5つの基本原則，30の原則，38の補充原則の計73項目から構成されていま
した。
[4] 英国やシンガポール等の諸外国のCGコードには入っている項目であり，SSコードと齟
齬が生じないように加えられました。

第3　ガバナンス

【図表：CG コードの構成】

基本原則	原則数	補充原則数
1.　株主の権利・平等性の確保	7	11
2.　株主以外のステークホルダーとの適切な協働	6	3
3.　適切な情報開示と透明性の確保	2	4
4.　取締役会等の責務	14	21
5.　株主との対話	2	3

経営判断が行われていないのではないか等の様々な課題についての指摘が
あったことを踏まえ，「スチュワードシップ・コード及びコーポレートガ
バナンス・コードのフォローアップ会議」は，CEO の選任・解任の基準
や政策保有株式に関してさらに踏み込んだ内容等の CG コードの改訂案を
策定し，平成 30 年 6 月に適用されました。また，投資家についても企業
との対話が形式的なものにとどまっているという指摘も踏まえ，SS コー
ドと CG コードの実効性を促すため，CG コードの改訂に合わせ，両コー
ドの附属文書として機関投資家と企業の対話において重点的に議論するこ
とが期待される事項を取りまとめた「投資家と企業の対話ガイドライン」
も制定されました[5]。

2　CG コードの特色

日本の CG コードは，SS コードと同様，欧州諸国にならい「プリンシプ
ルベース・アプローチ（原則主義）」[6]かつ「コンプライ・オア・エクスプレイ
ン（Comply or Explain）」の手法を採用しています。抽象的な原則（プリンシプ
ル）のみを規定する手法で，形式的な文言・記載ではなくその趣旨や精神に
照らして真に適切かどうかを判断するため，各企業はその経営状況に応じ
て，最適なガバナンスを構築することができます。また，CG コードの規範

---

[5] スチュワードシップ・コード及びコーポレートガバナンス・コードのフォローアップ会
議「コーポレートガバナンス・コードの改訂と投資家と企業の対話ガイドラインの策定
について（平成 30 年 3 月 26 日）」

[6] プリンシプルベース・アプローチに対峙する手法としてルールベース・アプローチ（細則
主義）があり，米国で採用されています。企業が取るべき行動を法規制により詳細に定め
て適用を義務付け，違反時には罰則があります。

を全てそのまま受け入れる必要はなく，各企業の現況等に応じて各原則を実施するかどうかを判断し，実施しない（できない）場合はその理由を説明（有価証券上場規程 436 条の 3）すればよいとされています[7]。

CG コードは，法令ではないため，CG コード自体には法的拘束力はありませんが，CG コードを実施せず，実施しない理由の説明を怠った場合は，各証券取引所の「有価証券上場規程」違反として，制裁措置等（上場契約違約金の支払い等）の対象となる可能性があります。

3 CG コード対応

上場会社には，証券取引所の定める開示制度の一環として「コーポレート・ガバナンスに関する報告書」（CG 報告書）の提出義務があり，「CG コードの各原則を実施しない理由」と「CG コードの各原則に基づく開示」の記載が求められます。

CG コードの狙いは，全ての原則のコンプライではなく，環境等の変化に対応して継続的にブラッシュアップを行わせることにあります。各企業には，ガバナンス改善の PDCA サイクルを回し続け，更なる実質の充実を図っていくことが求められます。

---

[7] マザーズ・JASDAQ 上場会社については，基本原則についてのみ実施するか，実施しない場合はその理由を説明することが求められています。

第3　ガバナンス

【図表：CGコードの開示項目】

開示項目	内容
原則1-4　政策保有株式	・政策保有株式の縮減に関する方針・考え方など，政策保有株式に関する方針 ・政策保有株式の保有の適否の検証内容 ・政策保有株式に係る議決権の行使についての具体的な基準
原則1-7　関連当事者間の取引	関連当事者間取引に係る手続の枠組み
原則2-6　企業年金のアセットオーナーとしての機能発揮	企業年金がアセットオーナーとして期待される機能を発揮するための人事面や運用面における取組の内容
原則3-1　情報開示の充実	（ⅰ）経営理念・経営戦略等 （ⅱ）ガバナンスに関する基本的な考え方・基本方針 （ⅲ）経営陣幹部，取締役の報酬決定方針・手続 （ⅳ）経営陣幹部の選解任と取締役・監査役候補指名の方針・手続 （ⅴ）（ⅳ）を踏まえて個々の選解任・指名についての説明
補充原則4-1①　取締役会の役割・責務	経営陣に対する委任の範囲の概要
原則4-9　独立性判断基準	独立社外取締役となる者の独立性判断基準
補充原則4-11①　取締役の選任	取締役会メンバーのバランス・多様性・規模に関する考え方と取締役の選任に関する方針・手続
補充原則4-11②　取締役の兼任状況	役員の兼任状況
補充原則4-11③　取締役会の実効性	取締役会全体の実効性についての分析・評価結果の概要
補充原則4-14②　取締役のトレーニング	取締役・監査役に対するトレーニングの方針
原則5-1　株主との建設的な対話	株主との建設的な対話を促進するための体制整備・取組に関する方針

出典：東京証券取引所の資料を基に作成

Q9 役員報酬に関する規制

Q9 役員報酬に関する規制

役員報酬を支払う際にはどのような規制がありますか。

A 役員報酬の支払に当たっては，株主総会決議等の会社法上の規制，損金算入範囲に関する税法上の規制や有価証券報告書等での開示に関する規制などがあります。

解説

1 役員報酬に関する会社法上の規制

(1) 総論

取締役[1]に報酬等[2]を支払うには，定款又は株主総会[3]の決議によらなければなりません（会社法361条1項）。これはお手盛り防止のためであり，取締役会や代表取締役のみによる決定を認めない趣旨です。一般的な金銭報酬は，株主総会にて，取締役全員[4]の報酬等の総額としての上限枠を定め，その枠内で取締役会に対して決定を委任することが多いです。さらに，取締役会では，プライバシーの観点等から，各取締役に対する配分額の決定を，代表取締役に一任（再一任[5]）している会社が多いです。したがって，一旦株主総会の決議で定めた上限枠を超過しない限り，都度株主

---

[1] 会社法に基づかない各社独自の執行役員は，会社法上の役員ではないため，取締役の報酬に関する会社法の規制は適用されません。一方，税法上は，執行役員や相談役・顧問等についても会社の損金への算入が制限されることがあります（57頁参照）。

[2] 賞与，退職金，現物支給等，その性質にかかわらず，取締役としての職務執行に対する対価が対象です。

[3] 指名委員会等設置会社では報酬委員会（会社法404条3項）。

[4] 監査等委員会設置会社では，監査等委員とそれ以外の取締役とを区別して報酬等を定める必要があります（会社法361条2項）。

[5] ただし，代表取締役に再一任することにつき投資家から異論があり，法制審議会の会社法制部会の中間試案では，公開会社（株式の全部又は一部に譲渡制限が付されていない会社（全株譲渡制限でない会社。会社法2条5号）では，再一任に株主総会の決議を要するとする案と，決議は不要なものの再一任をしている旨を事業報告で開示させる案とが選択肢として提示されています。さらに，平成30年6月1日に改訂されたCGコードの補充原則4-2①では，「取締役会は……具体的な報酬額を決定すべき」と，再一任の場合にはその旨のエクスプレインを企業に求めるかのような記載ぶりとなっており，今後の動向を注視する必要があります。

53

第3　ガバナンス

総会の決議を得る必要はありません[6]。

　なお，監査役の報酬等については，通常，株主総会の決議により総額の上限枠を定め，その枠内で監査役の協議により決定することになります（会社法 387 条）。

　役員報酬は，会社法上，以下の 3 つに区分されています（会社法 361 条 1 項）。

　一　報酬等のうち額が確定しているものについては，その額

　二　報酬等のうち額が確定していないものについては，その具体的な算定方法

　三　報酬等のうち金銭でないものについては，その具体的な内容

　第一号を確定額報酬，第二号を不確定額報酬，そして第三号を非金銭報酬と呼びます。

　以下では，第三号の非金銭報酬の対比としてまず金銭報酬を述べ，次に，非金銭報酬の典型である株式報酬について説明します。

(2)　**金銭報酬**

　役員に対して金銭により支払う報酬をいいます。年間の上限額を超えない限り，支払い方に制限はありません。従業員と同様に，月額基本給（年額とし 12 等分して毎月支払う場合もあります）及び賞与を支払う会社もあれば，年に一度まとめて支払う会社もあります。

　一方，役員への退職慰労金については，日本では支払う企業が主流でしたが，退任時の役職や在任期間の長さのみで金額が決定され業績と連動しないことがあること等から海外の機関投資家を中心に批判が高まり，制度を廃止する企業が多くなってきています。

　なお，賞与については，後述する事前確定給与（法人税法 34 条 1 項 2 号）とするため等の事情で，前年の業績に対して翌年に支払う企業が多く，取

---

[6]法制審議会会社法制（企業統治等関係）部会が平成 30 年 2 月 14 日に取りまとめた「会社法制（企業統治等関係）の見直しに関する中間試案」（以下「中間試案」）では，事業報告に上限枠を決議した株主総会の日，決議の内容，取締役の員数等を記載すべきとされています。実務でも，既に上限枠の金額を事業報告に注記している会社が見られます。

締役が従業員の延長線にすぎずインセンティブとして不十分であるとか，どのような業績とどのように連動しているのかの算定式が開示されておらず，業績との連動性が不明確である，といった批判があることに注意が必要です。

(3) **非金銭報酬 (株式報酬)**

役員に対して金銭以外で支払う全ての報酬をいいます。非金銭報酬の典型として，近年主流となりつつある株式報酬について説明します。株式報酬は，一定の期間の経過や一定の業績の達成まで金銭化を制限することで，その間の株式価値の変動を実質的に報酬額に反映させ，会社業績と報酬の連動を図ることができます[7]。コーポレートガバナンス・コード (CGコード) の補充原則4-2①でも，現金報酬と自社株報酬の適切な割合の設定，中長期的な業績と連動した報酬設計が求められており，株式報酬を役員に付与する企業が増えています。

株式報酬には，「ストックオプション」，「パフォーマンスシェア (業績連動株式)」，「リストリクテッドストック (譲渡制限付株式)」などがあります。またこれら制度の運用を信託会社に委託する「信託型」もあります。

ストックオプションは，株価の上昇益を期待する一般的なストックオプションのほかに，行使価格を1円[8]とする「1円ストックオプション (株式報酬型ストックオプション)」や，近年では一定の業績を達成することを行使条件とする「業績連動型ストックオプション」などが発行されています。しかしながら，一般的なストックオプションについては，大規模な経済危機や災害による株価の下落時には自社の業績にかかわらず行使できなくなる恐れがあることや，1円ストックオプションについては，付与後短期間での退任の場合の業績との連動が薄い[9]，といったデメリットがあ

---

[7] 田辺総合法律事務所・至誠清新監査法人・至誠清新税理士法人編著『役員報酬をめぐる法務・会計・税務』(清文社，2016) 167頁

[8] 1円ストックオプションは，日本企業独特の退職慰労金廃止の代替として考案された側面があります。

[9] 取締役の報酬として新規に導入する場合などの株主総会の決議 (53頁参照) に際し，議決権行使助言会社の助言基準において株式報酬議案への反対が推奨される場合が定められていますので，その内容を確認する必要があります。

第3　ガバナンス

り，業績連動型ストックオプションや，株式そのものを使った報酬を導入する日本企業が増えています。

　報酬をストックオプションとすることと株式そのものにすることの違いは，前者は行使額と株価の差額が実質的な報酬になるのに対して後者は株価そのものが報酬となることのほか，前者には議決権や配当受領権がないことが挙げられますが，役員との契約により株式についてのこれらの権利に制約をかけることもできるため，実質的な違いは小さくなっています。また，手続的には，ストックオプションは新株予約権であるため，発行時に加えて行使・消滅時にも商業登記の変更登記が必要ですが，株式については新株発行ではなく自己株式の処分による場合には登記が不要となります。

　パフォーマンスシェア（以下「PS」といいます。）は，売上や利益といった業績目標の達成度合いによって交付される株式数が決定する株式報酬をいいます。前述のとおり，CGコードにおいて中長期業績と報酬を連動させるべきとされており，設定される目標は3〜5年後の中長期的なものとする例が多いです。

　リストリクテッドストック（以下「RS」といいます。）は，一定期間が経過するまでは譲渡が制限される株式報酬です。譲渡制限は，手続が煩雑な種類株式として付すのではなく，役員個人と会社との間の株式割当契約において付すことが一般的です。PSと同様の理由から，譲渡制限の期間は3〜5年という例が多くなっています。

　また，PSとRSの要素を組み合わせた株式報酬や，PSとRSの両方の株式報酬を発行している企業もあります[10]。

　PSやRSの発行に当たっては，信託の仕組みを利用する場合があります。会社を委託者，信託銀行等を受託者として金銭を信託し，信託銀行等が市場で株式を購入するなどして株式を取得した上で，要件を満たした役員に株式を交付する，というものです。信託銀行等に一定の業務を任せる

---

[10] ソニー，オリンパスなど。ただし，RSに業績条件を付し，業績の達成度合いに応じて一部の株式の譲渡制限を解除する仕組みについては，平成29年度税制改正により，会社側での損金算入ができなくなったため，注意が必要です。

ことができる一方で，手数料を支払わなければならないデメリットもありますが，会社側のインサイダー取引懸念を軽減することなどを理由に利用されることがあります。

最後に，株式以外の非金銭報酬ですが，職務執行の対価は全て役員報酬となります。社宅・社有車の費用，生命保険等の保険料の負担，福利厚生等が該当することがありますので，株主総会，取締役会，代表取締役それぞれの決議・決定内容に反するような報酬を交付することとならないよう，注意が必要です。

2 役員報酬に関する税法上の規制

役員報酬[11]は，従業員への給与（法人税法22条3項）と異なり，原則として会社の損金に算入することができません（同法34条1項）。役員は自ら役員報酬の決定に関与でき，隠れた利益処分を行うおそれがあることが理由とされています。このため，役員報酬を例外的に損金算入できるようにするための要件をしっかりと確認しておく必要があります。また，毎年のように税制改正が行われるため，その内容をタイムリーに把握する必要があります。

損金算入が可能な役員報酬は，本書発行時点で，①定期同額給与，②事前確定届出給与，及び③業績連動給与（改正前の利益連動給与）の3つの類型に限られます。定期同額給与は，支給時期が1か月又はそれ未満の一定の期間ごとで，支給額が同額であるもので（法人税法34条1項），定額の月額報酬が典型です。事前確定届出給与は，所定の時期に確定額を支給する旨の株主総会等の決議に基づくもので（同項2号），賞与が典型です。業績連動給与は，以前は「利益連動給与」とされていましたが，有価証券報告書（金商法24条1項）の提出会社が同報告書に記載した利益等に関する基準等に連動して算出される報酬を支給するものです（法人税法34条1項3号）。CGコードで「役員報酬と会社業績の連動」がうたわれたこともあり，利益以外の売上，

---

[11]法人税法では，役員には，会社法上の役員である取締役・執行役・会計参与・監査役に加え，法人の経営に従事している者のうち一定の者として，相談役，顧問などで，その法人内における地位，職務等からみて他の役員と同様に実質的に法人の経営に従事している者や，執行役員のうち委任契約に基づき重要な意思決定に参画するなど経営に実質的に従事している者も含まれます（法人税法2条15号）。

ROE といった業績に関連する指標と連動した給与についても対象となる旨，法人税法が改正されています。

役員報酬を損金に算入するためには，以上の類型への当てはめを行った上で，①機関決定（株主総会，取締役会，代表取締役等），及び②税務当局への届出を行う必要があります。

なお，従業員兼務役員には，取締役の報酬等は無報酬としつつ，従業員たる総務部長としての賃金のみを支払う場合があり得ます。この場合，原則に従えば，従業員の賃金として損金算入が認められるはずですが，例外的に，当該賃金が極端に高額である場合には，税務上の取扱いが変わって損金算入が認められない場合[12]もありますので，注意が必要です。

なお，親会社に在籍しながら子会社の役員に就任する場合には，子会社の役員としては無報酬としつつ親会社からその役職員としての報酬等や賃金を支払う場合や，子会社が支払った役員報酬等について親会社から子会社に対し費用負担を行う場合などがありますが，損金算入をはじめとする税務上の手続にも目配りする必要があります。

3　役員報酬に関する開示規制

取締役の報酬等は，事業報告，株主総会参考書類，有価証券報告書，コーポレート・ガバナンス報告書[13]にそれぞれ記載する必要があります。記載例は図表のとおりです。

事業報告には，当該事業年度において役員が受けた報酬等を記載する[14]必要があります。実際に支給した報酬等のほか，ストックオプションの付与については，当該事業年度に会計上費用計上した額を記載することが多いです。

---

[12] このほか，会社役員の報酬に関する重要な事項として，会社法上の事業報告への記載が必要となる場合もあります。

[13] コーポレート・ガバナンス報告書では，役員のほか，役員のうち代表取締役社長等を退任した者について，相談役・顧問への就任状況として，その報酬の有無等の開示欄が設けられています。相談役・顧問の制度によっては，個人の税務メリット等の観点から，役員時代の報酬の後払い・退職金として機能するようなものもあるため，現時点では開示が義務ではないものの，開示していない場合も関心を持つ投資家から説明を求められる可能性があります。

[14] 取締役の報酬等に関する議案及び事業報告には，社外取締役とそれ以外の取締役とを区別して記載します（会社規82条3項，124条5号）。

有価証券報告書においては，連結子会社の役員としての報酬等を含め年間1億円以上の役員報酬につき個別開示を行うことが義務付けられています。

また，指名委員会等設置会社は，株主総会における報酬等に関する決議が不要となる代わりに，取締役の報酬等の内容に係る決定に関する方針を定めているときは，方針の決定の方法・方針の概要を事業報告[15]に記載する必要があります（会社規121条柱書，同条6号）。また，有価証券報告書においては，監査役設置会社及び監査等委員会設置会社についても記載する様式となっています[16]。

【図表：取締役の報酬等の開示の事例】

（キヤノン株式会社　コーポレート・ガバナンスに関する報告書　2018年4月23日）
取締役会が経営陣幹部・取締役の報酬を決定するに当たっての方針と手続
1. 方針
　　代表取締役・業務執行取締役の報酬は，その役割に応じた職務執行の対価として毎月固定額を支給する基本報酬と，各事業年度の業績に連動した賞与，並びに中長期的な業績向上及び企業価値向上に向けたインセンティブとしての株式報酬型ストックオプションによって構成されます。執行役員の報酬につきましても，これに準じております。なお，社外取締役の報酬については，毎月固定額を支給する基本報酬のみとなります。
2. 手続
　　当社は，CEO，独立社外取締役2名及び独立社外監査役1名から成る任意の「指名・報酬委員会」を設けております。当該委員会は，基本報酬・賞与の算定基準，株式報酬型ストックオプションの付与基準を含む報酬制度の妥当性を検証し，2018年1月の取締役会において，当該制度は妥当である旨の答申を行いました。
　　個別の報酬額は，「指名・報酬委員会」の検証を経た報酬制度に基づき，取締役会決議により決定されます。
　　なお，取締役の基本報酬及び株式報酬型ストックオプションの総額は，株主総会により承認された報酬総額（上限）の枠内となります。取締役の賞与につきましては，定時株主総会において賞与支給議案が承認されたときに，支給が確定いたします。

---

[15]「中間試案」では，事業報告に，業績連動報酬等の額，金銭でない時の内容，算定の基礎となる業績指標の内容・選定理由等を記載する案が掲げられています。また，監査役設置会社などを含め，そもそも当該方針を定めること自体を義務化する案も併記されています。なお，取締役会から代表取締役に個別の報酬額の決定を再一任している旨を事業報告に開示させる「中間試案」について，53頁参照。

[16]「中間試案」では，このような方針を定めている場合には，株主総会に取締役の報酬等に関する議案を提出するに当たり，当該議案が当該方針との関係でどのような意義を有しているかの説明義務を新たに設けることとされています。

第3　ガバナンス

Q10　役員報酬の改定手続

役員報酬を改定するときの留意点を教えてください。

A　役員報酬の改定に当たっては，過去の株主総会決議等の内容を確認し，適切な機関において改定の承認を得る必要があります。また，定期同額給与や事前確定届出給与といった税務上のメリットを受けている場合には，これを改定により喪失しないように注意する必要があります。

解説

1　役員報酬の改定に当たっての会社法上の手続

　役員報酬を改定（増額，減額，内容変更）するに当たっては，Q9の1で掲げた会社法上の規制に基づき，現在の報酬内容についてどのような機関決定が必要かを確認します。

　まず，株主総会での決議内容を確認し，上限枠といった決議事項に反しないかを確認する必要があります。前述のとおり，株主総会から取締役会に報酬等の事項の一部の決定が委任されている場合には，これを決議した際の取締役会議事録の内容も確認します。さらに，取締役会から代表取締役への再一任がなされていることも多いため，代表取締役による決定書や，会社と役員とで取り交わした契約書，社内の報酬規程等の変更の要否を確認するとともに，決議のし直しや役員本人の承諾といった必要な手続を取ります。

　さらに，上場会社では，報酬委員会の設置が強制される指名委員会等設置会社のほか，監査役会設置会社や監査等委員会設置会社[1]でも，任意の報酬委員会を設ける会社が増えています。こういった会社においては，取締役会の決議に先立ち，任意の委員会への諮問といった手続が必要になります。CGコードの補充原則4-10①で「独立社外取締役が取締役会の過半数に達していない場合には，経営陣幹部・取締役の指名・報酬などに係る取締役会の機能の独立性・客観性と説明責任を強化するため，例えば，取締役会の下

---

[1] 監査等委員には，監査等委員でない取締役の指名・報酬につき，株主総会において意見を述べる権限があります（会社法361条6項）。

60

に独立社外取締役を主要な構成員とする任意の諮問委員会を設置す……べき」とされたことにより，任意の委員会を設置する上場会社が増えています。さらに，平成30年6月1日にこの点が改訂され，「例えば」と「など」が削除され，「指名委員会・報酬委員会」が追記されたことにより，今後ますます任意の委員会を設ける上場会社が増えると見込まれます。

2 役員報酬の改定に当たっての税務上の手続

税務上は，税務当局へ届け出た損金算入などのための書類の再提出の要否も確認する必要があります。例えば，事前確定届出給与であれば，その名のとおり，事前に確定額を届け出た場合にのみ損金算入が認められるため，それと異なる額の役員報酬を支払った場合，損金算入は認められないことになります。これを避けるため，改定事由に該当するかをあらかじめ確認の上，変更の届出を税務当局に行い，損金算入を確保する必要があります。

【図表：事前確定届出給与の臨時改定事由・業績悪化改定事由】

・その事業年度において役員の職制上の地位の変更，その役員の職務の内容に重大な変更その他これらに類するやむを得ない事情
・その事業年度において経営の状況が著しく悪化したこと，その他これに類する理由による減額

第3　ガバナンス

Q11　D＆O保険

D＆O保険について教えてください。

A D＆O（Directors & Officers）保険は，役員が職務執行によって株主及び第三者に与えた損害についての賠償責任保険です。近年，損害賠償の高額化に伴い，加入する会社が増えています。また，これまで一般的には，利益相反防止の観点から保険料の一部を役員個人が負担していましたが，経済産業省が，社外取締役の関与等により個人負担が不要となる旨のガイドラインを発表しており，今後の動向に注目すべきです。

解説

1　D＆O保険の概要

D＆O保険は，「会社役員賠償責任保険」[1]のことで，役員が負った損害賠償金や弁護士費用を補償するものです。役員は，会社に対して，任務懈怠責任等の責任[2]を負うとともに，第三者に対しても，悪意又は重過失により生じさせた損害を賠償する責任も負っており，上場会社の約9割がD＆O保険に加入しているとされます[3]。

2　保険契約・約款・特約の概略

D＆O保険は，会社が保険会社と契約を締結することにより加入することになります。被保険者は役員です。保険の対象は，役員が会社又は第三者に支払った損害賠償金と，弁護士報酬等の争訟費用です。また，原則として契約後の行為が保険による補償の対象であり，契約前の行為につき契約後に

---

[1] 現行の会社法上，D＆O保険に関する定めはないものの，法制審議会による「会社法制（企業統治等関係）の見直しに関する中間試案」（2018年2月16日）では，D＆O保険を「役員等賠償責任保険契約」と呼んでいます。
[2] 任務懈怠責任のほか，利益相反取引による責任，分配可能額を超過する配当による責任，出資の履行に瑕疵がある場合の責任等があります。
[3] 経済産業省「日本と海外の役員報酬の実態及び制度等に関する調査報告書」（2015年3月）124頁。なお，同125頁によれば，「会社全体での補償限度額を10億円以下に設定している企業が全体の約8割（10億円が約3割）」ということです。

62

損害賠償請求された場合は原則として補償されません[4]。

このような通常の補償範囲に加え，会社法上の役員ではない執行役員が与えた損害も補償する特約や，子会社の役員への特約を付ける場合もあります。子会社の役員については，平成27年の会社法改正により，親会社の株主から直接代表訴訟を提起される「多重代表訴訟」の制度が導入されたことから（会社法847条の3），対象となる子会社役員[5]についてＤ＆Ｏ保険を付すことを検討すべきです。

3　利益相反，経済産業省ガイドライン

会社と取締役の利益が相反する取引を行う場合には，取締役会の承認を得

【図表：Ｄ＆Ｏ保険の基本的な設計（イメージ）】

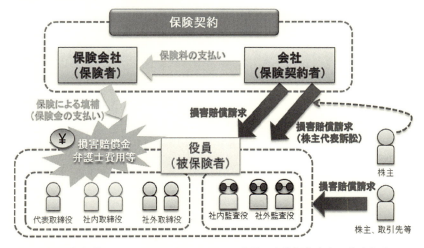

出典：経済産業省「コーポレート・ガバナンスの実践～企業価値向上に向けたインセンティブと改革～」別紙2「会社役員賠償責任保険（Ｄ＆Ｏ保険）の実務上の検討ポイント」（2015年7月24日）

---

[4] 先行行為担保特約に加入することで一定範囲のカバーが可能です。
[5] 資産に計上される子会社株式の簿価が，自社単独の資産の5分の1超を占めるような大規模な100％子会社（特定完全子会社）の役員は，親会社の株主から直接，代表訴訟を提起される可能性があります（会社法847条の3）。純粋持株会社のように，実際の事業活動を子会社で行うような企業グループが主に想定されていますが，将来的な法改正で特定子会社の範囲が拡大される可能性もあります。なお特定完全子会社の商号等は，会社法施行規則118条4号により親会社の事業報告に記載する義務があります。

第3 ガバナンス

なければなりませんが（会社法365条），Ｄ＆Ｏ保険も，会社が保険料を支払う一方で，保険金を受領するのは専ら取締役個人であることから，会社の負担により取締役に直接的に利益が生ずるとして，この利益相反取引に該当するという考え方があります。安全策として，Ｄ＆Ｏ保険のうち，株主代表訴訟に係る保険料として，役員個人が年間数万円から100万円程度の保険料を役員報酬からの控除という形で自己負担すること[6]や，保険契約締結について取締役会決議をしている例も見られます[7,8]。

　しかしながら，CGコードの基本原則4でも，経営陣幹部による適切なリスクテイクを支える環境整備を行うことが取締役会の役割・責務とされているとおり，その基盤となるＤ＆Ｏ保険への加入に当たって障害となり得る，役員の保険料自己負担を解消すべきであるとの議論があります。そこで，経済産業省が公表した「コーポレート・ガバナンスの実践〜企業価値向上に向けたインセンティブと改革」では，一定の悪質な行為には保険金が支払われないことなどから，取締役会の承認及び社外取締役全員の同意又は社外取締役が過半数を占める任意の委員会の同意があれば，役員が保険料の一部を自己負担せず，全部を会社が負担してもよい，との見解を示しています。

---

[6] 2015年7月4日日本経済新聞朝刊では，会社と役員が9対1の割合で分担するのが一般的としています。

[7] 法制審議会による「会社法制（企業統治等関係）の見直しに関する中間試案」（2018年2月16日）では，Ｄ＆Ｏ保険の締結は重要な業務執行として取締役会決議によることとされています。

[8] 上記「中間試案」では，Ｄ＆Ｏ保険を締結した公開会社（会社法2条5号）はその内容の概要を事業報告に記載するものとしています。

Q 12　株主総会の開催

第4 会議体

Q 12　株主総会の開催

上場会社（監査役会設置会社）における株主総会の開催に当たって，どのような準備が必要でしょうか。

A 　上場会社では，定時株主総会を適法・適正に，また，現実に年1回開催する必要があります。そのための準備としては，⑴基本スケジュールの策定，⑵株主総会業務関係者との協働（株主総会事務局業務），⑶付議議案の検討，決定並びに招集通知の作成及び発送（議決権行使集計），⑷想定問答集の作成，⑸議事運営ルールの確認及びリハーサルの実施，⑹株主総会当日の対応，⑺終了後の諸手続などを行う必要があります。株主総会の開催に当たっては，コーポレートガバナンス・コード（以下「CGコード」といいます。）のほか，議決権行使助言会社や機関投資家の議決権行使基準等に，十分配慮する必要があります。

解 説

　上場会社の場合，株主総会に出席できない株主の議決権行使の機会を保証する書面投票制度を採用することが義務付けられ（議決権を有する全株主に委任状勧誘を行う場合を除く。東京証券取引所有価証券上場規程（以下「上場規程」といいます。）435条），また，広域に多数の株主が存在することもあり，株主全員の同意を要する株主総会決議の省略（会社法319条1項）を行うことはできないため，実際に開催する必要があります。株主総会の準備に当たって，最も重視すべきことは，決議取消（同法831条）や過料[1]等の法的リスクを回避し，適法・適正な株主総会を実現することです。

　さらに，CGコード原則1-2では，「上場会社は，株主総会が株主との建

---

[1] 一例として，説明義務違反の場合，100万円以下の過料に処せられます（会社法976条9号）。

65

第4　会議体

設的な対話の場であることを認識し，株主の視点に立って，株主総会における権利行使に係る適切な環境整備を行うべきである」と定めています。会社の経営や事業等に関心を持つ一般株主の来場を想定した，親しみやすく対話を重視した株主総会の実現を目指します。

1　基本スケジュールの策定

⑴　開催日時と会場の決定

　　株主総会を現実に開催するに当たっては，まず，株主総会の日時と会場を決定する必要があります。株主総会開催日は，議決権に関する基準日から3か月以内に定める必要があります（会社法124条2項）[2]。過去には，いわゆる総会屋対策等のために，株主総会の日程を他社と同調して決定する実務慣行が定着していましたが，昭和56年の単位株制度・利益供与禁止，平成9年の利益供与要求罪を定める商法改正などを経て，一時は数千名といわれた総会屋が激減したことや[3]，CGコード補充原則1−2③において，「上場会社は，株主との建設的な対話の充実や，そのための正確な情報提供等の観点を考慮し，株主総会開催日をはじめとする株主総会関連の日程の適切な設定を行うべきである」と定めていることなどから，いわゆる集中日開催の比率は年々低下傾向にあります（当該補充原則自体は，必ずしも集中日開催を否定するものではありません）[4]。最近では，CGコードにおいて要請されている招集通知の早期発送が[5]，株主総会の開催を早くしすぎると実現が困難になることもあり，日時の決定に当たっては，その点も考慮する必要があります。

　　会場は，株主総会の前回までの運営状況（出席株主数，会社を取り巻く状況

---

[2]最近では，対話型の株主総会の実現をさらに目指して，株主に議案の精査や検討に十分な時間を与えられるよう，議決権の基準日を1〜2か月後ろにずらして設定し，6月総会の場合7月に株主総会を開催する動き（7月総会）があります。

[3]『平成29年における組織犯罪の情勢』10頁（警視庁組織犯罪対策部組織犯罪対策企画課）

[4]2017年6月総会の集中日開催率は29.64％と，初めて3割を切りました（『株主総会白書2017年版』31頁（旬刊商事法務 No.2151 臨時増刊号，2017）当該白書の調査対象は，全国証券取引所に上場されている国内会社（新興市場・外国企業を除く）2,621社であり，このうち1,730社からアンケートの回答を得ています（回答率は，66.0％））。

[5]補充原則1−2②

や業績, 株主動向等) を勘案して, 早めに決定します。特に自社施設ではなく, 他場所を借りて開催する場合は, 会場の確保のため, 1年以上前に予約をすることが一般的です。さらに, 株主総会開催日前日に同じ場所でリハーサルを行う場合には, 開催日前日及び開催日の2日間分を予約する必要があります。一般に, 株主総会に来場する株主は, 総株主数の2%程度といわれていますが[6], 当日会場に株主が入場できない場合には株主総会が成立せず, 延会 (同法317条) をしなければならなくなるため, 上場直後や注目されるニュースがあった場合など, 多数の株主の来場が予測される場合には, 第二会場の設営も検討します。

(2) 基本スケジュールの策定

株主総会の開催日と会場の決定後, 株主総会の開催に必要な手続を行うために, 基本スケジュールの策定が必要となります。その際考慮すべき基本事項としては, 事業報告及び計算書類の作成を前提とした①監査日程 (会計監査人による監査を含む監査の実施, 監査報告書の受領), ②決算日程 (決算取締役会日。東証では, 決算期末後45日以内の決算短信による開示 (決算発表) を要請しています。), ③招集通知発送日等があります。これらを考慮した上で, 法的な要件を充足するスケジュールを策定します。なお, 策定に当たっては, 決算期から株主総会終了時までの期間ではなく, 基本方針決定のための準備日程や株主総会終了後の諸手続の日程も含めて策定する必要があります。

通常の定時株主総会の大まかなスケジュールは, 次のとおりとなります[7]。

---

[6] 過半数の会社が, 当該株主数比率2%未満となっています (『平成29年度全株懇調査報告書』13頁 (全国株懇連合会 2017))。

[7] 株主総会日程の詳細については, 『平成30年版株主総会日程』 (別冊商事法務 No.426, 2017) を参照。

第4　会議体

【図表：株主総会基本日程案の概要】

時期 （株主総会開催日○○前）	主な日程案
1.　株主総会開催日から 　　1年以上前	①株主総会開催日時と場所の確定（予約）等
2.　株主総会開催日から 　　1年〜半年前	①前回の株主総会の振り返り，課題抽出 ②株主総会の基本方針（準備・開催の方針，主な重要課題 　と対策等）の決定（株主総会事務局案）等
3.　株主総会開催日から 　　半年〜3か月前	①付議議案の内定 ②決算期等
4.　株主総会開催日から 　　3か月〜8週間前	①基本方針の役員了承 ②株主提案権行使期限等
5.　株主総会開催日から 　　8週間前〜1か月前	①決算取締役会（株主総会招集の取締役会決議，議案確定） ②決算発表 ③事業報告書の確定 ④監査報告書の提出 ⑤招集通知のWEB事前開示等
6.　株主総会開催日から 　　1か月〜3週間前	①招集通知の発送 ②計算書類等の法定備置 ③議決権行使集計の開始等
7.　株主総会開催日から 　　3週間前〜株主総会 　　前日	①想定問答集の作成と役員への配付 ②議事進行次第の完成 ③会場設営 ④リハーサル等
8.　株主総会当日	①受付 ②株主総会の開会から閉会 ③株主総会終了後の取締役会，監査役会等
9.　株主総会終了後	①有価証券報告書の提出 ②臨時報告書の提出 ③株主総会議事録作成 ④商業登記等

2 株主総会業務関係者との協働 (株主総会事務局業務)

(1) 株主総会事務局

株主総会業務を主管する部門（上場会社の部門組織やミッションなどによって異なります。多くの会社は，総務部，IR 部門，法務部などが担います。）は，株主総会事務局として，株主総会にかかわる社内関係部門や社外関係者との情報共有，課題検討，協働を行うことが求められます。また，株主総会当日を含めて株主総会の運営全体を統括します。社内関係部門とプロジェクトチームを編成して対応する場合もあります。

(2) 社内関係部門との協働

社内関係部門の役割は，一例として，以下のような役割が考えられます。

【図表：社内関係部門との協働例】

社内関係部門 （順不同）	主な役割例
1. 秘書	①社内外役員のスケジュール調整，情報共有等
2. 広報	①株主対応（機関投資家や個人株主の問い合わせ等への対応等） ②株主総会当日の展示等
3. 総務	①会場設営 ②会場係・警備等の統括 ③所轄警察署への臨場要請等
4. 経理	①決算業務（計算書類の作成）等
5. 法務	①招集通知などの法定書類の作成 ②会社法や金融商品取引法など株主総会に関連する法令，他社や世間の動向の把握と情報提供 ③議事運営等における法的支援等

(3) 社外関係者との協働

株主及び報道機関以外の主な社外関係者とその役割は，一例として，以下のような役割が考えられます。

69

第4　会議体

【図表：社外関係者との協働例】

社外関係者 （順不同）	主な役割例
1.　貸ホール， 　　ホテル等の 　　関係者	①株主総会会場を自社施設ではなく，他場所を借りる場合
2.　右記業務の 　　外注先	①株主総会当日の受付，株主誘導，案内等
3.　印刷会社	①各種印刷物（招集通知，議決権行使書用紙，配当金領収証，同計算 　書，決議通知，株主通信，株主優待の案内，封筒，株主総会当日配布物 　等）の印刷 ②当該印刷物の株主名簿管理人（証券代行機関）等への納品
4.　株主名簿管 　　理人（証券 　　代行機関）	①株式期末事務（期末株主の確定，配当金支払業務等） ②招集通知，決議通知等の封入と発送 ③議決権行使の集計等
5.　顧問弁護士	①招集通知等の法的チェック ②リハーサル，役員勉強会等での指導 ③株主総会当日の議事運営の支援等
6.　司法書士	①株主総会終了後の変更登記申請
7.　金融庁	①有価証券報告書，臨時報告書の提出
8.　証券取引所	①適時開示，決算発表 ②コーポレート・ガバナンス報告書の提出

　　上記のほか，想定問答システムの外注化，警備員，所轄警察署への臨場
要請，速記者等の手配も想定されます。社内関係部門は，当該社外関係者
と綿密な事前の打合せを行います。また，株主総会事務局も，社内関係部
門とともに，社外関係者に的確な指示，依頼をする必要があります。

3　付議議案の検討，決定並びに招集通知の作成及び発送（議決権行使集計）

(1)　付議議案の検討及び決定（株主提案権行使への対応）

　　付議議案の確定は，多くの場合，監査が終了した事業報告・計算書類の
確定（会社法436条3項）と同時に行います。付議議案の検討の際には，議
決権行使助言会社による議案反対推奨の基準（一例として，過去5年間平均の

自己資本利益率（ROE）が5％を下回る会社や，株主総会終了後最低2名の社外取締役がいない会社の経営トップの選任議案には反対推奨を行うこと等）や，機関投資家独自の基準による議決権行使（及び議決権行使結果の個別開示）についても注意を要することとなります。

また，株主総会の会日の8週間前までに，株主提案権の行使（会社法303条及び305条）があった場合には，その適否（同法305条4項）を慎重かつ迅速に判断する必要があります。株主総会の付議が必要となった場合には，会社提案の議案と併せて付議議案として，取締役会で決議します。具体的に株主総会参考書類に記載すべき内容については，法定されています（会社規93条）。なお，株主提案権は，その濫用が問題視されていることから，行使する要件の見直しが次期会社法改正のテーマの1つとなっています。

(2) **招集通知の作成及び発送**

株主総会の開催に当たっては，①株主総会の日時，場所，②目的事項，③書面投票制度及び，④電子投票制度に関する事項等を決算取締役会の決議により決定します（会社法298条1項各号，会社規63条。なお，通常は，定款に株主総会の招集権者を定めています。）。当該取締役会の決議後，招集通知の入稿，校了及び印刷，株主名簿管理人（証券代行機関）による封入作業を依頼し（招集通知を議決権行使書用紙等と併せて，封筒に入れる作業），招集通知を発送します（会社法299条1項）。上場会社の招集通知の作成では，経営理念や戦略等，会社として株主に伝えたいこと，理解してもらいたいことを，読みやすく，かつ，わかりやく説明するため，カラー化や写真の多用などの工夫を施す会社が多くなってきています（CGコード原則3-1各号の要請）。

招集通知は，株主総会会日の2週間前までに発信する必要がありますが（会社法299条1項），最近では，CGコードの要請もあり[8]，中2週間よりも前に送付する会社が多くなってきています[9]。なお，招集通知を発送する

---

[8] 補充原則1-2②

[9] 近年では，法定の中2週間前発送の会社は5％にすぎません。一方，会日の22日以上前の発送会社は24.3％になっています（『株主総会白書2017年版』68頁（旬刊商事法務 No.2151 臨時増刊号，2017））。

第4　会議体

株主は，議決権がない株式を保有する株主（単元未満株式のみの株主，相互保有株式や自己株式等の保有株主）を除いて確定します。

招集通知の発送に関しては，以下の事項につき検討し，自社の株主構成や株主総会の状況を斟酌して，必要に応じて対応します。

① 招集通知発送以前に，招集通知を TDnet（東証の運営する適時開示情報伝達システム　上場規程 421 条，420 条）や，自社の WEB サイトにより電子的に公表すること（CG コード補充原則 1 - 2 ②。海外機関投資家等の議決権行使促進のために，招集通知発送前に積極的に開示する会社が増えています）[10]

② 株主総会参考書類等のインターネット開示とみなし提供。定款の規定を設けた上で，(連単) 計算書類の注記表等を自社の WEB サイトに掲載して招集通知の記載を省略すること（会社規 94 条，133 条 3～5 項，会社計算規則 133 条 4～6 項，134 条 4～6 項。なお，この場合には，株主総会の日から 3 か月が経過する日までの間継続して掲載する必要があります。）[11]

③ 海外投資家向けの招集通知の英訳対応（CG コード補充原則 1 - 2 ④）[12]

④ 機関投資家向けの議決権行使プラットフォームへの参画（同上）[13]

なお，次期会社法改正では，株主総会資料の電子提供制度の新設が予定されており，その実務対応が今後の大きな課題となります。

(3) **議決権行使集計（包括委任状の受領）**

上場会社では，招集通知発送後から，株主総会前日までの期間，議決権行使書による議決権行使数の集計を日々行います。株主による議決権行使は，①株主総会に出席して行使，②議決権行使書用紙に賛否を記入して郵送して行使（書面投票制度），③所定の議決権行使サイトにアクセスして電

---

[10] 約 89％の会社が，WEB サイト掲載による招集通知発送前開示を行っています（『株主総会白書 2017 年版』68 頁（旬刊商事法務 No.2151 臨時増刊号，2017））。

[11] 定款に当該規定のある会社は 94％以上となっており，そのうち，個別注記表と連結注記表を WEB サイトに掲載している会社は，それぞれ 9 割以上（WEB サイトに掲載した会社1,153 社での割合）となっています（同 62 頁）。

[12] 英文招集通知を作成している会社は，約 19％程度です（同 116 頁）。

[13] 電磁的方法による議決権行使を採用している会社（1,730 社中 784 社（約 45％））のうち約82％の会社は，議決権行使プラットフォームを利用しています（同 78 頁）。なお，平成 30年 4 月に，当該プラットフォームに参加している会社は，900 社を超えています（http://www.icj.co.jp/pf_list/）。

72

磁的に行使（電子投票制度）の各方法で行われます（前述のとおり，機関投資家向けには，「議決権行使プラットフォーム」の利用もあります。）。このうち，②と③については，株主名簿管理人（証券代行機関）を通じて日々集計結果が届きます。

株主による議決権行使方法の判断については，以下のとおり行うことが一般的な実務の慣行として定着しています。

①議決権行使書による議決権行使と電磁的方法による議決権行使との重複及び，②電磁的方法による複数回の議決権行使の重複

あらかじめ定めたルール（会社規63条4号ロ）があればそれに従い，そうでなければ前の行使内容の撤回を含むものと解して後に到達した行使を優先するのが一般的です。

③議決権行使書による議決権行使又は電磁的方法による議決権行使を行った株主が株主総会に出席した場合

議決権行使書と電磁的方法が，株主が出席しない場合の議決権行使方法であることから（会社法298条1項3号・4号），それらによる議決権行使は無効となり当日の議決権行使の内容が有効と解されます。

議決権行使書の有効，無効，棄権等の判断についても，株主名簿管理人等による判定基準があります[14]。また，議決権行使書に余事記載がなされている場合には，記載した株主の株式事務に関連する事項については適宜対応するほか，株主総会での質疑応答等に役立つ意見等があった場合には，参考にします。

海外機関投資家の常任代理人や信託の委任者による議決権不統一行使の申出が，近時多くなされる傾向にあります。この場合は，事前通知の内容に基づき賛否を集計します。

大株主の包括委任状については，株主総会当日の手続的動議（後述）に

---

[14] 例えば，ある議案の賛否欄の双方に丸印があった場合には，これを賛否の記載が矛盾するものとして無効として扱う考え方と，書面による行使は議決権の数に算入することを前提に棄権扱いとする考え方があり，実務上は各社それぞれ判断しています。

第4　会議体

備えて，委任状勧誘規制が適用されない範囲[15]で受領しておくことも想定されます。

4　想定問答集の作成

(1)　想定問答集の必要性

昨今の上場会社の株主総会では，出席する個人株主から多くの質問が出される傾向にあります[16]。また，会社側も，CGコード等の対応を踏まえて，株主総会を貴重なSR（シェアホルダーリレーションズ，株主との対話）の場として積極的に，かつ，丁寧に取り組むことが多くなってきています。

そのような状況下で，上場会社では，株主総会での質疑応答を円滑に，かつ，効率よく行うため，想定問答集を作成し，答弁する担当役員（以下，「答弁役員」といいます。）に事前配付し，株主との質疑応答に備えることが一般的に行われています。想定問答集での作業は，自社グループ各社・各部門の問題点や課題の洗い出しを漏れなく行うためにも，有意義な作業となります。また，答弁役員にとってみても，1年に一度の自己の担当分野の総復習の意味合いと，株主総会で問われる内容の傾向を事前に認識してもらう観点からも，有意義であると考えられます。

(2)　想定問答集の準備方法（質問に対する回答の範囲）

想定問答集は，一般的に，株主総会における取締役等の答弁役員に課せられる説明義務に対応する範囲で作成されます（データ集の意味合いを含めて回答はしない内容も含むこともあります。）。上場会社の場合，一般にその事業活動が広範となり，専門性も有しています。そのため，想定問答の範囲を漏れなく網羅し，比較的短期間に作成，集約，編綴するためには，社内各部門の協力が不可欠となります。以上のことから，想定問答集の主管部門

---

[15] 金商法施行令36条の6第1項1号では，発行会社又は役員ではない者が10名未満の者に対して行う議決権の代理行使の勧誘については，委任状勧誘規制を適用しないこととされており，実務上は大株主から自発的な提出を受けるか，会社の株式を保有する総務部長等が個人的に株主として委任状の提供を受けることが一般的です（太田洋「委任状勧誘に関する実務上の諸問題」（財団法人日本証券経済研究所　証券取引法研究会，2005））。

[16] 議案等に対する質問等がない会社は，年々減少し21.7％となっています。また，質問株主数と質問数は増加傾向にあります（『株主総会白書2017年版』123頁（旬刊商事法務No.2151臨時増刊号，2017））。

74

は，社内各部門に想定問答作成の依頼を行うことが一般的に行われています。一定の様式や作成ルールに従い作成された想定問答は，とりまとめ主管部門が集約し，その内容を確認します。

　実際の想定問答集としては，①答弁役員の回答担当分野別に書面で編綴する，②役員席，答弁席に準備したモニターに回答を表示して，答弁役員による回答を支援する想定問答システムに入力するなどの準備を行います。

　質疑応答での回答内容の程度ですが，一般の平均的な株主を想定して，招集通知及び附属明細書に記載されている程度での回答を標準とするのが，一般的です。会社法では，取締役及び監査役の説明義務を法定しています（会社法314条）。

　準備すべき内容としては，議題に関する事項のほか，直近の自社の適時開示や，ニュース等で取り上げられた内容，個人株主から問い合わせのあった内容や部門でのトラブルなどを参考に，当該事業年度で課題・話題となった案件や不祥事，事業の新規参入や撤退，Ｍ＆Ａや業界全体の動向，株主還元や昨今世間で話題となっているコーポレートガバナンスなど，株主の関心の高い事項についても，十分な想定問答を作成します。

　株主総会での主な質問株主は，会社の経営や事業に強い関心を持つ個人株主です。個人株主は，決算発表やアナリスト向け説明会等の出席者とは異なり，経営や事業内容等につき専門的な知識を必ずしも有しているわけではないので，株主との対話を意識した質疑応答と，わかりやすく，簡潔，明瞭な説明に心掛ける必要があります。

5　議事運営ルールの確認及びリハーサルの実施

(1)　議事運営ルールの確認①（議事進行次第の構成，報告事項の報告等）

　株主総会は，会社役員と株主による会議体です。当該会議を，適法・適正にかつ，円滑に，効率よく進行させるためには，議長による議事運営が大きな鍵を握ります。そのため，一般的には，議長の議事進行次第（シナリオ）を事前に作成します。通常，議事進行次第には，①会社が説明する段階（開会，議長就任，定足数報告，監査報告，事業報告，計算書類の報告，議案の上程まで），②株主との質疑応答の段階，③議案の採決の段階と，大きく3

第4　会議体

つの段階に分かれます。

　最近では，報告事項の一部をわかりやすく説明するため，画像（動画やパワーポイント，写真等）とナレーションを利用したビジュアル化（映像による説明）に取り組む会社が多くなってきています[17]。なお，会社が対処すべき課題（会社規120条1項8号）は，議長から口頭報告を行う場合が一般的です。また，決算取締役会後の案件を後発事象として取り上げる場合や，招集通知を WEB で修正した場合なども別途言及します。

(2)　**議事運営ルールの確認②**（一括上程方式及び個別上程方式）

　株主総会は，多数の株主の出席が想定されるため，適法・適正かつ効率的でわかりやすい議事運営が求められます。このため，議案の上程と質疑応答の進め方については，実務上大きく2つの方法が取られています。1つは，通常の会議体で採用されている「個別上程方式」です。報告事項の報告や1つ1つの議案の上程ごとに質疑応答を行い，報告事項の了承，議案の採決を行う方法です。もう1つの方法として最近多くの会社で採用されているのが，「一括上程方式」です。報告事項の報告と議案の上程をまとめて行い，当該報告事項と議案につき一括して質疑応答する方法です。会議体としての審議ルールとしては特別なやり方ですが[18]，質問する側（株主）にとっても，回答する側（会社側）にとっても，報告事項や議案の内容による質疑応答の対象の制約を考慮することなく対応できるため，わかりやすい方法であると考えられ，近年採用する企業が多数を占めるようになってきています。

(3)　**質疑応答での説明義務**（事前質問状対応を含む）

　質疑応答では，限られた時間の中で，効率よく一定数の株主から一定数の質問を受けることになりますが，説明義務違反にならないよう十分留意して回答するべきです。

---

[17] ビジュアル化に取り組んでいる企業は，約87％となっています（『株主総会白書2017年版』52頁（旬刊商事法務 No.2151 臨時増刊号，2017））。

[18] 当初は，執拗な質問を行うなど議事を意図的に妨害する総会屋（特殊株主）対策として考えられた議事運営方法です。その後，議事進行中での地震発生等不測の事態に対応しやすいため，採用する会社が多くなっています。

その回答の内容と程度ですが，説明義務の範囲（説明を拒否できる事項）は，法定されています（会社法314条，会社規71条）。質問した株主が基準となるわけではなく，平均的な株主（個人株主）が株主総会の目的事項の内容を理解し，決議事項について合理的な理解と判断することでできる程度（東京地判平成16年5月13日資料版商事法務243号110頁等）とされています。例えば，会計帳簿レベルまで確認しないとわからない詳細な経理処理に答える必要はないと考えられます（3％以上の議決権がないと会計帳簿の閲覧はできないこと（同法433条1項）との見合い）。また，取締役会での審議内容等に踏み込んだ説明も不要と解されています（取締役会議事録は裁判所の許可がなければ閲覧謄写ができない（同法371条3項）との見合い）。

最近の実務対応では，質問数を株主一人当たり1〜2問とすることや，質問の時間を制限することを，あらかじめ質疑応答の前に説明する会社が多くなっています。出席株主数，質問希望株主数や会場設備を考慮した具体的な質疑応答方法を検討する必要があります（議長が質問株主を指名する方法，マイクの使用方法[19]や答弁役員の回答方法等も検討します。）。

株主総会開催前に，株主から事前に質問を受けている場合（事前質問状を受領している場合），質疑応答の前に一括回答してしまうことも実務上行われます。事前質問は，それ自体に総会での質問のような回答義務はありませんが，事前質問をした株主が株主総会で質問を行うことを予告する意味合いがあります。したがって，実際に当該株主が株主総会に出席して質問をしなければ回答する必要はありませんが（会社法314条），株主総会の議事運営の観点から，当該株主の出欠の如何にかかわらず一括回答を行うかどうか，行う場合の回答内容を，慎重に判断する必要があります。

---

[19] 発言株主用マイクについては，以下の点を考慮して決定します。
　①スタンドマイクの場合，指名された株主をスタンドマイクまで誘導する必要はあるが（当該株主が自席に戻る際も必要），答弁役員に回答を検討する時間を与えることができます。
　②ハンドマイクの場合，指名された株主は自席で質問できるのでスピーディな対応が可能となるが，答弁役員は回答を検討する時間が少なくなります。また，当該株主がハンドマイクを返却せず，しゃべり続けてしまう場合の対応策も必要となります。

第4　会議体

⑷　リハーサル（予行演習）の実施

　　議事進行次第を作成し，基本的な議事運営の確認ができた後，株主総会日の前日までに，株主総会のリハーサル（予行演習）を一般的に行います。リハーサルは，会場設営が完了した株主総会の会場において，株主総会の前日に行うことが一般的に多いようです。リハーサルでは，実際に，議長には議事進行次第の流れを確認してもらうとともに，答弁役員による質疑応答の練習や動議対応の練習を本番さながらに行うことにより，株主総会当日の議事運営を事前に確認します。

6　株主総会当日の対応

⑴　受付及び会場案内

　　受付では，株主総会に出席することができる株主だけを入場させるため，株主の資格審査を行うこととなります。事前に株主に送付した議決権行使書用紙が入場票となります。受付業務については，以下のとおり行うことが一般的な実務の慣行として定着しています。

①　議決権行使書用紙を持参しなかった株主や，事前に郵送又は議決権行使サイトによって議決権行使した株主

　　住所と氏名による株主確認を別途行い，株主と判明すれば入場を認めます。

②　明らかに他人名義の議決権行使書用紙を持参してきた株主

　　当該他人名義の株主として入場を認めます。

③　法人名義の議決権行使書用紙を持参してきた場合

　　職務代行通知書を持参していれば受領して入場を認めます。その他，名刺の提出を求めて当該法人との関係を確認できれば入場を認める企業も多いです。

④　代理人による入場の場合

　　定款の定めにより，代理人も株主であることを要件とする場合が一般的です（会社法310条1項）。委任状を持参した代理人と，委任状記載の本人（委任者）のそれぞれの株主確認を行い，それぞれ株主であることが確認できれば，当該代理人の入場を認めます。

78

⑤　同伴者（小児等）や付添人（通訳，介護者等）

　当該同伴者や付添人が，他の株主の迷惑にならないこと，総会会場では発言できないことを確認した上で，入場を認めます。

　なお，近年では，株主名簿に記載のない実質株主（機関投資家等）が入場を希望してきた場合の対応については，事前に各社で対応方法を決めておくことが望ましいとされています（CGコード補充原則1-2⑤）。

(2)　議長の就任と権限

　株主総会の議長は，取締役社長などが開会宣言の後定款の定めに従い就任することが一般的です（取締役社長などが事故ある場合，議長の就任順序についても，定款や取締役会決議で定められていることが通例です。）[20]。

　議長には，株主総会における秩序維持権と議事整理権があります（会社法315条1項）。この権限に基づき，不規則発言の制止（制止の指示に従わない場合は，退場命令を発することもできます（同法315条2項）），発言株主の指名，質問数や発言時間の制限，答弁役員の指名等を行います。採決の方法の決定，質疑応答の打ち切りなどについては，適宜議場に諮りながら適正に議事進行を行うこととなります（福岡地判平成3年5月14日判時1392号126頁，東京地判平成4年12月24日判時1452号127頁等）。

　前述のとおり，親しみやすい株主総会，株主との対話を意識した株主総会を目指しますが，必要に応じて毅然とした態度が必要となる場合もあります。

(3)　ひな壇事務局対応

　ひな壇事務局（役員席後方にいる事務局）は，議長の議事進行を支援する重要な役割を担います。主な役割としては，議長による議事進行次第の読み上げのチェック，出席株主の定足数報告，想定問答対応，動議や不規則発言対応の支援，質疑打ち切りのタイミングの進言等が挙げられます。

(4)　動議対応，採決の方法

　株主総会での動議には，①議長不信任動議，休憩動議などの手続的動議

---

[20] 当該定めがない場合には，会議一般の原則に従って出席者が議長を選出します。具体的には議場に諮り，当日出席者の議決権の過半数により議長を別途選出する必要があります。

と，②議案の修正を求める修正動議（会社法304条）があります。当該動議への対応は，様々ありますが，①の手続的動議は，株主から提出された都度，議場に諮って採決する[21]，②の修正動議は，会社提案の議案（原案）の採決時に併せて採決することをまず議場に諮り採決した後，会社提案の議案採決の際，当該会社提案の採決を最初に行い（原案先議），原案が採決されると同時にその内容と矛盾する当該修正動議は自動的に否決される方法で対応することが考えられます。原案先議での採決では，議決権行使書や電磁的方法による議決権行使を含めて賛否を決します。

　質疑応答後の採決移行時の対応についても，説明義務の履行との関連で，慎重に対応するべきです。議長は，議事整理権を行使して，合理的な時間内で株主総会を終結させることも，議長の役割の1つに含まれています。株主による質問が続くようであれば，それまでになされた質疑応答の数，時間，内容等を勘案して，例えば「あと2名様からご質問を受け付ける」旨説明して質疑応答を終了させる方法などもあります。

　株主総会の決議は，その要件が法定されていますが（会社法309条），定款で，定足数の排除・軽減を図るのが一般的です。また，通常の場合，株主総会前日までの書面等による議決権行使によって決議の成否は出ており，会社側も毎日の集計を通じてそれを把握しているのが一般的です。したがって，膨大な労力を要する株主総会当日の総会会場での個々の株主の賛否の集計については，出席した役員及び大株主等明らかに会社提案に賛成である株主の議決権数を除いて行わず，議決権行使結果を開示する臨時報告書にも当日集計での上記取扱いを記載するのが通例です。

(5) **延会と継続会**

　最近，計算書類の承認又は報告が未了等による継続会の開催が散見されます。継続会とは，一旦議事には入ったものの審議未了のまま別の日に続行することとして後日開催される株主総会のことです。また，延会とは，

---

[21] 手続的動議の場合，株主総会に実際に出席している株主の議決権による賛否で諮ります。したがって，当該動議を否決するためには，大株主の包括委任状の受領が重要となります。

当初の株主総会は開催されたものの議事には入らず，会議を別の日に変更し，後日開催される株主総会のことです。延会も継続会も，あらためて招集手続を経ずに開催することができます。いずれも，当初の株主総会でその旨を普通決議で承認を得る必要があるため（会社法317条），定足数不足などそもそも株主総会が成立しない場合にはこれらを行うことはできません。なお，法定の要件ではないものの，当初の株主総会に出席していない株主もいることから，株主には再度開催日時，場所は通知すべきです。延会と継続会は，最初の株主総会と一体をなすものであり，招集手続の省略や基準日の設定の観点から可能な限り，当初の株主総会開催日に近接した日時に開催されることが望ましいとされており，相当の期間内に開催される場合には，基準日から3か月が経過してしまったときであっても議決権行使の基準日を新たに設定する必要はないとされています。ただし，有価証券報告書の提出期限の延長が必要となる場合には，別途内閣総理大臣の承認を受ける必要があります（金商法24条1項，開示府令15条の2）。

7 終了後の諸手続

(1) 取締役会及び監査役会の開催

　株主総会終了後，取締役が改選されている場合には，代表取締役の選定，役付取締役の選定，業務執行取締役の選定，株主総会及び取締役会の招集権者及び議長の職務代行者の順位，取締役の業務の委嘱，競業取引や利益相反取引の承認，取締役の報酬等の決定，責任限定契約の締結などを付議事項とする取締役会を開催することとなります。

　また，監査役が改選されている場合には，監査役会も開催され，常勤監査役の選定，監査の方針，職務分担等に関する事項や報酬等の決定が付議されます。

(2) 決議通知の発送，期末配当金の支払

　決議通知は，法定書類ではありませんが，通常は招集通知を発送されておらず会議の目的事項を知らないケースが多い単元未満株主も対象として発送することが通例となっています。株主総会終了後，株主名簿管理人に連絡して，決議通知（多くの場合，期末の株主通信を同封します。）を発送しま

第4　会議体

す。株主総会で期末配当金の支払を決議した場合には，併せて，配当金支払の開始も指示します（この場合，配当金関連書類も決議通知に同封します。なお，一定の要件の下で取締役会決議のみで配当金の実施できる旨定款に定めている会社では別途招集通知に同封することが多いようです。）。決議通知は株主総会日に発送します。また，配当金の支払期間は，株主総会日の翌日から約1か月間となります（ゆうちょ銀行による配当金支払取扱期間によります。）。

(3)　**有価証券報告書，臨時報告書の提出**

　　上場企業は，有価証券報告書を，当該事業年度経過後3か月以内（株主総会当日まで）に金融庁へ提出する必要があります（金商法24条1項）。なお，有価証券報告書を提出すれば，決算公告は不要となります（会社法440条4項）。また，議決権行使結果を開示するために，臨時報告書を提出する必要があります（金商法24条の5第4項，開示府令19条2項）。通常は，金融商品取引法に基づく有価証券報告書等の開示書類に関する電子開示システム（EDINET）で開示することとなります。

　　臨時報告書に記載する議決権の数，賛否の議決権の数え方については，以下のいずれかの方法により行われています[22]。なお，出席株主の議決権については，事前行使と当日出席（途中退場を勘案せず当日出席株主の全ての議決権）の総計を分母として賛成比率を算出する方法が一般的に採用されています。

①　議決権行使書等事前行使分のみ，賛成票等の集計対象とする取扱い
　　株主総会当日分の賛成票を集計しないため，賛成等の比率は，下記②，③よりも低くなります。

②　事前行使分に加えて，当日出席の役員（株主）と大株主（包括委任状提出分）を集計対象とする取扱い
　　当日出席分のうち，賛成の意思が明らかな分を集計対象に加える方法であり，一般的に行われています。

---

[22] 無効票を出席議決権に算入するかどうかについては，両説あり，実務上は各社の裁量に委ねられています。

③ 事前行使分に加え，当日出席の全株主を集計対象とする取扱い

　当日分の集計が実務上大きな負荷となるため，採用している会社は少数です。

(4)　**コーポレートガバナンス報告書の提出**

　コーポレートガバナンスに関連する事項を記載した開示書類として，TDnet を利用して証券取引所に対して，コーポレートガバナンス報告書を提出します（上場規程419条）。

(5)　**株主総会議事録の作成と備置**

　株主総会議事録は，変更登記に必要な法定書類となることが多く，登記申請期間の制約もあるので，速やかに作成し，備置しなければなりません。記載事項は法定されています（会社法318条，会社規72条）。特に，留意すべき株主・会社間の質疑応答の記載は，「議事の経過」に含まれます。その記載内容や記載の程度等は，会社の裁量に委ねられていますが，作成後の備置閲覧に留意する必要があります。

(6)　**商業登記**

　株主総会での定款変更決議や役員改選等並びに，その後の取締役会での決議事項に基づき，商業登記の変更登記が必要となる場合，登記申請期間（登記事項発生後2週間以内）に，登記申請する必要があります。

(7)　**株主総会事務局としての反省，課題抽出及び反対票の分析**

　上記(3)の臨時報告書による議決権行使結果を踏まえて，各議案の賛否率や，株主総会の準備から当日の運営までの経緯と結果を検証し，次の株主総会への課題抽出を行います。賛否率については，一定比率以上の反対票が投じられた場合には，取締役会でその原因分析を行い，その対応の要否を検討することが，CG コードで求められています（CG コード補充原則1−1①）。

(8)　**議決権行使書，委任状の備置閲覧対応**

　議決権行使書や委任状は，株主総会終了後3か月間は備置します。株主から正式な手続による閲覧謄写請求を受けたときは，あらかじめ決めてある取扱要領に従い，対応することとなります（会社法310条6項，311条3項）。

第4　会議体

Q13　取締役会の運営

　　上場会社（監査役会設置会社）における取締役会の運営に当たって，
どのような準備が必要でしょうか。

A　上場会社では，株主総会で選任された3名以上の取締役全員で構成される取締役会[1]を，3か月に一度以上開催する必要があるとともに（会社法363条2項），コーポレートガバナンス・コード（以下「CGコード」といいます。）[2]の要請により審議の充実化を図る必要があります。そのための準備として，①年間開催スケジュールの策定，②議案及び報告事項等関係資料の作成，③取締役会の招集並びに取締役会議長及び社外役員等への事前説明，④取締役会当日の議事運営（審議の充実化），⑤終了後の諸手続などを行うこととなります。

解説

1　年間開催スケジュールの策定

(1)　年間開催スケジュールと開催場所

　　取締役会は，全ての取締役で構成され，①会社の業務執行の決定，②取締役の職務の執行の監督，③代表取締役の選定及び解職を行います（会社法362条1項・2項）。

　　取締役会の年間開催回数については，会社法では，業務執行する取締役は自己の業務の執行状況を3か月に一度以上取締役会に報告する必要があること以外は，特に定めはありませんが（会社法363条2項，372条2項），CGコードにおいては，「年間の取締役会開催スケジュールや予想される審議事項について決定しておくこと」，「審議項目数や開催頻度を適切に設定すること」が定められています（CGコード補充原則4-12①ⅲとⅳ）。

　　実務的には，「原則毎月第〇（週の）△曜日に当社において開催する」と取締役会規程に定めて，定例の取締役会を原則月1回開催とすることが一

---

[1] 監査役設置会社の場合，各監査役には出席義務があります（会社法383条）。
[2] http://www.jpx.co.jp/equities/listing/cg/tvdivq0000008jdy-att/20180601.pdf

84

Q13 取締役会の運営

般的です。近年では，社外取締役を置く流れ（会社規74条の2第1項，CGコード原則4-8）により複数の社外取締役が存する会社も多く，他の会社役員等を兼務する社外役員のスケジュール等も十分踏まえて[3]，スケジュールを策定します。また，この様に社外取締役を複数置くことに対応して，取締役会の業務執行に関する最高意思決定機関とするマネジメント型から，取締役に対する監督機関としての側面を重視するモニタリング型へ移行する例もみられます[4]。なお，取締役会付議基準に該当する大型M＆A案件の迅速な承認等，取締役会の機動的な運営が求められる場合には，取締役及び監査役全員の同意を得て，招集手続をせずに取締役会（臨時取締役会）を開催することもあります（会社法368条2項）。

具体的な年間開催スケジュールとしては，定時株主総会開催日を基点とする期末日程や四半期決算等のスケジュールにより[5]，ある程度の日程は決まってしまうことが多いと思われます（決算の承認，株主総会の招集，株主総会終了後の代表取締役の選定等には取締役会の決議が必要となります。）。

開催場所は，法定されていませんが，通常取締役会規程などで定められていることが多いようです（本社会議室など）。この場合であっても，取締役及び監査役全員の同意があれば，どこでも開催可能です。なお，電話会議やテレビ会議も一定の条件下で認められます（会社規101条3項1号，福岡地判平成23年8月9日裁判所ウェブサイト）。

(2) **取締役会規程**（同解釈運用基準）**の制定及び改定**

取締役会は，法令と定款のほか，各社で定める取締役会規程（取締役会

---

[3]最近では，株主総会での社外役員選任議案に関連して，再選候補者の直近1年間の取締役会出席率を問題にするケースがみられます。議決権行使助言会社であるインスティテューショナル・シェアホルダー・サービシーズ社（ISS）の場合は，取締役会の年間出席率が75％未満の社外役員の選任議案については，反対推奨する運用になっています。
[4]取締役会の在り方として，モニタリング機能を重視したガバナンス体制への移行の検討については，『コーポレート・ガバナンス・システムに関する実務指針（CGSガイドライン）』11頁（経済産業省，2017年3月31日）を参照。
[5]上場会社は，四半期決算ごとに決算短信（東京証券取引所有価証券上場規程404条）と四半期報告書（金商法24条の4の7）を提出しなければなりません。これらについては，取締役会の決議を経ることは法定の要件ではありませんが，実際には決議している会社は少なくありません。

85

規則）とその解釈運用基準等に基づき，運営されることが一般的です。

　取締役会規程では，通常，①開催頻度と開催場所，②招集権者と議長，③取締役会の役割（重要な業務執行の決定と取締役の職務執行の監督），④決議要件，⑤決議事項と報告事項，⑥取締役会議事録の作成ルールなどを定めます。また，具体的な付議基準（定性・定量基準等）は，取締役会規程を補完する解釈運用基準等に委ねることが多いようです。法定されている「重要な財産の処分及び譲受け」，「多額の借財」，「重要な使用人」等（会社法362条4項各号）の具体的要件などは，会社の規模，総資産や利益に占める割合や目的，重要性の判断等によって会社ごと，案件ごとに異なるため[6]，取締役会規程の解釈運用基準などにあらかじめ定めておくことが一般的です（最判平成6年1月20日民集48巻1号1頁）。

　また，会社の規模や業態，事業の変化，ガバナンス体制の変更などが生じ，取締役会規程や解釈運用基準に定めた決議事項や付議基準が，会社の実態と合致しなくなる場合には，当該規程や基準を適宜見直し，必要な改定を行います。

2　議案及び報告事項等関係資料の作成

　取締役会での議案及び報告事項（併せて以下「審議事項等」といいます。）の選定は，当該会社の取締役会規程とその解釈運用基準に基づいて検討します。一般的には，社内の当該審議事項等の主管部門がその原案を作成し，取締役会事務局へ提出します。取締役会事務局は，当該審議事項等の決議・報告の要否，事前手続（経営会議（常務会等）による事前審議や稟議，担当役員の事前確認等）の充足，内容の適否，取締役会での決議・報告の順番や所要時間等を確認します。これらの確認を経て，取締役会における審議事項等が決定したら，取締役会での充実した審議・意見交換をするための十分な期間を設けた上で，事務局から招集通知と併せて関連する資料を各取締役及び各監査役に送付します。なお，取締役会の場合，株主総会とは異なり，招集通知に議題（会議の目的である事項）や，議案（議題の具体的内容）を示す義務はなく，招集

---

[6]取締役会の決議事項の具体的判断基準や指針等については，東京弁護士会会社法部編『新・取締役会ガイドライン〔第2版〕』（商事法務，2016）参照。

通知に記載されていない議案を業務執行上の必要性に応じて機動的に審議することもできます（会社法366条。上場会社の株主総会における議題や議案の事前開示の必要性については同法299条及び301条を参照）。

取締役会の主な決議事項は，以下のとおりです。

① 取締役会専決事項（一般的な法定事項。会社法362条4項各号）

・重要な財産の処分及び譲受け

・多額の借財

・支配人その他の重要な使用人の選任及び解任

・支店その他の重要な組織の設置，変更及び廃止

・社債の募集に関する重要事項

・業務の適正を確保するために必要な体制の整備（内部統制システムの構築とその運用状況。会社法362条5項，会社規100条1項及び3項，大阪地判平成12年9月20日判時1721号3頁）

・役員等の責任の一部免除

② 取締役会専決事項（個別の法定事項（上記①以外の会社法上での取締役会決議事項））

・株主総会の招集に関する事項の決定（会社法298条4項）

・代表取締役の選定及び解職（会社法362条2項3号，同条3項）

・競業取引・利益相反取引の承認（会社法356条1項各号，365条1項。なお，当該承認の程度は，原則として個別具体的に行う必要がありますが，反復継続的に行われる取引については，合理的な範囲（単価，数量，取引金額，期間等）を定めて包括的に承認することも認められています。）

・計算書類・事業報告・附属明細書の承認（会社法436条3項） など

③ 上記①及び②の取締役会専決事項以外の主な重要事項

・中長期経営計画の策定

・年度計画及び予算の策定

・新規事業への進出

・既存事業からの撤退

・重要な取引先の変更

第4 会議体

・重要なM＆A案件

・経営に重大な影響を与える訴訟の提起・和解

・経営に重大な影響を与える契約の締結

・重要な子会社の設立

・重要な社内規程の改廃など経営に大きな影響を及ぼす事項

取締役会の主な報告事項は，以下のとおりです。

① 定期的な報告事項

・代表取締役及び業務執行取締役による3か月に1回以上の自己の職務執
行の状況に関する報告（会社法363条2項。売上高，損益，収支の状況，営業，
生産，研究開発，経理，財務，総務等の各部門の重要事項等）

② 法定された報告事項

・競業取引，利益相反取引に関する報告（会社法356条1項各号，365条2項）

・監査役による報告（会社法382条）

なお，限られた日程と開催時間の中で，より充実した審議がなされるよ
う，審議事項等を厳選する必要があります。特にCGコードで要請されてい
る事項，①具体的な経営戦略や経営計画についての建設的な議論，②最高経
営責任者等の後継者の計画の監督，③経営陣による適切なリスクテイクを支
える環境整備や果断な意思決定への支援，④経営陣・取締役に対する実効性
の高い監督や情報開示への監督等には，十分配慮する必要があります（CG
コード原則4-1，4-2，4-3）。

3 取締役会の招集並びに取締役会議長及び社外役員等への事前説明

(1) 取締役会の招集（通常の場合）

取締役会の招集者は，法定では各取締役ですが，定款や取締役会（取締
役会規程）で定めたときは，代表取締役など特定の取締役になります（会社
法366条1項ただし書）。実務的には，招集手続を効率的に行うため，あらか
じめ定款や取締役会規程で招集権者を定めておくのが，一般的です。ま
た，当該招集権者に事故があった場合や欠員となった場合に備えて，その
代行者を事前に定めておくこともあります。

取締役会の招集には，原則として会日の1週間前までに（招集通知を発し

た日から開催日までの間1週間空ける必要があります。）招集通知を発信する必要がありますが，別途取締役会規程に基づき招集期間が短縮されている場合は，これに従います（会社法368条1項）。なお，招集権者以外の取締役や監査役の招集請求権も法定されています。

　取締役会を招集する際には，各取締役及び各監査役に対して招集の通知を発送する必要があります（会社法368条1項）。通知方法は，法定されていませんが，通常の書面による通知のほか，電子メール，電話や口頭による通知でも有効です。最近では，タブレット等を利用した通知もなされるようになってきました。また，招集通知と併せて審議事項等に関する資料も送付します。CGコード補充原則4-12①iでも，「取締役会の資料が，会日に十分先立って配布（付）されるようにする」ことが要請されています。当該資料は，紙媒体であっても，パソコンからワード，PDF，パワーポイント等のファイルを送付することでも構いません。取締役会当日においても，議場でパワーポイント等の資料を映写することもあります。

　上記のほか，決められた期間を設けて各取締役及び各監査役に招集通知を発送して取締役会を開催するような暇がない等緊急を要する場合の臨機の処置を，取締役会規程に定めておくこともあります（この場合は，事後速やかに取締役会の承認を得ることが一般的です。）。

(2)　取締役会議長及び社外役員等への事前説明

　社外取締役には，外部の視点による取締役会の議論の活性化や，株主の立場から取締役の業務執行の監督を行い，経営の効率化に寄与することが期待されています。また，社外取締役のうち，一般株主の保護のために，一般株主と利益相反が生ずるおそれのない取締役として東京証券取引所（東証）が定める一定の基準に合致した取締役は，会社が選定して届け出ることにより独立取締役となります[7]。このような役割（最近では，社外取締役が，取締役会議長や指名・報酬諮問委員会の委員長等に就任するケースもあります。）を担うためには，社内役員に比して業界や事業，社内事情に明るくないこ

---

[7] 東証は，企業行動規範の「遵守すべき事項」において，独立役員を少なくとも1名確保を，CGコード原則4-8では，少なくとも2名以上選任を，それぞれ要請しています。

とを補完した上で，取締役会の議案や報告事項をしっかり理解してもらう
ため，社外取締役に対して事前説明が必要となります[8]。したがって，上
記(1)のとおり，取締役会の出席者（各取締役と各監査役）には，事前に議案
や報告事項を確認できるよう十分な時間を設けた上で，取締役会の資料を
送付するほか，社内事情等に明るくない社外役員等に対して，事前にブ
リーフィング（簡易な説明，打合せ）を行うことが多くなってきています。

このほか，取締役会議長とは，取締役会当日の議事進行シナリオ，議案
や報告事項等の順番，審議時間，提案者，報告者なども事前に事務局とす
り合わせを行います。

4　取締役会当日の議事運営（審議の充実化）

(1)　一般的な諸原則（出席者，定足数，議長等）

取締役会は，取締役個々人の資質，スキルに重きを置いて運営されるた
め，取締役本人の出席が求められており，代理出席は認められません。た
だし，遠隔地にいる取締役が取締役会出席者と即時に双方向で自由に意思
疎通できる方法で議事に参加することができる場合には，テレビ会議や電
話会議を活用することはできます（会社規101条3項1号参照）。また，定款
に，各取締役が書面又は電磁的記録による同意をした場合には取締役会の
決議があったものとみなす旨の定めを置くこともできます（会社法370条）。

出席義務のある取締役，監査役や会計参与以外に，担当取締役の説明等
を補完し審議を充実させるために，執行役員や部課長等の従業員などの者
を出席させることは可能です。ただし，これらの者も取締役会議長の議事
整理に従う必要があります。

取締役会の議長については，招集権者と同様，定款又は取締役会決議
（取締役会規程）にてあらかじめ決められているのが通例です。株主総会に
おいて取締役全員が改選された直後の取締役会では，互選によって議長を
選定するのが一般的です。なお，議長自身が，決議について特別な利害関
係を有する場合には，当該決議において議長を務めることはできません

---

[8] CGコードにおいても，「取締役会の資料以外にも，必要に応じ，会社から取締役に対し
て十分な情報が……提供されるようにすること」と要請されています（補充原則4-12①ⅱ)

（東京高判平成 8 年 2 月 8 日資料版商事法務 151 号 143 頁）。

(2) 審議の充実化（議事の運営，決議）

　取締役会では，充実した審議と迅速な意思決定が求められます。CG コードにおいても，「取締役会は，社外取締役による問題提起を含め自由闊達で建設的な議論・意見交換を尊ぶ気風の醸成に努めるべきである」と要請されています（CG コード原則 4 - 12）。

　取締役会の議事運営は，通常の場合，議長に議事進行次第（シナリオ）が準備され，これに沿って進めることが一般的です。また，決議事項及び報告事項ごとに，説明・報告時間と質疑応答時間のバランスを考えて審議時間を確保する必要があります（説明・報告時間を短めにして質疑応答時間を長めに設定するなどの工夫等）。特に，いわば株主を代表する社外役員からの意見や質問に対しては，丁寧な対応が求められます。議案の決議に必要な情報が不足している場合や決議するための審議に当初の想定以上に慎重かつ長時間をかけて検討する必要が生じた場合など審議が十分尽くされていない場合においては，当該決議を次回以降の取締役会に延期することもあり得ます。

　取締役会の審議における重要な原則として，「経営判断の原則」があります。これは，取締役会での意思決定の中身と過程が適正であれば[9]，当該意思決定の結果会社に損害が生じたとしても，当該損害に対する取締役の責任は問わないという考え方です（最判平成 22 年 7 月 15 日判時 2091 号 90 頁）。実務上は当該原則を充足させるべく，事前の諸準備（前述）のほか，取締役会当日の審議，意見交換でも十分な時間設定と資料，情報の提供・共有が重要となります。

　決議について特別な利害関係を有する取締役は，議決に加わることができません（出席権及び意見陳述権がありません。会社法 369 条 2 項）。ただし，実

---

[9] ①判断の目的に社会的非難可能性がないこと（法令違反の場合は，当該原則は適用がありません。），②前提としての事実調査に遺漏がないこと，③事実の認識に，重要かつ不注意な誤りがないこと，④事実に基づく行為の選択決定に不合理がないこと，⑤当該行為をすることが著しく不当とはいえないこと

第4　会議体

際の審議において，議案の内容に応じて特別利害関係取締役の意見を聞く
必要がある場合には，取締役会が承認すれば，当該特別利害関係取締役は
退席せずに意見を述べさせるといった運用もあり得ます[10]。なお，賛否同
数の場合は，決議することができません。この場合，議長に決裁権はあり
ません（大阪地判昭和28年6月19日下民集4巻6号886頁）。

5　終了後の諸手続

(1)　決議事項の開示

　上場会社では，取締役会において，代表取締役の選定，自己株式の処分
など一定の重要事項を決議した場合は，原則として，直ちに，所定の方法
によって開示・公表する必要があります（東京証券取引所有価証券上場規程
402条）。

(2)　取締役会議事録の作成及び備置

　取締役会議事録の作成は，書面又は電磁的記録により審議終了後速やか
に行う必要があります（会社法369条3項）。議事録作成に当たっては，音
声録音に基づき原稿を作成することが多いようです。また，十分議論がな
され，慎重な審議を尽くしたことがわかる内容の記載に心がけます。特別
利害関係取締役の氏名や，取締役会開催中の途中参加・退席についても，
明記します。

　具体的な記載事項は，会社法施行規則101条3項に定めがあります（法
定記載事項）。作成上特に重要となるポイントは，「議事の経過の要領及び
その結果」（同項4号）における①質疑応答の記載（要約記載とするのか，逐語
記載とするのか），②意見表明の記載（異議をとどめない取締役は，決議に賛成し
たものと推定されますので（会社法369条5項），意見表明は明確に記載するべきで
す。）及び，③添付資料の編綴（取締役会での配付資料は，原則として，議事録に
編綴する必要があります。）となります。上記各ポイントは，その後の資料と
しての活用（訴訟等における重要な証拠としての活用等社外への開示を含む。）や閲
覧謄写の対象（ただし，上場会社の取締役会議事録の場合，裁判所の許可が必要と

---

[10] 東京弁護士会会社法部編『新・取締役会ガイドライン〔第2版〕』401頁（商事法務，2016）

なります（会社法371条3項・4項）。）などを考えて対応することとなります。添付資料の編綴において，当該資料が膨大な資料であり，物理的に議事録と併せて編綴できない場合には，別紙の存在が明らかになるような資料の特定の記載が求められます。また，企業秘密が記載されており，議事録（上記別紙を含む。）の閲覧謄写されることによって著しい損害が生じるおそれがあることを会社側が主張，疎明すれば，閲覧謄写の範囲を限定することはできるものと考えられます。

⑶ **欠席役員への会議内容の通知**

　取締役会を欠席した取締役及び監査役（途中出席・退席の場合を含む。）に対しては，取締役会議事録の写しを別途送付するのが一般的です。参画できなかった決議事項や報告事項によっては，当日の取締役会での質疑内容も含めてその採決結果も含めて別途説明し，実質的に当該役員の了解を得ておくことが望ましい場合もあります。

⑷ **決議された業務の執行状況等の報告**

　法定の報告（競業取引及び利益相反取引の事後報告や定期的な業務執行報告）のほか，経過報告を要するとされた案件についても，適宜その後の取締役会にて報告を行います。

⑸ **取締役会の実効性の評価**

　CG コード補充原則4-11③では，「取締役会は，毎年，各取締役の自己評価なども参考にしつつ，取締役会全体の実効性について分析・評価を行い，その結果の概要を開示すべきである」と定めています。この要請を受けて，各取締役へのアンケート調査，インタビューなど，社内での独自の調査，評価や外部コンサルタントの調査，評価を行い，その結果を公表する会社が多くなってきています。今後，取締役会の実効性の評価につき，PDCA のプロセスの確立と継続的運用が求められてきます。

　当該評価では，決議事項の見直しや事前のすり合わせ等につき，改善策の検討と公表が重要となります。

第5 グループ会社管理

グループ会社管理

Q 14　グループ会社化のメリット

企業が部門ではなくグループ会社にする（分社化する）メリットや目的は何ですか？

A　経営責任の明確化及び意思決定の迅速化，人事戦略の最適化，各事業部門におけるリスクの遮断，将来の組織再編への柔軟な対応等が考えられます。

解 説

近年，新規事業の開始やM＆Aなどにおいて，単一企業での事業拡大ではなく，分社化することが多くなってきています。例えば，M＆Aにおいても，買収により単一企業となる手法である合併や事業譲渡はM＆Aの中で減少トレンドにあるのに対して，株式譲渡（買収）は顕著に増加しており[1]，いわゆるホールディングカンパニーの形を採る企業も増加傾向にあります[2]。

1　経営責任の明確化及び意思決定の迅速化

会社内のある事業を「子会社化」すること（以下「分社化」といいます。）により，当該子会社の貸借対照表や損益計算書を通じて，その事業の経営成績が明確になり，当該事業に対する経営責任を明確にすることができます[3]。また，大半の日本の企業では重要な業務執行の決定を取締役会において決議しなければならないことから（会社法362条4項），意思決定に時間がかかることが課題となり得ますが，分社化により当該子会社が単一の企業として意

---

[1] https://madb.recofdata.co.jp/help/pdf/advice82.pdf
[2] http://www.meti.go.jp/statistics/tyo/mochikabu/index.html
[3] 伊藤秀史＝林田修「分社化と権限委譲―不完備契約アプローチ」日本経済研究34号91頁（1997）

思決定を完結できることにより，迅速な意思決定を行うことができます。特に，その事業に知見のある者を取締役に任命することにより，迅速で合理的な判断が行われることが期待でき，その結果，スピーディーに事業を進めることができるというメリットがあります。このほか，「子会社の役員」というポストが新たに生まれるため，「役員ポスト不足問題」を解決することにつながるという観点もあります[4]。

　反面，グループ経営の観点からは，子会社の取締役らに任せすぎることによるリスクを防止するために，例えばグループ会社管理規程等において，重要な意思決定の一部は親会社への事前報告を義務付けることや，管理部門の人間がグループ会社の役職員を兼職するなど一定の統制を図る必要があります。子会社への権限移譲と子会社統制のバランスを図ることが重要となります。このデメリットを補うために，分社化ではなく，疑似的な会社を社内に作って独立採算を図ろうとする社内カンパニー制も近年多く導入されています。

2　業容に応じた人事戦略の選択

　分社化により，子会社は親会社とは別の会社になりますので，勤務形態・賃金体系や人材の採用方針を変えるなど柔軟な人事戦略を採ることが容易になります。これは分社化と類似するいわゆる社内カンパニー制とは決定的に異なる部分です。賃金の計算方法や就業時間を始めとする労働条件を定める就業規則は，通常，雇用形態ごとに作成されるものであり，同一の雇用形態に複数の就業規則が適用されることは予定されていません。したがって例えば，単一の企業では同じ正社員同士で全く異なる賃金体系や勤務形態を採ることは困難です。分社化により，事業内容に応じた働き方の設計，事業ごとに最適な賃金形態を採ることでグループとしての人件費の削減，子会社の従業員のモチベーション向上，あるいは子会社の事業に対する専門性の高い人材の獲得などを図ることなどが可能となります。その一方で「グループ」としての一体感やグループ利益を追求するため，子会社の役職員に，親会社の

---

[4] 伊藤邦雄『グループ連結経営』（日本経済新聞社，1999）356～357頁（スピードと規模の同時追求），下谷正弘『持株会社の時代―日本の企業結合』（有斐閣，2000）261頁参照。

株式を対象にしたストック・オプションを付与するということも行われています。

3　事業等リスクの遮断

　分社化により，株主の有限責任（会社法104条）を前提として，子会社の事業リスクを原因とする親会社その他のグループ会社に対する経済的なダメージや連鎖的に発生する信用リスクを軽減することが可能となります。リスクの高いベンチャービジネスに進出する場合に子会社を通じてこれを行うケースがその典型といえます。

　また，グループ関連会社における不祥事などを原因とする風評リスク等についても，グループ全体に対する一定のイメージ低下は避けられないものの，直接の当事者でない親会社その他のグループ会社への影響を一定程度減少させる効果も考えられます。

　これら以外にも，許認可の取得に関するコストを抑えるという観点から分社化が採られることがあります。許認可の取得・維持に当たって監督官庁から指導を受けることがある場合には，親会社全部がその対象になるよりも事務負担や風評等のリスクを軽減できると考えられるためです。

4　事業・組織再編への対応

　ある事業について外部からの資本を受け入れる場合（あるいはそれが将来的に想定されている場合）に，その事業を分社化するという手法が採られることがあります。子会社を通じて合弁事業を営む場合や子会社を将来的に上場させる場合がその例として挙げられます。

　また，買収対象企業に繰越欠損金がある場合で，その引継ぎ要件を満たすことができないときには繰越欠損金を生かすために合併ではなく株式譲渡を選択することもあり得ます（法人税法2条12の8号，57条2項）。

Q15 グループ会社管理

グループ会社を管理するうえで，発生が予想される問題点とその対応について教えてください。

A 企業グループの統制やリスク管理の一環として，複数のグループ会社間相互において同一の役職員が取締役等を兼務することが多いため，①各グループ会社の機関設計において必要な社外役員や非業務執行役員の要件充足・維持，②グループ会社間の取引における利益相反取引規制や競業規制等，③税務・開示の観点からグループ会社間取引が適正な取引条件で行われているかに注意する必要があります。

これらへの対応として，グループ会社間の資本関係・人的関係等の把握を行うとともに，内部で横断的な情報共有を行い，新たな人事異動・グループ会社間取引等について事前の判断と必要な手続に関する準備を行うためのグループ会社管理体制を構築することが必要となります。

解 説

1 機関設計―社外性，非業務執行役員の適格性

Q14で解説したとおり，グループ会社のリスク管理の観点から，グループ会社間では，頻繁に役職員の兼職や移動が横断的に行われます。一方，数次にわたる会社法の改正により，通常の取締役会設置会社のほか，社外取締役の設置が要件となる指名委員会等設置会社，監査委員会等設置会社等，機関設計が多様化しており，大きな企業グループであれば異なる機関設計を持つ会社が複数存在することも珍しくありません。また，株式会社と異なる会社形態として合同会社を選択するケースも増えてきました。各社において選択した機関設計の要件を満たすため，また要件を維持するために社外役員・非業務執行役員の要件を把握する必要があります。

(1) 社外取締役・社外監査役が求められる機関設計

社外取締役が必要とされるのは，①取締役会設置会社であって，特別取締役による取締役会決議を行う旨の定款の定めを有する場合，②監査等委

97

員会設置会社，③指名委員会等設置会社の３つです。①の場合には１名（会社法 373 条 1 項 2 号），②の場合には監査等委員である取締役の過半数（同法 331 条第 6 項），③の場合には指名，監査，報酬の各委員会の委員の過半数が社外取締役である必要があります（同法 400 条 3 項）。

監査役会設置会社では，監査役の半数以上を社外監査役とする必要があります（会社法 335 条 3 項）。

(2) 社外性の管理

平成 26 年会社法改正により，親会社や兄弟会社の取締役・従業員が社外取締役の要件を満たさないこととなったため（会社法 2 条 15 号），グループ会社内の取締役等の役員配置において，「社外性」を確保するのが非常に難しくなり，グループ会社以外から社外役員を登用する必要が出てきています。この場合には，候補者のバックグラウンドチェックと合わせて，グループ会社との過去の雇用関係等や候補者の親族の雇用関係の有無等の要件を確認することで「社外性」を判断することになります。

社外取締役要件の改正により，グループ会社内からの登用については，非常に狭き門になっているため，入念に「社外性」の要件を充足しているか否かについて精査することになります。グループ会社内の会社間関係（親子会社，関連会社）により厳格さが異なります。例えば，親子会社間であれば，一方の会社の業務執行取締役等であれば，他方の会社の取締役等への就任につき社外性が否定されることになります（会社法 2 条 15 号イ）。また親会社・子会社双方の取締役であり，双方において業務執行に関与していない場合でも子会社においては社外性が否定されることになります（会社法 2 条 15 号ハ）。したがって，資本関係の変更や合併，分割等の組織変更といった事後的な変動により，親子会社の関係に該当するような場合に注意が必要です。機関設計において，社外役員の設置を義務付けられる機関を採用しないことも対策の一つです。

(3) 非業務執行性の管理

役員の非業務執行性の管理は，役員の責任（損害賠償責任）の範囲の管理として，役員個人の利益のために行われるものと，上記で述べた社外取締

役の「社外性」の維持管理（機関要件の維持管理）のために行われるものがあります。

　グループ会社管理の観点からは，後者の「社外性」の維持のための対応が重要となります。なお，前者については，非業務執行取締役として派遣された役職員が，派遣先にて過度な責任を負い，あるいは派遣元の会社が間接的な責任を負う事態に発展することが無いよう派遣先での役員活動を管理するための対応が求められます。

　非業務執行性の管理を行う場合，どのような行為をすることで業務執行に該当するかについての情報を非業務執行役員と共有することが必要となります。非業務執行性は，実際に付与された役職名によって判断されるのではなく，業務執行の実態に基づき判断されることになるため（会社法2条15号イ），客観的かつ一般的な基準を設けることは困難です。業務執行と判断される行為を類型化し，業務執行と判断される行為などの目安となる事例などについて非業務執行役員として選任された役員が理解することが必要となります。

　もちろん，業務執行取締役等の形式的な要件である子会社での雇用や支配人就任等の事実は，未然に防止できるグループ会社管理体制が必要となります。

⑷　合同会社の業務執行社員・職務執行者

　合同会社は，会社法の施行とともに新たに導入された持分会社における完全有限責任である会社形態です。導入直後は，投資用のビークルとして活用されるなど特殊な用途に用いられることが多く，一般事業用の会社として選択されることは多くありませんでした。株式会社の設立要件が緩和されたことから，現在も個人の事業用などで設立する会社の多くは株式会社ですが，設立時の費用，設立後の維持管理などにかかる費用等を重視して，大手企業グループ等において，新設のグループ会社として合同会社が選択されるようになってきました。ただし，合同会社は，持分会社の一類型であり株式会社とは異なる点が複数あるため，グループ会社管理の観点からは，その合同会社の特殊性，特に社員の法的性格についての理解とそ

れに応じた対応が必要となります。

　合同会社は，株式会社の株主に当たる社員が直接合同会社の業務執行を行う所有と経営が一体化した会社形態です。原則として，社員全員は，株式会社の取締役（取締役会非設置会社の取締役）と同様の業務執行権を併せ持っています（会社法590条1項）。ただし，定款によって業執行権を有する社員を限定することができるため（同項），合同会社によっては業務執行社員と非業務執行社員が存在するケースがあります。業務執行社員である親会社等は，具体的に合同会社の業務を執行するための職務執行者を選任することになります（会社法598条1項）。親会社等の役職員がグループに属する合同会社の職務執行者として派遣される場合は，グループの他社での業務執行性・社外性の判断に影響するためグループ会社管理において，合同会社の社員及びその職務執行者等も含めた広範な管理が必要となります。

2　競業・利益相反取引

　前述のとおり，グループ会社間では，複数の会社で取締役等を兼務することがあります。このような兼職が原因で，グループ会社間の取引が競業・利益相反取引に該当する場合があります。どのような兼職が利益相反・競業取引の起因となるか自社グループの兼職状況と合わせて整理する必要があります。

(1)　競業取引とその対応

　　自社の取締役が，グループ内の他の会社の取締役に就任するような場合，自社の「事業の部類に属する取引」を当該他の会社で行うことは競業取引規制に該当する可能性があります（会社法356条1項）。

　　このようなケースでは，取締役として就任する場合であっても，あらかじめ包括的に競業取引として株主総会の承認（取締役会設置会社の場合は取締役会の承認）を得ることがあります。なお，完全親子会社間においては，かかる競業取引は承認が必要ないとされています（大阪地判昭和58年5月11日判タ502号189頁）。類似する業務を複数のグループ会社で行う企業グループにおいては，グループ会社間の役員の派遣は，完全親子会社間の場

合を除き競業取引に該当する可能性が高いため，役職員の派遣と連動して
グループ会社管理の一環として対応する必要があります。また，会社の事
業内容の変更が派遣されている取締役の競業取引問題に発展する可能性も
あるため，各グループ会社の事業内容などについても取締役派遣・兼職情
報と関連して管理する工夫が必要でしょう。

　なお，取締役会設置会社においては，承認された競業取引（取締役の就
任）が実際に行われた後には，承認を受けた取締役から取締役会に報告す
ることが必要となるため（会社法365条2項），事後の経過についてもグ
ループ会社間で共有されるよう報告体制の構築が必要となります。

(2) 利益相反取引とその対応

　グループ会社間での取引は，競業取引と同様に完全親子間の取引を除
き，原則利益相反取引となる可能性を有しています（最判昭和45年8月20
日民集24巻9号1305頁）。特に兄弟姉妹会社間の取引等においては，グルー
プ全体の意思決定に基づいて実行されることから，利益相反取引について
論点を見落としてしまう可能性が多分にあるため，より一層の注意が必要
となります。実質的な利益の有無ではなく，取引の外観が該当するか否か
という判断になるので，株主総会（取締役会）における報告及び承認手続
を経ておくほうが無難といえます。

　グループ会社管理の上では，取引の当事会社の担当部署が互いに利益相
反の可能性について判断を行うことができるよう，取引の情報を共有する
体制を構築しなければなりません。頻繁に行われる取引や反復継続される
取引の全てにおいて，担当部署が常に関与することは難しく，またそれら
を承認機関である取締役会等に都度承認を求めることは非現実的なため，
グループ会社が通常業務として行う取引や約款などで取引条件が変動しな
い取引を利益相反取引の対象から除外することや，同種類の取引で反復継
続する取引については，一定の範囲に該当する取引について年に一度な
ど，包括的に利益相反取引の承認を行うことが行われています。

3　親子・関連会社間取引

親子・関連会社間では，グループ会社間の利益調整のため，経済合理性に

第5 グループ会社管理

反した取引が行わる可能性があることから，会社法は，親子・関連会社間の取引の状況を計算書類等を通じて開示させることにより，取引の適正を図ろうとしています。

(1) 親子・関連会社間取引とは

　親子・関連会社間取引とは，一定の資本関係・人的関係を有する会社間において行われる取引をいいます。会社法では，個別注記表において関連当事者との取引に関する注記として表示することとされています（会計規112条）。

(2) 親子・関連会社間取引に関する開示

　上記のとおり，関連会社間で取引があった場合には，計算書類の個別注記表として株主への開示が求められます。当該個別注記表に記載すべき取引のうち，親子会社間取引に関しては，その取引を行った子会社（会計監査人設置会社又は公開会社に限る（会計規98条2項1号）。）は，事業報告にて，会社の利益を害さないように留意した点や，取締役会の判断等について記載が必要となります（会社規118条5号）。

(3) 親子・関連会社間取引に関する問題

　関連会社間の取引は，利益操作の温床になることも多く，税務調査において厳しく精査されることがあります。税務調査にて当該取引が否認されると，事後的に高額な課税がなされることになるため注意が必要です（国税通則法60条，65条以下）。例えば，親子会社間の取引等として散見されるケースとして，親会社が子会社に対し管理業務サポートなどについて経営指導料の名目で費用の負担を求めることがありますが，そのような費用について一般的な業務サービスとしての合理的な対価とする必要があることに注意が必要となります。また，グループ会社間のキャッシュマネジメントとして，子会社・関連会社に対する貸付が行われることがありますが，その際の金利水準についても，一般的なマーケットの相場と比して，著しく経済合理性を欠くことがないか，注意が必要です。

102

Q16 グループ会社管理に必要な情報

グループ会社の管理については，どのようなことをすべきでしょうか。

A 法務・コンプライアンス上のリスク管理の観点から，各グループ会社の全体像の把握が必要となります。支配関係，会社形態，機関設計，役員構成，労使関係，準拠法，規制環境等を把握することにより，グループ会社間の取引の取扱い，各グループ会社が抱える潜在的なリスク及びかかるリスクがグループ全体に及ぼす影響を検証し，必要な対策及びグループ間の資本・人的関係の見直しを可能にする体制を構築します。

解説

1　グループ会社基礎情報などの把握

法務・コンプライアンスの観点からグループ会社管理を行う上で，グループ会社の基礎的な情報を正確に把握することが重要であり，リスク管理の基礎となります。

(1)　親会社・子会社・関連会社等

自社の親会社，子会社，関連会社などとしてどのような会社がグループ内に存在するか把握しなければなりません。会社法においては，親会社，子会社等の判断は，改正前の商法で使用された議決権基準ではなく，議決権保有比率を基礎として拡大された「実質的支配基準」が採用されています（会社法2条3号・4号の2，会社規3条）。実質的支配基準は，議決権による支配関係に加えて，意思決定機関の支配関係や取引上の重要な影響力なども考慮することとされているため（同条），客観的で画一的な判断が難しいケースも存在します。そのため，グループ各社が独自の判断を行った場合，親会社・子会社・関連会社などの認識に相違が生じてしまう可能性があります。グループに属する各社の判断が異なることにより，金融商品取引法や証券取引所における規則その他各種業法における開示・届出等の対応に差異が生じ，その結果，開示・届出内容の修正や規制当局などからの

第5　グループ会社管理

処分の対象に発展する可能性があるため，関係会社管理規程等を制定し，統一的な基準で判断を行えるようにする必要があります。

(2)　会社間の関係を測るための情報

このような問題を回避するためには，グループに属している会社について登記されている基礎的な情報のほか，以下のような会社間の関係に関する情報について整理することが重要です。

ア　各会社間で相互に保有する株式の状況（資本関係）

直接保有する又は保有されている株式の状況だけでなく，間接的に保有する又は保有されている株式の状況を把握するため，以下の情報について親会社を中心に各グループ会社間で共有することが必要です。

①　各グループ会社の株主情報（株主名・株主が保有する株式の種類・保有株式数）

②　各グループ会社が保有する株式等情報（発行会社名，発行会社の発行済株式総数，株式の種類，株式数）

実質的に過半数の議決権を保有していれば，財務及び事業の方針の決定を支配している場合とされます（会社規3条3項1号・2号イ）。上記の情報を基にグループ会社が単独で又は他のグループ会社と共同して議決権を保有又は保有されている他の会社との支配関係を判断します。

イ　役員の派遣状況（人的関係）

株式の保有状況が他社を支配する程度でなかったとしても，当該他社の役員などの業務執行の意思決定機関の構成メンバーの多くを占めている場合は，親子関係又は関連会社関係にあると判断されます（会社規3条3項2号ロ，会計規2条4項2号イ）。かかる判断のためには，資本関係におけるのと同様に親会社を中心に各グループ会社間で次のような情報を共有することが必要です。

①　各グループ会社の役員名

②　各グループ会社の役員の移動

③　各グループ会社の役職員の役員派遣（派遣先会社名及び役職）

複数のグループ会社から特定の一の会社への役員派遣がされている場合

も含めて，グループ全体として他の会社の意思決定機関を支配している等の状況を確認することになります。

ウ　他社の重要な意思決定に影響を与える契約又は資金提供（経済的関係）

　株式の保有関係や役員派遣の状況が当事者間の支配関係を決定付ける程度でなかったとしても，重要な契約等の取引関係や多額の資金提供などの状況とあいまって，一方が他方を支配すると判断されるケースもあります（会社規3条3項2号ハ・ニ）。

　経済的関係は，資本関係・人的関係に比べて客観的な判断が難しいため，関係会社管理規程等を用いてグループ共通のルールを設け，その基準を満たす取引関係について，その情報をグループ間にて共有するなどグループ会社独自の運用が必要となります。

　上記の会社間の関係に関する情報を整理することにより，「実質的支配基準」に基づく各グループ会社の関係（親会社・子会社・関連会社など）について把握することが可能となります。

2　グループ会社間で把握が必要となるその他の情報

　前述のグループ会社の基礎的情報や会社間の関係に関する情報のほか，法令遵守の為には，グループに属する各社独自の情報で他のグループ会社に影響を与える情報，例えば規制環境などに関する情報についても整理が必要となります。

(1)　規制環境などの情報の把握

　大きな企業グループであれば，グループの中には上場会社，規制業種を営む会社などが含まれる可能性があります。これら上場会社・規制業種を営む会社は，開示・届出義務や高度な業規制を負っており，これらの規制は，当該会社の活動だけでなくグループに属する他の会社の活動についても対象となることがあります。

　したがって，これらの規制を遵守するためには，グループ全体として各グループ会社に課せられている各種規制・義務に関する情報として，

第5 グループ会社管理

① 各グループ会社の規制される業務

② 各グループ会社の開示義務・届出義務

　□ 上記開示義務・届出義務の対象となる事項

　□ 上記開示義務・届出義務の期限（事前・事後を含む）

について把握する必要があります。前述の親会社・子会社・関連会社の会社間の関係の認識の齟齬と同様，グループ全体での情報の把握と整理がなされていないと業法違反や開示・届出漏れなどの事故の原因となるため注意が必要です。

(2) **外国資本の参加に関する情報**

　経済の国際化に伴い上場企業だけでなく未上場の中小企業である国内企業への外国資本の参加も散見されます。外国為替及び外国貿易法（以下「外為法」といいます。）の規制を受ける外国企業又は外資系企業による資本参加の結果，グループ内の国内会社による新規事業への参入や新規事業参入のための新会社の設立などについての情報を外国企業又は外資系企業と共有することが求められることもあります。場合によっては，これらから直接資本参加を受けた国内会社についても同様の規制が課せられるケースもあり，外国資本の参加がもたらす影響についてもグループ会社間で情報の共有が必要となります。

3 基準設定となるグループ会社共通の規程

　グループ会社の各種情報が整理されたとしても，それらの情報を基にグループ各社によって異なる判断や行動をとった場合，せっかく整理された情報や新たに共有された情報を適格にグループ会社管理に反映することができません。法務・コンプライアンスの観点からグループ会社管理を行う上では，そのような判断や行動について共通の基準の設定又は理解が必要となります。

(1) **グループ会社の把握のための基準**

　前述のとおり，会社法においては，親会社，子会社等の判断基準は，実質的支配基準となりました。このように，実質的支配基準が採用された現行法制の下では，客観的な事実関係だけで親子関係や関連会社該当性は判

断できないケースもあり，独自の判断基準の設定が求められます。係る判断基準の設定と，その基準についてのグループ間共有がなされることでグループ全体での統一的な管理が達成されます。

かかる判断基準の共有のためには，グループ会社共通の規程・ルールを設け，親会社・子会社等の定義，また判断における一定の基準，例外に関する対応方法等について画一的な対応ができるような体制も必要となります。

(2) **法令遵守等の基準の共有化**

管理系の規程，特に情報管理に関する規程，就業規則等については，グループ全体での基準の平準化，言語の共通化のため，共通の規程を採用することが望ましいといえます。規程・ルールは法令遵守体制そのものであり，グループ全体で規程の共通化を図ることにより，法令遵守に関する基準を共有することができます。

もちろん，会社規模，機関設計，業種業態に応じた各グループ会社の修正はありますが，平準化するためのベースとなる社内規程を整備することにより，各グループ会社にて採用された独自社内規程との相違点を明らかにすることもできます。相違点の中には，各グループ会社が潜在的に抱える企業リスクに由来するものもあり，その把握によりグループに属する各社のリスク等について管理するためのツールとなります。

4 情報共有体制

グループ会社管理における情報管理の重要性はこれまで申し上げてきたとおりです。何を共有するべきなのか共有した情報をどのように利用するのかについて触れてきましたが，それらと同等に重要なのが，どのようにして情報を共有するか，また共有した情報を最新の内容で維持するための体制です。

(1) **情報変更に関する情報**

会社情報は常に変化・変更します。会社自らの機関決定によることもあれば，法律の改正・規制環境の変化によることもあります。これらの情報の変化・変更を適時に共有する体制が必要となります。

各グループ会社の担当部署に当該グループ会社の変更に関する情報が集

第5 グループ会社管理

約され，各社担当部署から，それらを統括する親会社等の担当部署に集約されるような2段階の制度設計が必要になります。担当者任せの情報収集では，適時に情報を収集することができないおそれがあるため，例えばグループ横断的な会議を定期的に開催するなど，確実な情報共有が実施される態勢整備が必要となります。

(2) **情報の棚卸**

変更情報の共有と同様に重要なのが，既に共有された情報が最新の情報に間違いがないかの「情報の棚卸」です。これにより情報の共有漏れや間違った情報の共有を洗い出し，必要な修正を行うことができます。例えば年に一度各社の情報を網羅したシートを各社と親会社等の担当者とで読み合せることなどにより，現状双方で把握している情報に誤りがないかを確認することができます。

Q 17　M & A の全体の流れ

第6 M & A

Q 17　M & A の全体の流れ

　M & A はどのように実施されますか。

A　M & A の手続は，大きく3つのプロセスに分けることができます。具体的には，(1)譲渡希望企業（以下「対象会社」といいます。）についての調査・分析を行う準備段階，(2)対象会社と買収希望企業を結びつけるマッチング段階，(3)M & A の条件交渉から最終契約書の締結及び実行，そしてクロージングに至るまでの実行段階の順に進めるのが一般的です。

解説

　M & A とは Mergers and Acquisitions の略称で「合併と買収」と訳されますが，その手法には，株式譲渡，新株発行や事業譲渡の方法による場合のほか，会社法上の組織再編手続として合併，会社分割，株式交換，株式移転の方法による場合が挙げられます。どの手法を選択するかにより，M & A を実行する段階における具体的な手続は変わってきますが，M & A の検討から実行までの大きな流れは共通しています。

1　全体像

　一般的な M & A の流れは，【図表：M & A の実務手順】にあるとおりです。M & A を進めるに当たっては，事業や資産の精査や契約交渉などのプロセスを通じて慎重な検討が必要となるため，対象会社の株主[1]（以下「売り手」といいます。）や買い手だけで直接交渉を行うのでなく，M & A コンサルタントの支援・関与のもとに進めることが一般的といえます。M & A コンサルタントは，その関与の仕方により，売り手と買い手の間に入って準備・調整を行う「仲介型」と，片側の代理人のような立場で相手方と交渉を行う

---

[1] 選択するスキームによって売り手の定義は異なります。株式譲渡では売り手は「対象会社の株主」ですが，事業譲渡では「対象会社」が売り手となります。

109

第6 M＆A

「アドバイザー型（FA）[2]」の2種類に分類されます。

以下では仲介型のＭ＆Ａコンサルタントを利用するＭ＆Ａの手続を前提に解説します。

【図表：Ｍ＆Ａの実務手順】

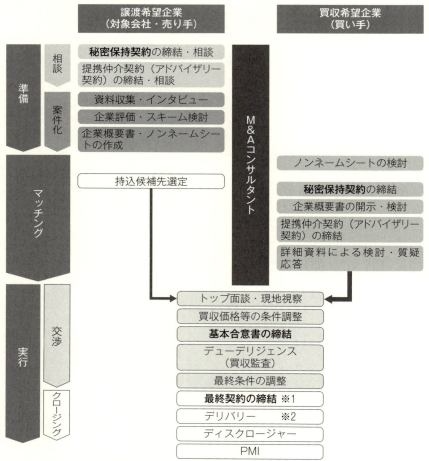

※1　最終契約を締結する日のことを「契約締結日」といいます。
※2　デリバリーがされる日のことを「譲渡日」「クロージング日」「実行日」などといいます。

---

[2]Ｍ＆Ａにおいては，財務や経済的な条件を含めた総合的なアドバイザーであるファイナンシャル・アドバイザー（Financial Advisor）のことをいいます。

2 準備段階における手続

(1) 相談

　売り手は，自らの情報を提供して相談に入る段階で秘密保持契約を，さらに具体的なＭ＆Ａに向けて支援を受ける段階で提携仲介契約又はアドバイザリー契約をＭ＆Ａコンサルタントとの間で締結します。

(2) 案件化

　売り手は，Ｍ＆Ａコンサルタントと共に，対象会社の会社概要，事業内容，財務内容，従業員の状況，契約書などの資料から，企業価値評価やスキーム検討を行い，買収希望企業に提示する対象会社の企業概要書やノンネームシートを作成します。

　企業概要書とは，対象会社の事業内容等を説明するための資料で，業界概況から始まり，会社概要・沿革，事業内容，SWOT分析，事業フロー，キーパーソン，取引先，財務状況のほか，株主の状況や希望条件などのＭ＆Ａに必要な情報を記載したものです。ノンネームシートとは，対象会社が特定できないよう会社名を伏せ，買収希望企業に提案をする資料で，大まかな業種，地域，売上，会社規模などの一次情報を記載したものです。

3 マッチング段階における手続

　売り手は，ノンネームシートによって対象企業に興味をもった買収希望企業の中から，Ｍ＆Ａの交渉を進める先を絞ります。絞られた買収希望企業の中で，Ｍ＆Ａコンサルタントとの間で秘密保持契約，提携仲介契約又はアドバイザリー契約を締結した企業が，企業概要書や更に詳細な資料の提供を受けます。

　一般的に提供が必要となる書類は【図表：必要資料一覧】のとおりです。

4 実行段階における手続

(1) 交渉

　対象会社の経営者又は株主等と買収希望企業の経営者がトップ面談を行います。相手方の経営理念や事業の方向性などを相互に確認し，互いの本社や工場，店舗等などの現地視察を行います。相互の信頼が高まった段階

第6　M&A

【図表：必要資料一覧】

カテゴリー		必要資料	チェック
Ⅰ 概要	会社概要	☐ 会社案内，製品・サービスのカタログ	
		☐ 定款	
		☐ 会社商業登記簿謄本	
		☐ 免許，許認可，届出	
		☐ 株主名簿	
		☐ 議事録（株主総会，取締役会，経営会議等　添付資料含む）	
Ⅱ 財務	決算資料	☐ 決算書・期末残高試算表・勘定科目内訳明細　3期分	
		☐ 法人税・住民税・事業税・消費税申告書　3期分	
		☐ 固定資産台帳(減価償却台帳)3期分	
	月次資料	☐ 月次試算表	
		☐ 資金繰表（実績及び予定）	
	時価関係	☐ 支払保険料，租税公課の総勘定元帳　3期分	
		☐ 生命保険・倒産防止共済の解約返戻金資料	
Ⅲ 事業	事業内訳	☐ 採算管理資料	
		☐ 売上内訳　3期分	
		☐ 仕入内訳　3期分	
		☐ 事業計画（今後5期程度の予想売上・利益・設備投資等）	
Ⅳ 不動産	不動産登記簿謄本	☐ 不動産登記簿謄本及び公図	
	固定資産税課税明細	☐ 固定資産税課税明細書	
	不動産賃貸借契約	☐ 不動産賃貸借契約書	
Ⅴ 人事	組織，人事規程	☐ 組織図(組織別人員数がわかるもの)	
		☐ 役職者の経歴書	
		☐ 社内規程（特に就業規則，給与・賃金規程，退職金規程，役員退職慰労金規程）	
		☐ 中小企業退職金共済「掛金納付状況票・退職金試算票」（直近期末時点）	
	従業員データ	☐ 従業員名簿（生年月日・入社年月日・役職・保有資格のわかるもの）	
		☐ 給与台帳（直近期末分）	
		☐ 賞与台帳（直近1期分）	
Ⅵ 契約	契約・認可	☐ 銀行借入金残高一覧（返済予定表，差入担保一覧）	
		☐ 金銭消費貸借契約書	
		☐ リース契約書の写し，リース契約一覧	
		☐ 取引先との取引基本契約書	
		☐ 生産・販売委託契約書	
		☐ 連帯保証人明細表	
		☐ 株主間協定書	
		☐ その他契約・認可	
Ⅶ オーナー	インタビューシート	☐ インタビューシート	
		☐ 住民票・印鑑証明書	

で，Ｍ＆Ａの方法，譲渡価格，役員や従業員の処遇，スケジュールなどについての条件交渉を行います。

売り手は，トップ面談，現地視察，条件交渉の結果を踏まえ，買収希望企業から選んだ１社を買い手として，基本合意書を締結します。これにより買い手の独占交渉権が発生することになります。

買い手は，基本合意書の締結後，対象会社の内容を精査するための財務・法務・ビジネス等の各側面からのデューデリジェンス（以下「DD」といいます。）を実施し，対象会社の企業価値やＭ＆Ａを進めるに当たっての問題点の有無など対象会社の実態把握をします。企業（株式）価値評価については，着目する事項によって，様々な算定方法がありますが，代表的な算定方法は，【図表：企業評価の算定手法】のとおりです。DDの結果を基に，買い手はスキームや譲渡価格の最終的な検討を行い，売り手及び買い手の間で，全ての条件の調整ができたら，最終契約書の締結を行います。

(2) **クロージング**

ア　デリバリー

デリバリーとは，Ｍ＆Ａの最終契約の内容を実行することをいいます。最終契約の締結・デリバリー・決済の手続は，株式譲渡の場合，具体的には後掲の【図表：クロージングの流れ】のとおりとなります。買い手は，株式を取得した上，自らの指名する役員を選任することで経営権を取得することができます。

イ　ディスクロージャー

（ア）　従業員

役員及びキーマンに対しては，実行日までの比較的早いタイミングでＭ＆Ａによる経営権移転を開示して，Ｍ＆Ａ実行後の対象会社の運営に協力してもらうようにすることが多いですが，その他の従業員に対しては，実行日の前後に売り手と買い手が協力して開示することが一般的です。

（イ）　金融機関

113

第6 M&A

【図表：企業評価の算定手法】

株式価値算定手法

企業の純資産価値に着目した算定方法（コストアプローチ）

● 簿価純資産価額法：
帳簿上の資産から負債を差し引いて株主持分を算定する方法です
● 時価純資産価額法：
企業の資産，負債を時価算定して差額の時価純資産価額を株主持分として算定する方法です
● 時価純資産＋営業権法：
時価純資産に，会社の超過収益力である営業権を考慮することにより，単なる清算価値あるいは再調達価値のみなならず，将来の企業価値を加味した継続企業価値を表す方法です

企業の収益力に着目した算定方法（インカムアプローチ）

● 収益還元法：
企業の予想利益を資本還元率で除して株式価値を算定する方法です
● ディスカウントキャッシュフロー（DCF）法：
企業が将来獲得すると期待されるキャッシュフローを現在価値に還元した合計額を基礎に株式価値を算定する方法です
● 配当還元法：
企業からの配当金額を資本還元率で除して株式価値を算定する方法です

株式市場における株価に着目した算定方法（マーケットアプローチ）

● 市場価額法：
株式市場における株価を基に株式価値を算定する方法です
● 類似業種比準法：
国税庁が業種ごとに公表する1株当たりの配当金額，1株当たりの利益金額及び1株当たりの純資産価額とそれに対応する株価をベンチマークとし，算定対象会社の1株当たりの配当金額，1株当たりの利益金額及び1株当たりの純資産価額から算定対象会社の株式価値を算定する方法です
● 類似会社比準法：
基本的な発想は類似業種比準法と同じで，算定対象会社と規模・業種が類似する上場会社を数社選定し，株価・利益・純資産等をベンチマークすることにより，未上場会社の株式価値を算定する方法です

Q17　M＆Aの全体の流れ

【図表：クロージングの流れ①】

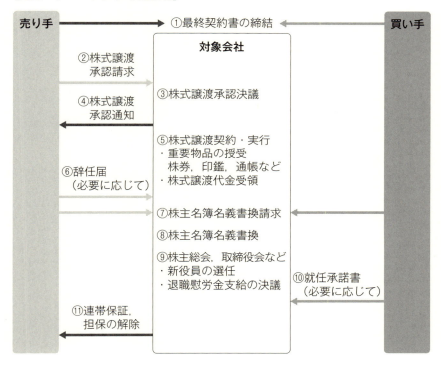

　メインバンクやM＆Aを実行する上で協力が不可欠な金融機関等に対しては，秘密保持義務を課した上で，譲渡日までにM＆Aを行う旨を開示することもありますが，むやみに開示して信用不安や取引条件の変更をされることなどがないよう，実行日前の開示は限定的にすることが多いです。

（ウ）　取引先

　実行日後に売り手と買い手が一緒に訪問し，あるいは連名で挨拶状を出すのが一般的です。特に重要な取引先に対しては，実行日までに開示して，M＆Aの実行後の継続取引の内諾を取っておく場合もあります。

（エ）　金融庁，取引所等

　上場会社の場合には原則，金融商品取引所の規則による適時開示に基

第6　M＆A

【図表：クロージングの流れ②】

譲渡制限株式の場合には，どのような手続をするのか見てみましょう。

株式譲渡契約の締結

株式譲渡承認請求（会136）
～株主が譲渡制限株式を他人に譲渡しようとするときは，会社に対して，その
　株式譲渡を承認するか否かの決定するよう，請求します。

株式譲渡承認の決定（会139-①）
～会社は，請求を受けたら速やかに所定の機関で，株式譲渡を承認するか否か
　決定しなければなりません。
　　　所定の機関とは…
　　　取締役会がある会社　→　取締役会
　　　取締役会がない会社　→　株主総会
　　　ただ，定款に定めれば，この原則以外の機関で承認することも許されています。

株式譲渡承認通知（会139-②）
～株式譲渡承認の決定をしたら，その可否を請求した株主に通知しなければな
　りません。

株式譲渡契約の実行

株主名簿の名義書換（会133，134）
～株式の譲渡を行っただけでは，譲受人は会社に「株主」として扱ってもらえ
　ません。
　あらかじめ会社が譲渡承認した譲受人が，会社に申請して，株主名簿を書き
　換えてもらう必要があります。
　この手続は，譲渡人と譲受人が共同で行うのが原則です。

づいたディスクローズが必要になります（東証有価証券上場規程402条）。

また，金融庁に臨時報告書を提出する必要があります（金商法24条の5）。

ウ　PMI[3]

M＆Aの実行後，対象会社と買い手両社の戦略・販売体制・管理体制・従業員意識・情報システム等を有機的に機能させることが非常に重要となります。新しい組織体制の下で，当初，両社が想定した経営統合によるシナジーを具現化させるために，企業価値の向上と長期的成長を支えるマネジメントの仕組みを構築，推進させていく必要があります。

---

[3] 英文でPost Merger Integrationの略でM＆A成立後の統合プロセスのことをいいます。

第6 M&A

Q18 スキームの選択方法

M&Aのスキームはどのような基準で選択がなされるのでしょう
か。また，代表的なスキームにはどのようなものがありますか。

A スキームを選定する上で考慮すべき要素は様々ですが，まず取引対
象，買い手における位置付け，対価の観点から，売り手，対象会社，買い
手の三者において，①コスト，②時間，③リスクの３つを踏まえて，最適
なものを決定します。M&Aの代表的なスキームとしては，株式譲渡，
事業譲渡，会社分割などの組織再編が挙げられ，これらを組み合わせたス
キームがとられることもあります。

解 説

M&Aのスキームを検討するのに，まず，対象会社自体を取引対象にす
るのか，対象会社が行う事業を対象とするのかを判断する必要があります。
その上で，その取引対象を買い手の既存の事業との関係から，どのように受
け入れるのか，そして，その対価はどうするのかを考えなければなりません。

さらに，案件の検討段階からクロージングまでにかかる取引コストを税
務・法務の面で検討するとともに，目標としている時期までに選択し得るス
キームの中で内在するリスクの軽減又は遮断を勘案して，総合的に判断する
ことになります。スキームは，M&Aを検討する当初の段階だけでなく，
途中段階でも見直されることがあります。

例えば，株式譲渡を前提にしていたが，デューデリジェンスの結果，対象
会社で行っているノンコア事業（重要でない事業）部門に重大な潜在債務があ
るような場合には，事業譲渡や会社分割にスキームを変更して，買い手が潜
在債務を遮断して，重要な事業のみを譲り受けるという選択肢を取ることも
できます。

1 M&Aの対象の判断基準

M&Aにおける取引対象に着目すると，会社自体の取得と事業の取得に
分類することができます。

118

会社自体を取得する場合には，合併を除き，対象会社が発行する株式を譲り受けることにより，譲渡が行われるため，対象会社に帰属する権利義務をそのまま買い手が引き受けることになります。ただし，資産，負債，従業員，契約関係のほか，組織の風土や文化，ノウハウが受け継がれる一方で簿外債務も承継されてしまいます。

事業を取得する場合には，取引対象となる事業を買い手が取捨選択することができるため，買い手が必要とする事業のみを切り出して取得することができます。このため，簿外債務の承継リスクを軽減することができる一方で，売り手となる対象会社もそのまま残るため，その社歴や経営管理組織などの対象事業以外の経営資源は原則として引き継ぐことができないこと，既存の契約や許認可などの承継手続が煩雑となることなどのデメリットがあります。

2　受入主体の判断基準

M＆Aの取引対象が，買い手の現在の事業とどのような関係にあるか，また，M＆A後にどのような役割を担うかを勘案して，その受入主体を検討します。

【図表：受入主体別】にあるように，直接買い手と一体となる吸収型，買い手の支配下におく子会社化型，買い手と兄弟会社関係になる持株会社化型に分けることができます。

119

第6 M&A

【図表：受入主体別】

吸収型	合併
	事業譲渡
	会社分割（吸収分割）
子会社化型	株式譲渡
	株式交換
	新株発行・自己株式処分など
	会社分割＋株式譲渡
	子会社への事業譲渡，会社分割
持株会社化型	共同株式移転

3 対価の選択

　取引対象と受入主体が明確になった後は，その対価を何にするのかを決めることになります。取引対象の規模や買い手の資金調達状況などから選択することになりますが，一般的には，金銭か株式のいずれかになることが多いです。

　金銭の場合には，対価の価値が固定し，買い手の既存株主の持分割合の希薄化も生じない反面，買い手は資金調達が必要になります。

　株式の場合には，その反対で，買い手の資金調達が不要となるものの，買い手の既存株主の持分割合の希薄化や対価の価値が変動する，対価が非上場会社の株式では売主が換価しにくいなどの面があります。

　それぞれの主なスキームは【図表：対価別】にあるとおりです。

Q18 スキームの選択方法

【図表：対価別】

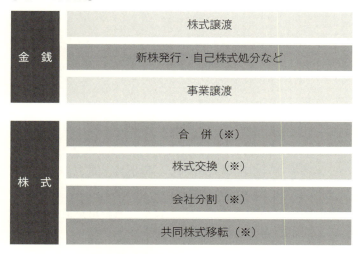

※ただし，これらの組織再編行為においては，2006年施行の会社法において組織再編対価の柔軟化が図られ，金銭の対価によることも可能となっている（会社法749条1項2号，758条4号，768条1項2号）。

4 コスト・時間・リスクの精査

(1) コスト

　M＆Aに伴うコストの中で，最もインパクトが大きいのは，各種税金であることが一般的なため，まず税引後の利益が最大化されることを目指してスキーム構築がなされることが多く，スキームの選定は税務と切り離しては考えることはできません。

　M＆Aにかかるコストとして，課税関係が問題となる当事者は，原則として対象会社と売り手の二者になります。売り手が個人の場合には，その所得に対し所得税と個人住民税がかかり，法人の場合には法人税，法人住民税，法人事業税が課されるため，譲渡に際して買い手が支払う対価について，誰がどんな名目で受け取るのかはよく検討する必要があります。例えば，オーナー社長が保有する株式を買い取る場合には，取得金額と譲渡金額の差額を所得として課税される株式譲渡代金のほかに，税務上一定

121

第6　M&A

の優遇がある退職慰労金を支払うこともできます（所得税法30条等）。また，例えば売り手の個人所有不動産を賃借して事務所等としている場合には，その後も継続的に売り手に賃料を支払うことになります。課税関係まで考慮した最適なプランを選択するには，このように，誰が，誰に対して，何を支払うのかを整理することが重要です。なお，グループ内で組織再編をする場合等，実質的に支配者が変わらないと評価される場合には，一定の要件を満たすことにより，対象会社や売り手法人について，課税を将来に繰り延べられる適格合併等に該当する場合もあるので（法人税法2条12の8号・11号等），その可否を検討することになります。

　M&Aの実行後にかかるコストについては，買い手の課税関係の検討が中心となりますが，買い手がM&Aに要した費用を損金に算入できるか，対象会社の繰越欠損金を引き継げるかなどが主なポイントになります[1]。

　法務面では，M&Aにかかるコストとして，株主総会の開催が必要とされるような場合，上場会社においては相当な費用を要するのが一般的です。M&Aの実行後にかかるコストとしては，少数株主からの株式買取請求や第三者との紛争などの解決にかかるものが挙げられます。

　このほか，DDなどにかかる専門家のコストや，不動産の移転が伴う場合の登録免許税，不動産取得税なども加味して検討します。

(2)　**時間**

　売り手，対象会社又は買い手において，一定の時期までにM&Aの実行が必須の条件である場合もあります。例えば，当該事業年度末までに実行しなければ，対象会社の資金がショートしてしまうとか，買い手が繰越欠損金の活用ができなくなってしまうとか，税率が上がってしまうなどが考えられます。

　組織再編は，非上場会社であっても債権者保護手続（会社法799条）等を勘案すると最低2か月程度，事業譲渡では株主への通知期間として20日以上（会社法469条3項），上場会社のTOBを行う場合には買付期間として

---

[1] 森山保『「M&Aスキーム」選択の実務』第2章21頁以下（中央経済社，2016）

最低20営業日以上を要するなど（金商法27条の2，金商法施行令8条），法律上の手続に要する時間のほか，許認可関連，契約の相手方からの承諾の取得など個別の事案により生じる手続もあるので，スケジュールを考慮して，スキームを検討することが求められます。

(3) **リスク**

　法務面においては，所在不明の株主やM&Aに反対する株主がいないか，過去に行われた事業譲渡の手続に瑕疵がある場合などに第三者との紛争が生じるおそれがないか，又は株主等による取締役の行為差止め，吸収合併等の差止め，あるいは無効の訴えなどがされ得るのか，検証する必要があります。

　税務面においては，対価の適正性を問われたり，租税回避行為として税務当局から否認されたりしないように，慎重に検討する必要があります。

第6 M＆A

5 M＆Aの代表的なスキーム

代表的なスキームについて，それぞれメリット，デメリット，注意点について，ポイントを説明します。

(1) 株式譲渡

事業譲渡や組織再編と比べて，株主総会の決議が原則不要であり，対象会社への許認可にも影響がなく，最もシンプルに支配権を移転させることができるので，実際のM＆Aにおいて広く活用されています。

【図表：株式譲渡】

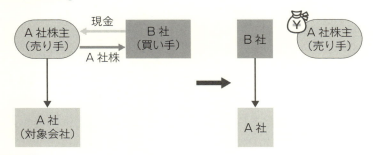

メリット
・手続が簡便
・対象会社自体はそのままの状態であり，原則として許認可に影響がない
・株主の手取りを最大化できる場合が多い

デメリット
・不要な資産や事業も引き継ぐ
・簿外債務などのリスクも引き継ぐ
・他の再編に比べ買収資金が多額になる場合がある

注意点
・公正取引委員会への事前届出が必要になる場合がある（独禁法10条2項）

(2) 事業譲渡

株式譲渡と異なり，対象会社の事業の一部のみを承継することができます。特定した資産・負債・契約等だけが承継対象となるので，潜在債務の承継を遮断できますが，譲渡対象となる全ての契約の相手方から個別の承諾を得る必要があります。また，許認可がある場合には，原則として買い手側で新規に取得する必要があるため，手続はやや煩雑になります。

【図表：事業譲渡】

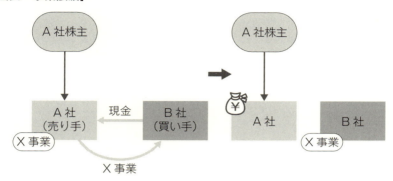

> メリット
- 事業の全部又は一部の譲渡・承継ができる
- 簿外債務などの承継リスクを分離
- 必要な事業のみの承継となるため，株式譲渡と比べ買収資金を抑えることができる場合が多い

> デメリット
- 資産，負債，権利義務の承継手続きが煩雑で，一定の時間がかかる
- 従業員の承継には個別同意が必要
- 許認可の承継は，原則としてできない
- 消費税が課される
- 詐害行為取消のおそれがある

> 注意点
- 公正取引委員会への事前届出が必要になる場合がある（独禁法16条2項）
- 個別の資産移動につき登録免許税・不動産取得税が課される場合がある

第6　M＆A

（3） 会社分割

　　事業譲渡と同様に，対象会社の事業の一部のみを承継できます。事業譲渡とは異なり，包括承継であるため，契約の相手方や労働者の個別の承諾が不要という手続上のメリットのほかに，消費税がかからないなどのメリットがあります。

【図表：会社分割】

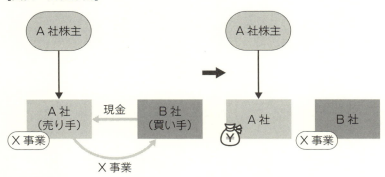

※現金対価の場合のイメージ図
　現金対価の会社分割の場合，承継方法は異なるものの，事業譲渡とほぼ同形になる。

メリット
・事業の全部又は一部を譲渡・承継できる
・事業譲渡と比べ資産・負債・権利義務の承継が簡便
・必要な事業のみの承継となるため，株式譲渡と比べ買収資金を抑えることができる場合も多い

デメリット
・対価を非上場株式とする場合，現金化が困難
・分割後のA社の採算性について検討する必要あり
・許認可の承継は，原則承継できない
・簿外債務の承継リスクあり
・労働契約承継法に基づく手続や，債権者保護手続に一定の時間がかかる

注意点
・公正取引委員会への事前届出が必要になる場合がある
　（独禁法15条の2第3項）
・個別の資産移動につき登録免許税・不動産取得税が課される場合がある

(4) 合併

対象会社の事業を完全に支配する方法の1つですが，対象会社が消滅会社となる場合に，対象会社が保有していた許認可の引継には別途許可申請が必要となることが多く（通関業法11条の2第4項，廃棄物処理法9条の6），許認可が消滅する場合があることもあります（建設業法12条，労働者派遣法施行規則4条2項等）。対象会社と買い手の社員の労働条件をM＆Aの実行後に統一する必要があります。

【図表：吸収合併】

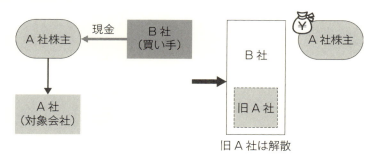

※現金対価の場合のイメージ図

メリット
・企業規模拡大によるスケールメリット
・重複部門統合によるコスト削減
・一定の要件を満たせば，A社の繰越欠損金を承継

デメリット
・企業文化融合の問題
・対価を株式とする場合は再編後のB社の株主構成に留意
・簿外債務も包括承継する
・債権者保護手続など一定の時間がかかる

注意点
・公正取引委員会への事前届出が必要になる場合がある
　（独禁法15条2項）
・個別の資産移転について登録免許税の課税あり

第6 M&A

(5) **株式交換**

　　対象会社の事業を完全に支配する方法の1つです。株主総会の特別決議をもって，100％支配権を得ることが可能なため，株主が多数で株式譲渡が煩雑な場合や，株主全員の合意が得られない場合に有効といえ，また，対象会社の許認可も消滅しないメリットもあります。

【図表：株式交換】対価別
　［株式対価］

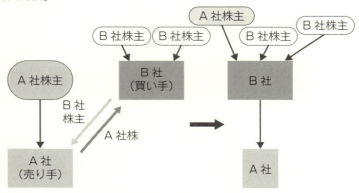

※B社が上場会社の場合には，対価が株式でも流通性がある

　［現金対価］

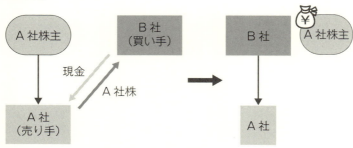

　メリット
・完全子会社とするための手法として利用できる
・A社とB社が別法人として運営が可能
・特別決議をもって100％取得が可能
・原則として許認可に影響はない
・B社の株式を対価とすれば，資金調達が不要

Q 18　スキームの選択方法

　デメリット
・対価を株式とする場合には，M＆A後のB社株主構成に留意
・株式譲渡と比べると煩雑で時間がかかる
・簿外負債を間接的に引き継がざるを得ない

　注意点
・公正取引委員会への事前届出が必要になる場合がある（独禁法10条2項）

(6)　その他

　上記以外にも，株式移転，新株発行・自己株式処分，自己株式の取得の方法があり，また，複数のスキームを組み合わせることも多くあります。

　売り手が事業の一部のみを譲渡したい場合には，売り手が分社をした上で譲渡を行う「会社分割＋株式譲渡」のスキーム，対象会社で所在不明株主がいる等，株主の問題がある場合には，株式移転をした上で株式移転完全親会社の株式を譲渡する「株式移転＋株式譲渡」のスキームなどが用いられることが多いです。

【図表：会社分割（新設分割）＋株式譲渡】

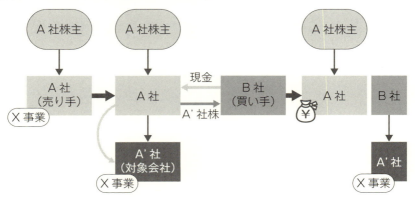

※売り手が一部の事業のみを，買い手が自ら会社分割の手続を行わずに，子会社の形で承継したい場合に用いる。

129

第6 M&A

【図表：事業譲渡】株式移転＋株式譲渡

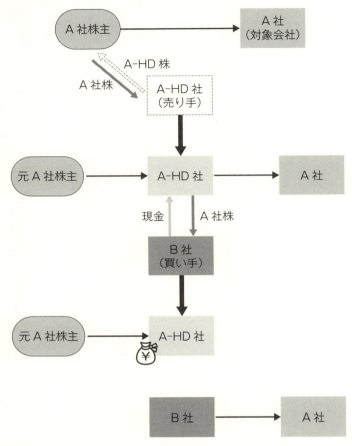

※対象会社の株主に問題があるが，買い手が対象会社の経営権を100%子会社の形で取得したい場合に用いる。
　株式移転によって，対象会社の株主が変わるだけで，事業そのものに影響がないことから，許認可を有している場合には有益な手法である。

Q19 DD で確認すべき事項

M＆Aのデューデリジェンスにおいて，確認すべき事項を教えて
ください。また，そのためには，具体的に何をすればいいので
しょうか？

A デューデリジェンス（DD）とは，企業買収・企業再編などのM＆A
取引の実施に当たり，関連当事者がその意思決定に直接・間接に影響を及
ぼすような様々な問題点を調査・検討する手続です。DDでは，調査・検
討事項が多岐に渡るため，弁護士・公認会計士・税理士・各種コンサルタ
ント等の専門家の知見を活用しながら，実施されることが一般的です。

解 説

　DDの目的は，①M＆A実行が不能となる決定的瑕疵の存否調査，②M
＆A実行後の，目的達成阻害要因の存否調査，③M＆A実行を可能にす
るために，事前に売り手と交渉すべき事項の存否調査，④買収価額の算定根
拠調査になります。これらの調査を行うために，①ビジネス，②財務（会
計，税務），③法務（知財を含む。），④労務，⑤システム（IT），⑥環境，⑦不動
産等の分野に分かれてチームを組成し，各チームで専門的なDDを実施す
ることが多いです。そして，DDの結果，M＆A実行が不能となる決定的
瑕疵が発見されなければ，その他の問題点については，①買収価額の減額，
②買収スキームの変更，③問題解決のクロージング前提条件への追加，④表
明保証条項の活用等により，明らかになったリスクに対応する方法を検討し
ます。ここでは，主に，法務DD，労務DDについて，確認すべき事項と，
その調査方法を解説します。

1 潜在債務・偶発債務の有無

　DDにおいて，最も重要なことは，将来それが生じると回復不能となる潜
在債務・偶発債務の有無の調査です。典型例としては簿外債務が挙げられま
すが，以下で説明する事項に潜在債務・偶発債務が潜んでいるケースが多い
ので，注意が必要です。

第6　M&A

2　株券，潜在株式の有無（株主名簿，新株予約権名簿，転換社債原簿登記簿，議事録）

　対象会社を100％子会社化することが目的の場合，二重譲渡や新株予約権の行使など将来の出資比率希薄化を予防しておくことが大事です。主に，対象会社へのインタビューと，株券・各名簿の閲覧にて調査します。また，新株発行等が決議どおりに登記され，矛盾なく株主名簿へ記載されているか等も調査しておく必要があります。決議において発行したはずの株式数と，登記，名簿に記載された株式数が矛盾することはしばしば生じます。

3　訴訟・紛争・クレームの有無（インタビュー）

　訴訟・紛争・クレームは，そのまま潜在債務・偶発債務の火種となります。主に，対象会社へのインタビューにより調査します。

4　チェンジオブコントロール（COC）（契約書）

　対象会社が締結している重要契約の中に，対象会社の株主に異動が生じることや代表者の変更が，契約解除事由になっているケースがあります。この契約解除事由をチェンジオブコントロール（支配権の移動）と呼びますが，重要契約において解除権が行使されると，M&Aの目的達成が不能になる場合があります。これは，重要契約書の閲覧によって調査します。取引基本契約や賃貸借契約に含まれている場合が多いです。

5　契約上の地位譲渡の禁止条項（契約書）

　事業譲渡など，M&Aの対象が，企業ではなく事業の場合，当該事業に関する取引先との契約の中に，契約上の地位譲渡の禁止条項が存在すると，当該取引先より別途同意を取得する必要が生じます。重要契約において，取引先から同意が取得できないと，M&Aの目的達成が不能になる場合があります。これは，重要契約書の閲覧にて調査します。

6　競業避止条項（契約書）

　対象会社が締結している重要契約において，対象会社に競業避止義務が課されているケースがあります。この制約が存在することで，M&Aの目的達成が不能になる場合があります。例えば，対象会社の主要事業における提携先との契約書において，第三者との資本業務提携を禁止されている場合や，対象会社が取引先との契約書において，自己だけでなく，親会社を含む

関連会社においても，当該取引先と競業するビジネスを実施することを禁止されているときに，偶然，買い手の事業が当該取引先の事業と競業する場合等が挙げられます。これは，重要契約書の閲覧によって調査します。

7　許認可（許認可証）

対象会社が行う事業に関して，許認可取得が必要な場合に，対象会社が全ての許認可を取得しているかを調査する必要があります。許認可リストを作成し，実際の許認可証と照合することで調査します。

8　保証債務（インタビュー，議事録）

潜在債務・偶発債務の典型例の1つです。主に，対象会社へのインタビューにより調査しますが，取締役会議事録等に記載されているケースもありますので，議事録等の調査も必要です。

9　残業問題の有無（就業規則，36協定，タイムカード，賃金台帳）

対象会社による長時間残業の放置は，潜在債務の一つです。従業員が労働基準監督署やユニオンに相談することで，その対応コストが発生しますし，万一，過労死問題等へ発展した場合の，損害賠償責任や風評損失は計り知れません。就業規則・36協定によりルールを調査し，タイムカード・賃金台帳により実態を調査します。

10　未払残業代・社会保険未加入者の有無（上記9と同様）

未払残業代・未払保険料ともに，2年の消滅時効が存在しますが，もし未払いが存在するのであれば，直近2年分の未払金を潜在債務として認識しておく必要があります。調査方法は，上記9と同様です。

11　労働基準監督署からの指摘の有無（インタビュー）

潜在債務の1つです。例えば，長時間残業の問題や，休日出勤の問題が存在し，労働基準監督署から指摘を受けていた場合，これらが世間に公表された場合の風評対応に関する費用や，改善のために人員増強した際の増加人件費分を潜在債務として認識しておく必要があります。これらは，対象会社へのインタビューにより調査します。

第6 M＆A

Q20 M＆Aで締結する契約書

M＆Aで締結する契約には，どのようなものがありますか？

A M＆Aで締結する主な契約書は，①秘密保持契約書，②基本合意書，③最終契約書の3種類です。

解説

M＆Aで締結する契約書は，具体的な内容については，対象会社の業種や事業によって異なりますが，ここでは，一般的な内容について，解説します。

1 秘密保持契約（CA，NDA）[1]

(1) 締結の必要性

M＆Aでは，対象会社の全貌を調査する必要があり，提供される情報も決算書のほか，取引先との契約書，給与台帳などの極秘情報を扱うことになります。また，上場会社がM＆Aを行う場合には，インサイダー取引が生じないように，厳格に秘密保持する必要があります。M＆A検討中という事実が外部に漏れると「経営状態が悪いのではないか」「会社が乗っ取られるのではないか」等の噂が流れるおそれがあり，従業員の離職，取引先や金融機関の信用不安などの事業運営への支障を招くことが考えられます。公表できる段階になるまでは，秘密情報を開示する対象会社の情報が第三者に漏洩することのないように徹底しなければなりません。また，売り手や対象会社は，買い手が行うDDの際に，対象会社の事業や資産についての秘密情報を開示することになるため，買い手がこれらの秘密情報を自己の営業目的に使用したり，第三者に開示することのない様に対処する必要があります。

(2) 契約の形式

通常は売り手と買い手の双方が当事者となって締結します。情報を受領

---

[1] 英文では，Confidential Agreement 又は Non-Disclosure Agreement と呼ばれるため，CA や NDA と略されます。

Q 20　M & A で締結する契約書

する側が誓約書の形で差し入れる場合や，秘密保持契約といった独立した
形式でなく，両者間で初めて締結する契約（例えば覚書や基本合意書など）に
おいて，秘密保持に関する事項を入れることもあります。

(3)　**締結する当事者**

　　売り手と買い手の間で締結されるほか，売り手又は買い手が M & A コ
ンサルタントを介入させる場合には，これらの者とも秘密保持契約を締結
することが一般的です。M & A に関与する公認会計士，税理士，弁護
士，司法書士については，法律上守秘義務が課せられているので，秘密保
持契約を締結しないことが一般的です。売り手と買い手の間で締結される
秘密保持契約にも，これらの専門家に秘密情報を開示することを許容する
条項を設けることが多いです。

(4)　**主な内容**[2]

①　秘密情報の定義

②　秘密情報を開示できる範囲

③　秘密保持の目的外使用と競業行為の禁止

④　秘密情報の返還・破棄

⑤　有効期間

⑥　損害賠償

2　基本合意書 (LOI, MOU)[3]

(1)　**概要**

　　基本合意書は，最終契約書の締結に先立ち，売り手及び買い手が，それ
までの検討・交渉過程において取引価格，スキームやスケジュール等，基
本的な条件等の暫定的にお互い合意した内容を文章として確認するもの
で，条件が整った場合に最終契約書を別途締結する旨の内容を含めている

---

[2] 木村直人，横張清威『公認会計士と弁護士が教える「専門家を使いこなす」ための M &
A の知識と実務の勘所』185 頁〜192 頁及び 295 頁〜299 頁（日本法令，2015）に詳細な説
明や雛形が掲載されています。このほか，売り手又は買い手が M & A コンサルタント
と締結する秘密保持契約には直接交渉の禁止の項目が含まれています。
[3] 英文では，Letter of Intent 又は Memorandum of Understanding と呼ばれるため，LOI
や MOU と略されます。

135

第6　Ｍ＆Ａ

ので，この合意書のみでＭ＆Ａが成立するわけではありません。当事者の理解を確認するメモ程度の覚書であることもあれば，最終的な合意に限りなく近い詳細なものもあり，案件ごとに様々です。

⑵　**締結する当事者**

株式譲渡の場合には，売り手と買い手が当事者となるのが通常となります。売り手において，株主が複数いる場合には，少なくとも対象会社の総株主の議決権の過半数以上を有する株主を当事者にすることが望ましいです。

事業譲渡あるいは組織再編などの企業統合案件であれば，売り手となる対象会社と買い手との間で締結しますが，選択したスキームによる実行を担保するために，売り手の大株主や代表者を当事者に加えて，株主総会や業務執行機関における決定をスムーズに行わせる場合もあります。

⑶　**主な内容**

基本合意書の内容は案件ごとに異なりますが，一般的に定められていることが多い事項としては以下のとおりです。

　①　予定されているＭ＆Ａの手法と譲渡予定価格

　②　スケジュールの確認

　③　買収監査に関する事項及び協力義務

　④　役員・従業員の処遇

　⑤　買い手に対する独占交渉権付与

　⑥　秘密保持

　⑦　有効期限

　⑧　法的拘束力の範囲

　⑨　一般条項（費用負担・裁判管轄など）

このうち，⑤は売り手に対し，一定期間，買い手以外の他社との間でＭ＆Ａに関する交渉を行うことを禁ずるものです。買い手はこれにより一対一で最終契約書に向けて交渉を行えることになります。

⑦は，合意書の効力の有効期間のことをいい，一定期間内に最終契約書の締結まで至らなかった場合には，合意内容は失効し，売り手は買い手以

外の第三者と交渉が行えることになります。

⑧は，基本合意書が，DD 実施前の段階で締結するものであり，売り手と買い手の最終的な合意をした内容ではないことから，互いに基本合意書により拘束される部分をごく限定的に定めます。一般的には，⑤，⑥，⑦，そして⑨の費用負担・裁判管轄などの一部の事項についてのみ法的拘束力を認めることが多いです。

なお，基本合意書締結から最終契約書の締結に至るまでの間に，当事者の一方が M & A 取引の白紙撤回をした場合に，基本合意書の存在を根拠に，M & A が成立した場合の得べかりし利益（履行利益）の請求ができるかについては，複数の裁判例において否定されています。基本合意書が締結されたというだけでは，原則として損害賠償請求は認められず，例外的に，法的拘束力のある合意書に記載された事項についての違反がある場合，または重大な契約締結上の過失がある場合に，損害賠償請求が認められる余地があるという解釈になっています[4]。

(4) 留意点

当事者が上場会社である場合には，基本合意書に定めた取引株式数及び取引価格等の取引内容，法的拘束力の有無及び取締役会における決議の有無などによって，上場会社の運営に関する重要な決定事実と解釈され，金融商品取引所規則に基づく適時開示義務（東証上場規程 402 条 1 号）の対象となる可能性があります[5]。このため，基本合意書に代えて，意向表明書等を差し入れるケースが多いです。基本合意書の開示義務を負わない場合であっても，例えば，対象会社が上場会社の場合において，DD の際に開示された資料によって，未公表の重要事実（金商法 166 条 2 項）を知ってしまったときに，DD を実施した買い手関係者が対象会社の株式を取得すること，あるいは，買い手が上場会社である場合に，M & A を検討してい

---

[4] 東京地判平成 18 年 2 月 13 日判時 1928 号 3 頁（UFJ 信託銀行事件）
　東京地判平成 18 年 8 月 30 日（2006WLJPCA08300013）（ジェイ・ノード事件）
　知財高判平成 24 年 12 月 12 日（2012WLJPCA12129003）（日本デジコム／スカパー JSAT 事件）
[5] 藤原総一郎，大久保圭／大久保涼／宿利有紀子／笠原康弘『M & A の契約実務』（中央経済社，2010）25 頁〜26 頁

第6 M＆A

ることを知っている売り手関係者が買い手の株式を取得することは，イン
サイダー取引に該当してしまうため，基本合意についての開示の要否は慎
重に検討する必要があります。

3　最終契約書（DA，SPA）[6]

(1)　概要

　基本合意書が交渉過程の確認や中間的な合意を確認するための契約であ
るのに対して，最終契約書は，M＆Aの最終段階で，当事者間における
最終的な合意事項を定めたものです。

　最終契約書は，これまでの当事者の交渉を通じた合意事項を全て盛り込
んで構成する必要があります。最終契約書には，これがM＆Aについて
の唯一の契約書であり，この契約書に記載されていない従前の合意，了解
事項，交渉，協議等については，売り手と買い手との間で最終契約書の締
結がされることをもって，全て失効するような条項（完全合意）を入れる
ことが一般的です。

(2)　締結する当事者

　株式譲渡の場合には，売り手と買い手が当事者となり，対象会社が当事
者となることは多くありません。対象会社に関する事項については，売り
手に義務を負わせれば足りると考えられるからです。したがって，対象会
社が契約中に定められている実行前にすべき行為を行わなかったとして
も，買い手は対象会社ではなく，売り手に対して契約違反を追及すること
になります。

　売り手となる株主が複数いる場合には，いくつかの方法が考えられ，①
大株主が少数株主の保有する株式を事前に買い集める方法，②大株主が少
数株主からの委任を受けて売却する方法，③少数株主に株式を譲渡する旨
の簡易な契約を別に締結させる方法などがあります。

事業譲渡及び組織再編手続の場合には，基本合意書と同様，売り手となる

---

[6] 正式契約や最終契約のことを，英文では，Definitive Agreement といい，DA と略され
ます。また，株式譲渡契約書の最終契約書のことを，英文では，Share Purchase Agree-
ment 又は Stock Purchase Agreement というため，SPA と略されます。

会社と買い手との間で締結しますが，売り手の大株主や代表者が当事者に加わる場合もあります。

(3) **主な内容**

選択するスキームによって異なりますが，株式譲渡を例にすると，大まかな流れは，次のとおりとなります。

① 当事者，譲渡日，対象株式，譲渡価額

② 表明保証

③ 譲渡日までの義務（売り手・買い手）

④ クロージング条件

⑤ 譲渡日後の義務（売り手・買い手）

⑥ 解除・損害賠償

⑦ 一般条項（完全合意，裁判管轄他）

第6　Ｍ＆Ａ

Q21　最終契約書に記載すべき M ＆ A 特有事項

最終契約書では，どのような事項を記載すればいいでしょうか？

A　最終契約書に記載する事項の概要は，Q20「Ｍ＆Ａで締結する契約書」で先述しましたが，このほかに，Ｍ＆Ａ特有の注意すべき記載事項が存在します。これは，①DD でできる範囲に限界があること，②契約締結日からクロージング日までに間隔が空くこと等に起因しています。

解説

最終契約書で記載すべき事項の中心は，Ｍ＆Ａの対価等のほかに，DDで抽出された問題点のリスクヘッジ事項になります。具体的な内容は，業種や事業によって異なりますが，ここでは，一般的な内容について，解説します。

1　特に注意すべき事項

(1)　表明保証

主に DD 時にインタビューで答えた内容，財務諸表の正確性・適正性等を，売り手に保証させるために記載します。DD では，売り手の協力体制・時間・コストという制約があり，100％完璧な調査はできません。また，契約において前提とした事実に誤りがあった場合に，契約関係から離脱するには，錯誤無効を主張することになりますが（民法 95 条），動機の錯誤は無効の主張が困難なのが一般的です[1]。このため，万一の場合に備えて，契約の解除や売り手への責任追及ができるように，この保証内容を充実させておくことが重要です。

(2)　補償条項

売り手に，表明保証条項を含む契約違反があった場合に，買い手が損害賠償を請求できるようにするために記載します。金銭解決が不能な場合には，同額での買戻し（再売買）条項を入れる場合もあります。

---

[1] 大判大正 3 年 12 月 15 日民録 20 輯 1101 頁

140

(3) クロージングの前提条件

契約締結日とクロージング日に間隔が空く場合に，クロージング日が到来した際には，売り手及び買い手共に，最終契約書に記載された自己の義務を履行しなければなりません。この履行義務は，通常，相手方の契約違反があった場合にも消滅しないため，例えば，クロージング日に，売り手側に表明保証違反が存在した場合でも，買い手には，売り手に譲渡代金を支払う義務が発生し，買い手が売り手に権利行使できるのは，債務不履行に基づく損害賠償請求のみ，という理不尽な状況に置かれてしまいます。このような状況を回避するために，クロージング日において，条件が成就していなければ，自己の履行義務が発生しないと定めるのが，この条項です。ただし，軽微な条件未成就により契約全体が進まなくなることを防ぐために，この権利は自己の裁量により放棄することができる，と規定されていることが一般的です。また，前提条件の未成就が，単なる義務の未完了や治癒可能なものの場合には，双方の合意により「クロージング日を延長して新たなクロージング日を設定する」方法を選択することも可能です。

ア　売り手側の前提条件の例

（ア）　買い手の表明保証事項が，全て真実かつ正確であること

（イ）　買い手が，本契約に基づきクロージング日までに履行又は遵守すべき買い手の義務を全て履行又は遵守していること

イ　買い手側の前提条件の例

（ア）　売り手の表明保証事項が，全て真実かつ正確であること

（イ）　対象会社の株券が，全て適法かつ有効に発行されていること

（ウ）　売り手が，本契約に基づきクロージング日までに履行又は遵守すべき売り手の義務を全て履行又は遵守していること

（エ）　対象会社の財政状態，経営成績，キャッシュフロー，事業，資産，負債又は将来の収益計画に重要な悪影響を及ぼす可能性のある事由又は事象が発生しておらず，その他買い手による本件取引に係る判断に重要な影響を与える事由が発生していないこと

第6　M＆A

⑷　**売り手の義務**

　契約締結日とクロージング日に間隔が空く場合に，契約締結日に表明保証された事項をクロージング日まで維持させるために，また逆に，契約締結日にはできていなかったことを，クロージング日までに完了させるために記載します。例えば，以下の事項です。

　ア　対象会社の売上を，契約締結日からクロージング日までの期間中も，契約締結日と同水準に維持させ続けること

　イ　対象会社に，担保目的の債権譲渡登記が存在した場合に，クロージング日までにこれを抹消させること

　ウ　COC に関して取引先から承諾を取得すること

　エ　労働基準監督署へ 36 協定の届出を行うこと

⑸　**買い手の義務**

　買い手は対価を支払うこと以外に義務を負うことは多くありません。例えば，以下の事項です。

　ア　対象会社の株式取得に関して公正取引委員会へ計画届出を行うこと

　イ　対象会社の株式取得のための資金調達を完了すること

⑹　**競業避止**

　売り手が対象会社を売却後に，同様のビジネスを開始することを防止するために記載します。これは，売り手が，対象会社の譲渡代金を元手に，これまでの経験やノウハウを利用して，対象会社の競業ビジネスを開始してしまうと，買い手が対象会社を買収した効果が半減してしまうからです。

⑺　**退職慰労金**

　売り手が，取締役であり，M＆A と同時に退任し，退職慰労金を支払うときに記載します。

⑻　**キーマンクローズ**

　対象会社の従業員のうち，当該従業員が退職することで，M＆A の目的達成が不能になる従業員が存在する場合，当該従業員を退職させないように売り手に義務を課すときに記載します。特に，対象会社のメインビジネスにおいて，知識・経験・ノウハウを保有した従業員が対象で，当該従

業員が退職してしまうと，当初見込んでいた売上・利益の達成が困難になる場合に，売り手に，当該従業員のリテンション[2]の努力義務を課したり，当該従業員の退職時の金銭補償義務を課したりします。

---

[2] 人材を自社に確保しておくことをいいます。

第7 不動産

不動産

Q22 土地・建物を借りる場合の留意点

土地・建物を借りる場合の留意点を教えてください。

A 借地借家法の適用の有無，賃貸借物件自体に関する様々な条件（契約開始から契約中，契約終了時の取決め等）について，契約内容を確認することが必要です。

解説

土地・建物を借りるに際しては，賃借物件の選定や賃料条件のみではなく，契約条件や法令についての事前の検討が必要となります。また，賃貸借契約は賃貸人や仲介業者などから貸主側に有利な内容で作成された契約書ひな形を提示されることが多いため，契約交渉が必要となります。

1 土地（借地）
(1) 借地借家法適用の有無

借地借家法の適用の有無は，契約内容に大きな影響を与えます。主な違いは以下のとおりです。

【図表：借地借家法適用の有無による違い（借地）】

目的	建物所有				建物所有以外
借地借家法の適用	有				無
期間の制限	普通借地	一般定期借地	事業用定期借地		最高20年（民法改正後は最高50年）
	最低30年	最低50年	10年以上30年未満	30年以上50年未満	
更新	原則更新	更新なし			更新可能
賃貸人からの更新拒絶	正当事由必要				正当事由不要
賃料増減額請求権	あり				なし

144

建物所有目的であれば借地借家法が適用されますが（借地借家法1条），鉄道高架下に事務所や倉庫を設置する契約など，一定の場合には，建物の所有を目的とするものとはいえず，借地借家法の適用が否定されることがあります[1]。また，建物所有以外の使用目的（例えば駐車場など）の場合には，借地借家法の適用はなく，民法上の賃貸借となります（借地借家法2条1号反対解釈）。

(2) 中途解約権の有無

賃貸借契約は双務契約であることから，契約期間が定められた場合，合意又は法定解除によって契約を終了しない限り，当該期間が満了するまで原則借り続ける（地代を支払う）義務が生じます。これを避けるには，期間内解約の申入れ特約（中途解約権）を追加する必要があります。

(3) 利用制限の確認

土地には，都市計画（都市計画法4条1項），建築協定（建築基準法69条）や条例[2]など，法令や条例上の制限があり，当初予定していた建物や工作物等が建設できない場合や建設に当たって条件が付される場合があります。仲介業者が関与する場合は，重要事項説明において関係する法令上の制限（都市計画法や建築基準法など）を知る機会がありますが（宅地建物取引業法35条），貸主と直接契約をする場合には，事前に市役所等の関係する部署（建築指導課など）で確認しておく必要があります。

(4) 契約終了時の取扱い

契約が終了したときの工作物等の収去（原状回復）は，借主の権利であり義務でもありますが（民法616条，598条），契約により，借主に工作物等を収去して明渡しをすることを義務付けるのが一般的です。したがって，契約を締結する際には，原状回復に要する費用も考慮して，契約期間などの契約条件を定める必要があります。近年では，原状回復費用は建築や造作工事の際に見積もって計上し，建物の減価償却とともに毎期費用計上することが必要となっています（資産除去債務に関する会計基準）。

---

[1] 東京地判平成19年9月18日判タ1266号239頁
[2] 東京における自然の保護と回復に関する条例，神奈川県土地利用調整条例等

第7　不動産

【図表：法令上の制限等】

法令等（宅地建物取引業法施行令3条から抜粋　平成30年4月1日現在）		
法律名	項目	窓口 （名称は自治体によって異なります。）
1　都市計画法	区域区分（市街化・非市街化など）	都市計画課
	用途地域（住居地区・商業地区など）	
	高度地区，高さ制限などの有無	
	地区計画の有無	
2　建築基準法	防火地域への指定の有無	建築指導課
	建物の高さ制限の有無（日影規制等）	
	容積率，建蔽率	
	建築協定の有無	
	接道関係（公道か私道か，道路の種類等）	

以下は法令名のみ記載（土地の所在地によって適用のない法令もあります。）

3　古都保存法	4　都市緑地法	5　生産緑地法	5の2　特定空港周辺航空機騒音対策特別措置法
5の3　景観法	6　土地区画整理法	6の2　大都市地域における住宅及び住宅地の供給の促進に関する特別措置法	6の3　地方拠点都市地域の整備及び産業業務施設の再配置の促進に関する法律
6の4　被災市街地復興特別措置法	7　新住宅市街地開発法	7の2　新都市基盤整備法	7の2　新都市基盤整備法
8　旧公共施設の整備に関連する市街地の改造に関する法律	9　首都圏の近郊整備地帯及び都市開発区域の整備に関する法律	10　近畿圏の近郊整備区域及び都市開発区域の整備及び開発に関する法律	11　流通業務市街地の整備に関する法律
12　都市再開発法	12の2　幹線道路の沿道の整備に関する法律	12の3　集落地域整備法	12の4　密集市街地における防災街区の整備の促進に関する法律
12の5　地域における歴史的風致の維持及び向上に関する法律	13　港湾法	14　住宅地区改良法	15　公有地の拡大の推進に関する法律
16　農地法	17　宅地造成等規制法	17の2　マンションの建替え等の円滑化に関する法律	17の3　都市公園法

146

Q22　土地・建物を借りる場合の留意点

18　自然公園法	18の2　首都圏近郊緑地保全法	18の3　近畿圏の保全区域の整備に関する法律	18の4　都市の低炭素化の促進に関する法律
18の5　水防法	18の6　下水道法	19　河川法	19の2　特定都市河川浸水被害対策法
20　海岸法	20の2　津波防災地域づくりに関する法律	21　砂防法	22　地すべり等防止法
23　急傾斜地の崩壊による災害の防止に関する法律	23の2　土砂災害警戒区域等における土砂災害防止対策の推進に関する法律	24　森林法	25　道路法
26　全国新幹線鉄道整備法	27　土地収用法	28　文化財保護法	29　航空法
30　国土利用計画法	31　廃棄物の処理及び清掃に関する法律	32　土壌汚染対策法	33　都市再生特別措置法
33の2　地域再生法	34　高齢者，障害者等の移動等の円滑化の促進に関する法律	35　災害対策基本法	36　東日本大震災復興特別区域法
37　大規模災害からの復興に関する法律	以上，59法令		

ライフライン等

種類	項目	窓口
上水道	整備状況（管の口径など），負担金の有無など	水道局
下水道	整備状況（公共下水・浄化槽），負担金の有無	下水道局
ガス	都市ガスの整備状況	ガス会社
電気	受給できる容量等	電力供給会社

　　借地借家法上の借地契約が期間満了により終了した場合であれば，建物買取請求権（借地借家法13条）を行使することができ原状回復費用抑制や建物の残存価値の回収を図ることができます。ただし，定期借地権や一時使用目的の借地権では建物買取請求権の適用除外や制限を定めることができるため（同法22条，23条，25条），契約の締結に際して確認すべき事項と

第7　不動産

なります。

2　建物（借家）

(1)　借地借家法適用の有無

　建物の賃貸借契約には，借地借家法の適用があります（借地借家法26条ほか）。したがって，対象物が建物であるのか否か，契約が賃貸借なのか否かによって借地借家法の適否が分かれます。

　ア　建物の該当性

　借地借家法における建物は，構造上，経済上，利用上独立していなければなりません。判例では，障壁等によって他の部分と区画され，独占的，排他的支配が可能な構造・規模を有していることが建物の要件とされています[2]。実務上は，屋根や壁，扉などで外と内とが物理的に隔離され（構造上の独立），借りている部分だけで生活や営業が完結（経済上，利用上の独立）しているか否かにより判断することが多いようです。この様な点を満たす場合には，建物登記がなくても建物性を認めた裁判例もあります[3]。

【図表：借地借家法適用の有無による違い（借家）】

借地借家法の適用	有			無
期間	普通建物賃貸借		定期建物賃貸借契約	最高20年 （民法改正後は最高50年）
	1年未満	1年以上	1年未満の期間の定めも有効 （月，週，日単位の期間も可，また上限もなし）	
	期間の定めのない賃貸借	定めたとおりの期間有効 （上限なし）		
更新		原則更新	更新なし	更新可能
契約終了又は賃貸人からの更新拒絶	正当事由必要	正当事由必要	正当事由不要	正当事由不要
賃料増減額請求権	あり （特約により増額請求のみ排除可）		あり （特約により排除可）	なし

---

[2] 最判昭和42年6月2日民集21巻6号1433頁
[3] 東京高判平成9年1月30日判時1600号100頁

イ　賃貸借の該当性

　使用収益の対価として賃料を支払っていれば原則賃貸借に該当するといえます（民法601条）。一方，借家権を発生させないことや，建物オーナー側の売上を大きく見せることなどを目的として，百貨店などでは消化仕入，営業委託や業務委託などの名目で，売上の一部を建物オーナーに支払う形式の契約を締結することがあります。この場合については，次のような点を基準に実態として建物所有者が建物使用者の店舗営業に関与していたか否かを総合的に判断し，賃貸借に該当するかどうかが判断されます[4,5]。

　　①　委託者から受託者に対する営業方法についての具体的な指示の有無
　　②　受託者自らによる資金支出及び店舗内備品の準備費負担の有無
　　③　受託者自らによる仕入れ，販売の有無
　　④　受託者自らによる商品の価格設定の有無
　　⑤　委託者に売上げに連動しない固定した金額の支払の有無

(2)　使用目的

　借家契約においては，使用目的が細かく定められることが一般的です。これは，入居する建物を統一的な方針によって管理することや，建物の環境を維持することなどが主な理由です。例えば，クリニックビルにおいては，借主の利用目的が医薬関係に限られていたり，ショッピングセンターなどでは集客力を高めるために複数の業種の店舗を入居させるために，各区画の業種があらかじめ決められていたりします。使用目的が細かく定められている場合は，契約期間中における業態変更等は契約違反となる場合がありますので，注意が必要です。

(3)　賃料

　借家契約の賃料は一般的には定額ですが，店舗等の場合には，店舗の売上に連動する売上歩合賃料が設定される場合があります。売上歩合賃料の中にも，全額売上歩合賃料，固定賃料＋売上歩合賃料併用型の場合があります。なお，借地借家法の適用がある場合には，特約がない限り，当事者

---

[4] 消化仕入契約につき，東京地判平成8年7月15日判時1596号81頁
[5] 渡辺晋『最新借地借家法の解説〔3訂版〕』（住宅新報社，2016）166頁

第7　不動産

双方に賃料の増減請求権があります（借地借家法 32 条）。

(4)　**工事区分**

　　借家契約では，一般的に工事区分や修繕区分が定められており，賃貸人と賃借人の責任の範囲が分けられています。特に，ビルの一室を賃貸する商業ビルでは，工事区分は建物自体の工事である A 工事，貸室内の工事ではあるものの建物自体に影響を及ぼす可能性のある B 工事及び純然たる貸室内の内装工事である C 工事の 3 つに分けられています。A 工事は貸主指定業者により貸主負担で，C 工事は借主指定業者により借主負担で行うのが一般的です。ただし，B 工事は，業者は貸主指定，費用は借主負担であることが多く，工事の価格を巡って紛争が起きやすいので，事前に見積りを取っておくなどの対応が望ましいといえます。

(5)　**原状回復工事**

　　契約が終了したときは，原則入居前の状態に戻さなければなりません。具体的には，建物に設置した造作，設備，物品などの一切を収去し，かつ変更や汚損などが生じた場合はこれを修復することです。

　　原状回復工事は多くの場合，B 工事に区分されるため，賃借人の負担において賃貸人指定業者が実施するのが一般的です。したがって，工事の価格，施工業者の選定や工事の範囲などで賃貸人とトラブルになることも少なくなく，その結果，工事着手が遅れ，明け渡しの遅延に伴う損害金を請求されることも生じ得ますので，早めの確認・交渉が必要です。また，いわゆる「居ぬき物件」の場合は，前賃借人の設備等が残置されている状態で入居することになりますが，退去の際にこれら残置物まで収去するよう賃貸人から求められるケースもありますので，これらの取扱いを契約締結前の段階で明確にしておく必要があります。

Q23 不動産管理をする場合の留意点

不動産管理をする場合の留意点を教えてください。

A 自社が保有をする不動産を管理にするに当たっては，賃料債権の回収管理と賃借人による原状変更などを防止するための現物管理が重要になります。事前に賃貸借契約書を検討することはもちろん，物理的な管理に際しても適切な予防策を講じることが重要です。

解 説

　管理対象となる不動産が土地か建物かといった不動産の種別や用途によって，適用される法令や紛争の予防に関して留意点が異なります。

　以下では，管理対象となる不動産の種別や用途の違いに起因する留意点と，管理期間中に発生し得る紛争及びその予防策について解説します。

1　契約関係のある当事者間の紛争

　賃貸借契約等，契約関係にある相手方との間で発生する紛争には，主に借主側の債務不履行に起因するもの（賃料等の滞納や用法違反等）や貸主側の使用収益させる義務の不履行等に起因するもの等があります。ここでは賃貸借契約関係にある当事者間の紛争について，それぞれの紛争の態様，予防，紛争発生時の対応について，解説します。

⑴　賃料等の滞納

ア　紛争の態様

　賃借人が負担すべき，賃料等について，契約上の履行期限までに履行を行わない，ことがあります。当初は数日程度の遅れだったものが，履行遅滞が常態化して，結果的に数か月分や1年分の賃料等相当額を超える金額に及ぶようなケースも見られますので，発生の予防，発生時の初動対応が重要になります。

イ　予防

　賃貸借契約の申込受付時や契約内容交渉時においては，賃料等の滞納が発生し，契約の解除，明渡訴訟等を行わざるを得ない場合に備えて，定期

第7　不動産

借地契約，定期借家契約等（借地借家法22条，38条）の契約形態を選択することや，失念による滞納を防止するための口座振替の利用や賃料負担能力に懸念がある場合の保証会社等の利用を検討する等の予防策が考えられます。

　契約審査においては，予定している賃料等が申込者の収入，財務内容等に比して大きすぎないか調査することが重要です。一般的には，法人であれば，業種や規模等によってかなり差があるものの売上高の3〜10％，個人であれば収入の30％程度が賃料の目安とされています。また，個人との契約締結に際して，賃借人の勤務先や緊急時の連絡先等について提出してもらうとともに，賃料等の滞納を常習的に繰り返しているような賃借人の入居を未然に防止するために，可能な範囲で転居理由等も審査時の確認項目として入れることも考えられます。

　さらに，契約締結後においても契約更新や定期借家契約の再契約のタイミングで勤務先や連絡先に変更がないか定期的に確認することも重要です。

ウ　滞納発生時の対応

　賃料等の滞納が発生した際は，滞納金額が少額であったり，遅滞が数日程度であったとしても，まずは，早めに賃借人に対して連絡をとり，滞納が生じている旨を伝えた上で，滞納金額全額について，いつまでに入金するのかを確認し，入金期限を約束させる必要があります。その際に，併せて次回の契約上の賃料等の支払期限と次回以降，支払期限に遅れないよう確認をすることも，滞納の発生を少なくすることにつながります。

　滞納時に電話等で賃借人本人に連絡がとれないような場合には，数日の遅延であったとしても，連帯保証人や緊急連絡先に連絡をする，内容証明郵便等を使って書面で連絡をする，賃貸物件を直接訪問するといった対応をしておく必要があります。また，将来，法的措置に移行した場合に備えて，誰が，いつ，どんな対応を，誰に対して行ったかについて，極力細かく記録を残しておくことが重要です。

　上記のような対応をとっても，滞納状況が改善されない場合には，明渡し訴訟の検討も必要となります。滞納の状況や経緯，改善の余地等も総合

152

的に勘案された上で判決がなされるため，一概には言えないものの，一般的には3か月分以上の滞納が生じている場合，明渡しが認容がされることが多いといえます。

(2) **用途・用法違反**（無断転貸含む。）

ア　紛争の態様

　通常，賃貸借契約では，建築基準法や都市計画法等の法令上の要請や，対象不動産の機能面，安全面からの要請，他の賃借人とのトラブル防止，犯罪行為や暴力団等の反社会的勢力の活動拠点等に利用されることの防止といった様々な理由から，利用者，用途，用法，禁止事項等を定めていることが多いですが，これらの制限が守られないことがあります。

　例えば，住居として貸したにも関わらず，不特定多数の出入りが確認されたり，看板やポストの表示が契約当事者以外の表示になっていたりするような場合，用途変更や転貸，賃借権の譲渡等が疑われます。それ以外にも，危険物や過度の重量物，悪臭のする物品等，安全上，管理上の理由で持ち込みを禁止した物品を持ち込んだり，ペット飼育禁止等の規定に反して無断でペットを飼育するといったことなども発生し得るトラブルの1つです。

イ　予防

　何よりも，賃貸借契約や付随する利用規則等で用途や利用者，禁止行為等を明確に限定することが重要です。

　例えば規定する事項の1つとして，賃貸対象不動産が，住居であれば契約締結時の家族構成や年齢等，駐車場であれば利用する車のメーカーや車種，車両登録番号等をそれぞれ明らかにしておくことで，万が一，契約に定めた者，車両以外の利用があれば，発見しやすい状況となり，トラブル発生時の迅速な対応につながります。賃借人名義以外での電気・ガス等のインフラや通信回線の契約，看板やポストの表示を行う場合は事前に承諾を得るといった規定も転貸を防止するために有用です。また，ペットの飼育を認める場合であっても，賃借人間のトラブルや原状回復費用の高額化を防ぐために頭数や種類，サイズ等を限定するほか，予防接種義務や汚物

第7 不動産

の処理等，飼育方法について一定の制限をする規定は必要になります。

ウ　紛争発生時の対応

黙示的に承認していたと評価されないために，違反行為を発見したら，迅速に違反行為を中止するように請求をすることが重要です。

無断譲渡，転貸を理由とする賃貸借契約の解除権は，行使可能な時点から10年で消滅時効にかかります[1]。また，賃借人の迷惑行為の放置により，賃貸人が他の賃借人から責任を問われることもあり得ます[2,3]。

無断転貸の場合には，明渡しを請求する場合に備えて，訴訟の相手方となる現在の占有者が誰なのかを特定することが必要となります。占有者が転々移転する可能性が高いといった事情があるのであれば，占有移転禁止の仮処分命令（民事保全法62条）の申立ても併せて検討すべきでしょう。

(3)　賃貸目的物件の管理不備に起因するトラブル（賃貸人側の債務不履行）

ア　紛争の態様

賃貸人には賃貸物の使用収益に必要な修繕をする義務（民法606条）があり，対象不動産での不具合（漏水，結露，昇降機や避難器具，空調設備等の設備故障）や清掃や点検等の管理面での不備等により，賃借人等に損害が発生した場合は，損害賠償責任を負う可能性があります。

イ　予防

対象不動産，附属設備の不具合については，消防法や建築基準法等の関係法令に基づく各種法定点検において，指摘がなされた項目について，遅滞なく是正を行う，管理会社から修繕の推奨があった項目についても，すぐに対応が難しい場合は，修繕計画に盛り込む等，事故等が発生しにくい管理計画を作ることが重要です。定期的に賃借人からアンケート等をとり，危険な箇所や不具合が発生しがちな箇所を把握しておくことも有効です。

---

[1] 最判昭和62年10月8日民集第41巻7号1445頁
[2] 東京地判平成17年12月14日判タ1249号179頁
[3] その他借家の用法違反に関する判例等については，澤野順彦『判例に見る借地借家の用法違反—賃借権の無断譲渡・転貸』（新日本法規，2012）に詳しい。

一方で，全ての事項を未然に予防できるわけではないので，万が一に備えて適切な金額の損害保険を付保し，定期的に保険金額や特約の内容を見直す，夜間や休日に発生する事故対応をコールセンターに委託するといった対応も併せて検討すべきでしょう。

ウ　事故等発生時の対応

まずは，事故等による被害状況を把握し，故障設備の使用停止，修理，交換，代替設備や代替物件の提供等被害が拡大しないように迅速な対応をするようにします。

損害額と因果関係を正確に把握し，万が一訴訟等に発展した場合の見通しをつけるようにします。

あわせて，付保している保険がカバーする範囲を確認し，保険請求が可能であれば，その手続もとるようにしましょう。

(4)　**原状回復に関するトラブル**

ア　紛争の態様

建物賃貸借契約において，賃借人退去時に原状回復としてどこまでの範囲，金額を賃借人が負担するかで賃貸人，賃借人間で紛争が生じることがあります。

賃貸借契約関係において，原則的には通常損耗については賃貸人が負担し，通常損耗を超える部分については賃借人が負担するとされています[4]が，通常損耗かどうかについて契約時や退去確認時の賃貸人，賃借人双方の認識が合致していなかったり，明文化された文書が残っていないといったことによりトラブルに発展するケースが見られます[5]。

イ　予防

契約締結時の原状が特定できるように，傷等がある場所の写真や，賃貸人，賃借人双方が確認した契約時の室内状況チェックリスト等を作っておくとともに，賃貸人，賃借人の負担区分を費用見込や使用する壁紙や建材などのグレード等も入れて極力明確化しておくことで，認識違いによる紛

---

[4]『賃貸住宅トラブル防止ガイドライン第3版』（東京都，平成30年3月）3頁
[5]最判平成17年12月16日裁判集民218号1239頁

第7 不動産

争を防ぐことができます。

　特に賃借権の承継を認める場合や居抜きの状態で賃貸をする場合は，新賃借人がどこまでの範囲で原状回復を行うか（「原状」の起算点が，旧賃借人が賃借を始めた時点なのか，新賃借人が賃借を始めた時点なのか）については認識を合致させた上で，契約書で明文化しておくことが，後日のトラブルを避ける意味で重要になります。

　また，賃借人の物件明渡時においては，管理会社等に立会を行わせ，損傷等をその場で確認し，退去時の室内状況チェックリストにサインをもらうようにするといった管理体制を作っておくことが望ましいといえます。

　なお，東京都では賃貸住宅の退去時の原状回復や入居中の修繕をめぐるトラブルを防止するめ，東京における住宅の賃貸借に係る紛争の防止に関する条例（賃貸住宅紛争防止条例）が定められており，宅建業者に対して，原状回復や入居中の修繕に関して，書面交付等により説明をすることが義務付けられています。

ウ　トラブル発生時の対応について

　賃借人との間でトラブルが生じた場合，まずは契約書や契約時に作成した室内状況のチェックリスト，退去時の室内状況チェックリスト等の資料を照らし合わせ，請求内容が相当か，通常損耗を超える損耗に賃貸人側の帰責事由はなかったかを確認します。

2　契約関係にない第三者との間の紛争とその予防

　賃貸借契約等の契約関係のない第三者との間で不動産の管理に関して紛争が生じるケースとしては，上記(1)のウでも言及をした不動産の管理不備に起因するトラブルや不法占有といったものが挙げられます。

(1)　不法行為責任（工作物責任）

ア　紛争の態様

　上記1の(3)のケースで賃借人や入居者といった賃貸借契約上の関係者ではなく，建物来館者等の契約関係にない第三者に被害が発生する場合があります。例えば，建物壁面のタイルが剥落して，建物の前の通行人に怪我をさせたような場合等が上記に該当します。

156

上記の場合，賃貸人は通行人に対して所有者として工作物責任（同法717条）を負う可能性があります。

建物一棟についてマスターリース契約が締結されている場合には，マスターリース賃借人が占有者として一義的に責任を負いますが，当該マスターリース賃借人が免責される場合は，建物所有者が工作物責任を負うことになります。

イ　予防

上記1の(3)を参照ください。

ウ　紛争発生時の対応

上記1の(3)を参照ください。

(2)　**不法占有**

賃貸人が頻繁に現地を確認できない遠方の物件や管理会社等が定期的に物件を巡回していないような物件等では，賃貸人の認識のしないところで，契約関係にない第三者(第三者が所有する構築物なども含みます。)が当該物件を無断で占有，使用するといったことが発生する場合があります。

ア　予防

可能な限り，定期的に所有不動産の物理的現況を自ら若しくは管理会社等をして確認し，万が一，第三者による占有等が始まっていても，早期に発見できる管理体制を作っておくことが重要です。

また，現況で使用をしないままの状態にしておかざるを得ないのであれば，そのまま放置するのではなく，土地であれば柵等を設ける，建物であれば第三者が侵入できないようにシャッター等を設けるといった物理的に第三者が占有使用できないような状態にしておくということも大切です。

イ　不法占有発生時の対応

無断占有と思われる状況を確認したら，直ちに警告等を行うようにし，任意に明渡しを行わない場合は明渡請求訴訟等の法的措置の検討も必要になります。

また，占有が移転するリスクがある場合は，前述の占有移転禁止仮処分の申立てなども併せて検討する必要があります。

157

第 7 不動産

Q24 不動産売買の留意点

不動産売買において買主がすべき調査や準備について教えてください。

A 不動産売買の際には，物件の概要のみならず，関連法規（建築基準法や道路法など）を確認する必要があります。宅地建物取引業者による重要事項説明だけではなく，相隣関係等を含めた現地調査も欠かせません。

解 説

不動産売買に当たっては，建築基準法をはじめとした不動産関連法規の確認が必須となります。重要事項説明は売買契約締結時と同時に行われることが多いですが，より慎重に検討するためにも早い段階から宅地建物取引業者に対して情報開示を求め，必要に応じて現地調査や，行政確認も行います。

1 物件情報の取得・調査

土地を購入してから建物を建てるのか，建築済みの建物を購入するのかによって，調査対象は変わってきます。

(1) 土地の場合

ア 関係法規等の確認

土地の利用については，法律や条例等により様々な制限やルールが定められています。建物を建てる，一定規模以上の開発をする等の場合は，借地をする場合と同様，都市計画法や建築基準法のほか，自治体の定める土地利用条例などによる事前の届出や許可が必要になります。また，上下水道や電気・ガスなどのライフラインについても確認が必要です。

イ 地歴等の確認

土地について問題となるのは，土壌汚染や地下埋設物などの目に見えないものです。これらは地歴（土地の過去の利用状況）を調査することによって判明することも多く，過去に工場の敷地だったような土地は特に注意が必要です。地歴は，登記簿や古い住宅地図，航空写真等から分かることがあります。古い住宅地図や航空写真は，公共図書館で閲覧できることが多

158

いので，積極的に利用することをお勧めします。

(2) **建物の場合**

　建物は，建築開始までに建物の構造や設備等が法令に適合していることについていわゆる建築確認を受け，建築終了時には完了検査を受ける必要があります（建築基準法6条，7条）。したがって，比較的新しい建物であれば法令に違反している物件はそれほど多くないといえますが，建築から時間が経過している場合は既存不適格建物（建築時には適法に建てられた建築物であっても，その後の法令の改正や都市計画変更等により現行法においては不適格な部分が生じていること。）である場合があります。

　既存不適格建物は，そのままの状態で使用を継続しているのであれば，ただちに違法となるものではありませんが，一定規模以上の増改築を行う場合は，不適合部分の改修などを行わない限り，緩和措置があるものの建築確認が下りない場合があります（建築基準法3条2項，86条の7）[1]。なお，既存不適格は次のようなものがあります[2]。

① 建物建築後に建ぺい率や容積率が変更となり，これらの値を超えている

② 都市計画等の変更により，用途地域が変更され，建物の高さ制限を超えている

③ 1981年の建築基準法改正以前に建てられた旧耐震基準建物である

　また，建築確認を受けたものの，確認申請時の設計図面どおりに建築をしなかったこと等を理由に完了検査を受けていない建物も，しばしば存在するため，物件の確認済証のみならず，検査済証を確認することが必要です。

---

[1] 既存不適格建築物の増築等について（国土交通省ホームページ）
http://www.mlit.go.jp/jutakukentiku/house/jutakukentiku_house_tk_000028.html
[2] 既存不適格条項チェックシート（新宿区ホームページ）
http://www.city.shinjuku.lg.jp/content/000192054.pdf

第7　不動産

Q25　不動産の証券化について

不動産の証券化について教えてください。

A　保有する不動産を，信託等の仕組みを利用して有価証券等の金融商品に転換し，流動性を高めた上で，当該有価証券等を投資家等に売却することを証券化といいます。これによって，資金調達や資産のオフバランス等を行うことができます。

解説

不動産は，事業活動に必要な財産である一方，高額であり流動性の低い資産です。保有する価値の高い不動産を売却することで，資金調達をしたり，ROA 等の資産効率を向上させることができます。この際に，単純な売却より，有利な条件で売却するための手段としていわゆる証券化が選択されることがあります。

証券化をする場合には，広く買い手を募るために小口化を目的として信託を利用して信託受益権にしたり，不動産特定共同事業法の仕組みを利用して金融商品にして流動性を高めます。また，買い手が安心してその金融商品を購入するためには，その金融商品が対象となる不動産以外のリスク要因を排除した設計にしなければなりません。このリスクの代表的なものとして，不動産を提供した企業の倒産があります。これらのことから，証券化に当たっては，小口分割ができること，会社の倒産リスクから隔離されることを目的にスキームが構築されます。

以下，不動産証券化の基本構造と代表的なスキームについて説明をします。

1　不動産証券化の仕組み・基本構造

(1)　基本構造

不動産の所有者（オリジネーター）が，オリジネーター自身のバランスシートから法的・会計的に切り離された便宜上の事業体（SPV）に保有不動産を譲渡し，投資家は直接不動産に投資し不動産を保有するのではなく，上記 SPV の発行する証券などに投資することで，不動産の生み出す

160

キャッシュフローを収受できる仕組みです。

SPV には以下のような条件が求められています。

ア　関係者からの独立性

オリジネーター等の関係当事者の倒産に起因して SPV 自体が倒産しないため，あるいは SPV の運営に想定しない介入を防ぐためには，SPV が関係者から独立していることが重要になります。このため大半の投資スキームでは，資金の出資者と議決権を持つ社員を別にすることができる一般社団法人を利用します。一般的には，必要な資金はオリジネーターが基金（一般社団法 131 条 1 項）として拠出し，公認会計士等の第三者が議決権を持つ社員となる一般社団法人が SPV の議決権を有する唯一の社員となります。

イ　真正売買

オリジネーターから SPV への資産譲渡が真正な売買と認められることをいいます。妥当ではない金額での売買や複雑な条件設定等により形だけ所有権を移転した場合には，後日オリジネーターが倒産した際に当該売買が否認され（破産法 160 条），倒産隔離ができないリスクが生じるほか，会計上不動産をオリジネーターの貸借対照表外とするいわゆるオフバランスをする際の要件[1] としても重要なポイントとなります。

ウ　二重課税の回避

投資商品として魅力的であるためには，現物不動産と比較して遜色のない税負担であることが必要となります。現物不動産の収益には原則所得税が課されるのみですが，証券化の方法によっては SPV で法人税が課税され，さらに投資家に所得税が課税されることがあり得ます。したがって，この二重課税が回避できるスキームとすることが重要になります。このため，SPV で課税されない匿名組合による出資や，SPV で課税されるものの一定の配当・分配ルールを満たすことで配当金・分配金を損金算入することが認められている特定目的会社などのスキームが採られます。

---

[1] 日本公認会計士協会「特別目的会社を活用した不動産の流動化に係る譲渡人の会計処理に関する実務指針」

第7 不動産

(2) **不動産証券化にかかわる主な関係者**

オリジネーター，投資家以外で不動産証券化に関わる主な関係者は以下の通りです。

ア　レンダー

運用資産の取得等に際して行われる資金調達において，SPVが投資家からの資金調達のほか，レバレッジ効果[2]を目的として金融機関等から一定の借入を利用するのが通常です。この金融機関等をレンダーと呼びます。

【図表：基本構造図】

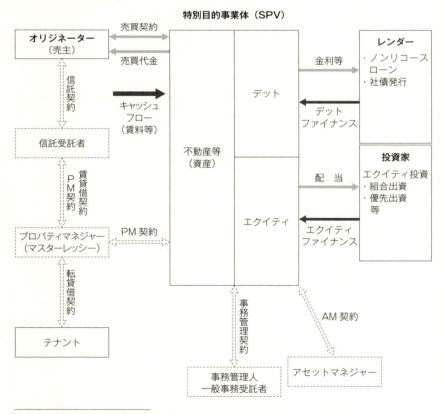

---
[2] 資金調達の一部を利率が固定である借入によることで利率を超える収益が出た場合に出資者が恩恵を得ることをいいます。

不動産証券化においては，SPV が保有する不動産信託受益権や実物不動産に担保を設定し，当該受益権等のみが返済原資となり，当該不動産及びその収益のみを引き当て財産とするノンリコースローンが中心となります。

イ　信託受託者（信託銀行，信託会社）

運用資産が不動産信託受益権である場合，不動産所有者として，当該不動産の賃貸管理等をプロパティマネジャー等に委託して，管理処分を担います。

ウ　アセットマネジャー

SPV との間でアセットマネジメント契約（AM 契約）を締結し，資金調達や運用資産の取得・処分や運用期間中の運営，管理に関する判断，助言等の運用事業を担います。

エ　プロパティマネジャー

SPV 若しくは信託受託者が保有する実物不動産の建物設備の維持保全や修繕，テナント管理，募集業務等を担います。

オ　事務管理人，一般事務受託者

SPV の日常経理，決算業務，税務申告等の事務業務を担います（SPV が投信法人の場合，投信法に基づき「一般事務受託者」と呼ばれます。）。

2　不動産証券化の主なスキーム

(1)　匿名組合と合同会社を利用したスキーム（GK-TK スキーム）

SPV として合同会社を利用し，レンダーからのノンリコースローン，投資家からの匿名組合出資により資金調達し，不動産信託受益権（実物不動産を対象とすることはできません。）を運用資産とするスキームです。

なお，このスキームでは SPV は匿名組合出資を募り，その資金運用として不動産信託受益権を購入することになるため，金融商品取引法の規制が適用されます。本来であれば運用については投資運用業（金商法 28 条 4項），募集については第二種金融商品取引業（同条 2 項）の免許が必要となるのが原則ですが，金融機関等のいわゆるプロ投資家 1 名以上とそれ以外の投資家 49 名以下のみから出資を受けること等，一定の要件を満たす場

第 7 不動産

【図表：スキーム図（GK-TK スキーム）】

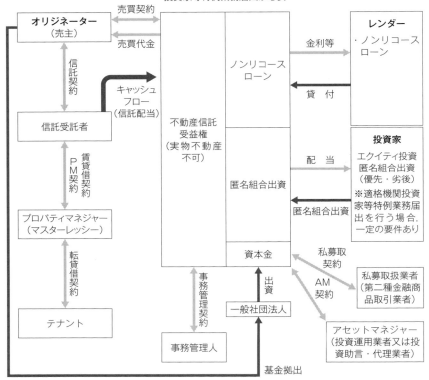

合において，事前の届出書を提出することにより，合同会社が自ら投資家より匿名組合出資を受け入れ，自己運用業務を行うことが可能となります（適格機関投資家等特例業務，金商法63条1項）。

(2) **特定目的会社（資産流動化法）を用いたスキーム（TMK スキーム）**

GK-TK スキームと異なるのは，SPV として資産流動化法に基づく特定目的会社（TMK）を利用し，匿名組合出資を利用しない点です。GK-TK スキームでは，不動産特定共同事業法の適用を避けるため，合同会社が取得，運用する資産を不動産信託受益権とすることが一般的ですが，特定目

Q 25　不動産の証券化について

的会社が取得することができる資産（特定資産）は，一部の例外はあるものの，基本的には制限されていません。そのため，取得，運用しようとする資産が現物不動産の場合は TMK スキームや後述の J-REIT スキーム，不特法スキーム等を選択することになります。

　また，特定目的会社は内国法人であるため，法人税の課税対象となり（法人税法 4 条 1 項），匿名組合自体に課税がなされない GK-TK スキームとは異なりますが，一定の要件を満たす場合には特定目的会社が投資家に支払った配当等を費用として損金算入することで実質的に資産保有 SPV の段階での課税回避が認められ，同様の効果が得られる仕組みになっています（租税特別措置法 67 条の 14，後述の投資法人についても同様です。）。

　なお，特定目的会社の業務開始には資産流動化計画等を作成して金融庁への届出が必要となり，この資産流動化計画に定めた内容以外のことを行うことはできません（資産流動化法 4 条，5 条等）。そのため，対象資産の入替え等が制限されることになります。

(3)　**投資法人**（投信法）**を用いたスキーム**（J-REIT スキーム）

　J-REIT スキームでは SPV として投資信託及び投資法人に関する法律（投信法）に基づく投資法人を利用し，投資法人は，投資法人の持分（投資口）を発行することで投資家（投資主）から調達した資金，金融機関からの借入れや投資法人債の発行により調達した資金で規約の定めるところに従った特定資産（不動産信託受益権，実物不動産いずれも可）に対する投資を行い，そこから得られた収益を投資主に分配します。

　この点，ある特定の資産の取得が資産流動化計画において定められ，その資産から生じるキャッシュフローを分配することを約して，投資家から資金を集める TMK スキームとは異なります。

　また，J-REIT スキームの投資家（投資主）には，GK-TK スキームにおける適格機関投資家等特例業務届出を行う場合の投資家の数や属性等は要求されないため，より広い範囲の投資家からの資金調達が可能となります。

　投資法人が発行する投資証券は上場が可能であることから，上場 REIT の場合，投資法人が保有する不動産を売却して投資家の出資分を償還しな

165

第7　不動産

くても，投資家は，市場で自ら保有する投資証券を他の投資家に売却することで換金をすることができます。

　なお，投資法人は，資産の運用以外の行為を営業として行うことはできず，資産の運用に係る業務は資産運用会社に（投信法198条1項），資産の保管に係る業務は資産保管会社に（同法208条1項）委託しなければならず，資産の運用を行うためには内閣総理大臣の登録（同法187条1項）が必要になります。

(4)　**不動産特定共同事業法[3]の特例事業を用いたスキーム**（不特法スキーム）

　証券化において，不動産が信託受益権化されてSPVが取得，保有することが多いのは，不動産取得税等の流通税のコスト軽減等が主たる目的ではありますが，上記以外の受益権化の理由として不動産特定共同事業法の適用を回避するためという目的もあります。

　一方で，対象不動産の規模や価格から，信託受益権化した方が信託報酬やスキームのセットアップ費用が過大となる場合や，旧耐震基準の建物等，信託会社が受託者が負う所有者責任を嫌気する等，不動産の物理的現況から信託が困難である場合に，不動産特定共同事業法（不特法）を利用し，SPVが保有する資産は実物不動産のままとして，GK-TKスキームと同じように，SPVとして合同会社を利用し，レンダーからのノンリコースローン，投資家からの匿名組合出資により資金調達し，実物不動産を運用するというスキーム（特例事業GK-TKスキーム）があります。SPVである合同会社は，本来，GK-TKスキームで実物不動産を取得・運用する場合，営業者として不動産特定共同事業の許可（不特法3条1項）を受ける必要がありますが，不動産取引（売買，交換又は賃貸）に係る業務については，第三号事業者，匿名組合契約の締結の勧誘の業務については第四号事業者にそれぞれ委託する，その他投資家（本スキームにおいて投資家となることができるのは，不特法2条13項に規定される「特例投資家」のみとなります。）等

---

[3]出資を募って不動産を売買・賃貸等し，その収益を分配する事業を行う事業者について，許可制度を実施し，業務の適正な運営の確保と投資家の利益の保護を図ることを目的としている（2017年8月1日国土交通省資料2-5「不動産特定共同事業法の概要」より）。

166

の各種要件を満たすことで，不動産特定共同事業の許可を受けることなく，特例事業の届出を行うことで不動産現物を扱う不動産特定共同事業を行うことができるとされています（不特法58条2項）。

【図表：スキーム図（不特法スキーム（特例事業））】

合同会社【特例事業者（SPC）】
不特法に基づく届出が必要

オリジネーター（売主）
売買契約

レンダー
・ノンリコースローン

元利金返済

ノンリコースローン

貸　付

キャッシュフロー（賃料等）

テナント
賃貸借契約

現物不動産

投資家
特例投資家に限定

配　当

匿名組合出資

匿名組合出資

資本金

要業務委託
不動産取引（売買，交換又は賃貸）に係る業務

出資

一般社団法人

要業務委託
匿名組合契約締結の勧誘の業務の委託

不動産特定共同事業者（第三号事業者）

不動産特定共同事業者（第四号事業者）

第8 契約書関係

Q26 契約審査におけるポイント

契約審査において，重要となるポイントは何ですか。

A 契約は，当事者間における取引等において，その内容について合意することです。企業の契約には，売買契約をはじめとして，業務委託契約や賃貸借契約等，様々な種類がありますが，これらの契約に共通して重要なことは，合意内容が明確であることと，できれば自己に有利な条項が盛り込まれている（少なくとも，自己に不利な条件が盛り込まれていない）ことです。

解説

1 契約自由の原則

近代民法の基本原理の1つに，私的自治の原則が挙げられます。私的自治の原則は，「個人は他者からの干渉を受けることなく，みずからの意思に基づきみずからの生活関係を形成することができ，国家はこうして形成された生活関係を尊重し，保護しなければならない」とする原則です（潮見佳男『民法（全）』（有斐閣，2017）3頁）。

私的自治の原則が契約において具体化したものが契約自由の原則であり，契約自由の原則には，①契約締結の自由（契約を締結し又は締結しない自由。改正民法521条1項），②相手方選択の自由（契約の相手方を選択する自由），③内容決定の自由（契約の内容を決定する自由。同条2項），④方式の自由（契約締結の方式の自由。同法522条2項）が含まれます。

(1) 諾成契約

契約は，契約の内容を示してその締結を申し入れる意思表示に対して，相手方が承諾をしたときに成立します（改正民法522条1項）。契約自由の原則から導かれる「④方式の自由」から，契約の成立には，原則として，書面の作成や一定の方式を備える必要はありません（同法522条2項）。これ

を諾成契約といいます。

(2) 諾成契約の例外

諾成契約の例外として、契約の成立に書面の作成や一定の方式を備える必要があるもの（契約の効力要件となっているもの）を要式契約といい、要式契約には「書面による契約」と「要物契約」があります。書面による契約とは、「契約書が作成されたもの、あるいは書面による申込みと書面による承諾によって成立するもの」（加藤雅信『新民法大系Ⅳ契約法』（有斐閣、2007）14 頁参照）をいい、要物契約とは、「成立のために目的物の授受が必要な契約」（内田貴『民法Ⅱ〔第 2 版〕』（東京大学出版会、2007）20 頁）のことです。民法では消費貸借契約、使用貸借契約、寄託契約が要物契約とされています（改正民法では、使用貸借と寄託契約は、要物契約から諾成契約へ変更されます（改正民法 593 条、657 条））。

【図表：契約方式自由の原則と例外】

書面による契約は、民法では、「保証契約」（民法 446 条 2 項）と「諾成的消費貸借契約」（改正民法 587 条の 2）が、民法以外の法律では、次に挙げるものが該当します。

①定期借地権設定契約（借地借家法 22 条）、②事業用借地権設定契約（借地借家法 23 条 3 項）、③定期建物賃貸借契約（借地借家法 38 条 1 項）、④取壊し予定の建物の賃貸借契約（借地借家法 39 条 2 項）、⑤任意後見契約（任意後見契約に関する法律 3 条）

(3) 法律上書面作成が必要とされる契約

要式契約ではありませんが、契約書の作成が法律上要求されている場合もあります。この場合は、要式契約と異なり、契約書を作成しなくても契約の効力は生じます。ただし、罰則が科されることもあります。

第8　契約書関係

【図表：法律上契約書の作成が必要とされる場合】

①建設工事請負契約（建設業法 19 条 1 項）
②農地（または採草放牧地）の賃貸借契約（農地法 21 条）
③製造委託等契約を締結した場合の所定の書面（下請代金支払遅延等防止法 3 条）
④「産業廃棄物処分（処理）委託契約」（廃棄物の処理及び清掃に関する法律（廃棄物処理
　法）12 条 6 項，12 条の 2 第 6 項，同法施行令 6 条の 2 第 4 号，6 条の 6 第 2 号）
⑤割賦販売法に定める指定商品について月賦販売契約を結ぶ場合の所定の書面
　（割賦販売法 4 条）

2　契約書作成の目的

　契約は，原則として当事者間の合意だけで成立しますが，実際の企業間取引では，ほとんどの場合に契約書が作成されます。契約書の作成が契約の成立要件でなく，また，契約書の作成が義務付けられていない場合でも，わざわざ契約書を作成するのはなぜでしょうか。

　それは，契約書を作成することにより，①契約の存在・内容について後日の紛争を予防し，また，②契約書に任意規定と異なる規定（特約）を設ける等によりリスク管理を行うためです。さらに債権管理・債権回収に役立てることも契約書を作成する目的の一つです。

(1)　紛争予防

　ビジネス・取引等の内容を契約書に反映する（書面化する）過程で，当事者間の合意事項を明確にして，将来の紛争予防に努める必要があります。契約をめぐる法律問題が将来紛争にならないように考え，これを予防することに注意を払わなければならないのです。契約書は，もしそれにもかかわらず，紛争が起きてしまった場合に，当該紛争において契約当事者の主張立証すべき事実について明確な指針を提供するものでなければなりません（伊藤滋夫『要件事実の基礎』（有斐閣，2000）56 頁参照）。

　そのためには，合意事項は明確に記載する必要があります。

(2)　リスク管理

　契約書を作成する大きな目的として，リスク管理（自社にとって不利益な条項の排除と更には有利な条項の採用）が挙げられます。リスク管理は，契約審査に限らず，法律相談（判断）等においても重要であり，法務部門設置

の最大の目的といえます。

ア　リスクの最小化

　リスクの管理の一番のポイントは，リスクを最小化することです。リスクを最小化するには，具体的な取引を通じて将来発生が予想されるクレーム，トラブル等を事前に想定・分析した上で，それらに対応するために，発生時の責任・費用分担，処理方法などをあらかじめ契約書に定めておくことが重要です。その際に，自社にとって有利な条件を特約の形で盛り込んでおくとよいでしょう。

イ　債権管理・債権回収

　契約書を締結し，契約が成立することにより，当事者はそれ以降契約に拘束されます。当事者間に「債権・債務」が発生することとなるわけです。したがって，契約によって発生する売掛債権の管理や取引先緊急時の売掛債権回収のための条項を設けておくことが必要となります（「期限の利益喪失条項」，「相殺条項」等の条項です。これらについては後述します（4(8)，(9)）。）。

3　契約審査の一般的ポイント

　ここでは，全ての契約を審査する際に共通する，一般的なポイントについて説明します。

(1)　任意規定と強行規定

　契約内容決定の自由（改正民法521条2項）から，当事者は原則として契約の内容を自由に決定することができます。そして，法律は当事者が自ら定めなかった部分について補充するにすぎず，民法の多くの規定がそうです。これを任意規定と呼びます（四宮和夫・能見善久『民法総則〔第9版〕』（弘文堂，2018）302頁参照）。

　一方，当事者の意思にかかわらず，適用される規定があり，これを強行規定と呼びます。強行規定に反する特約は無効となりますので，契約を結ぶ際には，この強行規定を常に意識する必要があります。また公序良俗に反する規定も無効となるので，注意が必要です。これらの関係は，次のようになります。

　　　　　　　強行規定 ＞ 合意(契約) ＞ 任意規定

第 8　契約書関係

　　言い方を換えれば，合意によってその内容と異なることを定めることが
できる規定が「任意規定」で，合意によってもその内容を変更することが
できない規定が「強行規定」だといえます（大村敦志『新基本民法 1 総則編』
(有斐閣，2017) 132 頁参照）。

(2)　**任意規定と特約**

　　契約書に書かれていない条項や条件等は，民法・商法等に定める任意規
定が適用されることとなります。任意規定が定められていない項目や，任
意規定が契約実態と異なったり，また自己に不利な場合は，任意規定と異
なる条項を定めることとなります。これを特約ということもあります。

　ア　取引条件の適確な反映

　　契約を締結する際には，各条項が取引の実態を正確に反映していること
を検証する必要があります。例えば，民法 573 条は，代金の支払期限を
「売買の目的物の引渡しについて期限があるときは，代金の支払について
も同一の期限を付したものと推定する。」と規定します。しかしながら，
スーパーやコンビニといった小売店舗での売買（現実売買）ならともか
く，企業間取引では，納品後に代金を支払う掛け売りが通常です。「毎月
末日締め翌月末日払い」といった支払条件の規定は，代金支払期限の任意
規定（同条）を変更する特約なのです。

　イ　自己に有利な規定

　　契約の際には，任意規定と異なる自社に有利な特約を契約書に挿入する
よう，相手方と交渉します。例えば，瑕疵担保責任の規定は，民法・商法
では次のとおり定められています。

・民法―買主が隠れた瑕疵を知ったときから 1 年以内に契約解除又は損害
　賠償が可能（民法 570 条，566 条）

・商法―買主は，受領後遅滞なく検査を要し，瑕疵を発見したときは直ち
　に売主に通知することによって，また直ちに発見できない瑕疵であると
　きは，検査後 6 か月以内であれば契約解除又は代金減額若しくは損害賠
　償が可能。（商法 526 条 1 項・2 項）

　　この瑕疵担保責任の規定は任意規定であり，責任を負う期間をどうする

かが，契約交渉のポイントの一つです。また任意規定ですので，瑕疵担保責任を一切負わないとすることも可能です。なお，改正民法では，瑕疵担保責任の規定は廃止され（同時に商法における瑕疵担保責任も廃止），代わりに「契約不適合責任」が規定されます。瑕疵担保責任については，後述します（4(4)ア瑕疵担保責任）。

(3) 違法な契約条件の排除

契約内容の自由（改正民法521条2項）といっても，当然のこととして，契約は適法なものでなければなりません（条文も，「法令の制限内において」も定めています。）。契約書に違法な規定を入れた場合，契約自由の原則は制約を受け，その規定は無効となります。

ア　強行規定

まずは，強行規定に反しないことが必要です。例えば民法において，一般的に債権法は任意規定が多く，物権法の規定の多くは強行規定であるといわれることがあります。しかしながら，それはあくまでも目安です。明文上明らかな場合（民法349条，572条，637条，借地借家法9条，30条等は強行規定です。）を除いて，法律のどの規定（条文）が任意規定であって，また強行規定であるとは一概にいえません。各規定の趣旨等から，個々に判断するしかありません。

なお，独占禁止法（カルテル（同法2条6項，3条），下請代金支払遅延等防止法（以下「下請法」といいます。下請代金の支払期日（同法2条の2）等），再販売価格維持条項（同法2条9項，一般指定12項）等），労働基準法・労働契約法をはじめとする労働関連法令，借地借家法，利息制限法及び消費者契約法等に，強行規定が多く存在します。

下請法は，一定の取引について，当事者の資本金の多寡によって親事業者と下請事業者を規定します。そして，親事業者には一定の義務が課され，同時に特定の行為が禁止されます。この義務と禁止規定は，当事者間の同意によっても変更できない強行規定です。

173

第8　契約書関係

○物品の製造委託・修理委託及び情報成果物作成委託・役務提供委託（プログラム作成，運送，物品の倉庫における保管及び情報処理に係るもの）

親事業者		下請事業者
資本金3億円超	⟶	資本金3億円以下（個人を含む。）
資本金1千万円超3億円以下	⟶	資本金1千万円以下（個人を含む。）

○情報成果物作成委託・役務提供委託（プログラム作成，運送，物品の倉庫における保管及び情報処理に係るものを除く。）

親事業者		下請事業者
資本金5千万円超	⟶	資本金5千万円以下（個人を含む。）
資本金1千万円超5千万円以下	⟶	資本金1千万円以下（個人を含む。）

＜親事業者（下請法2条7項）の義務・禁止行為＞
①　義務
・書面の交付義務（下請法3条）
・書面の作成・保存義務（同法5条）
・下請代金の支払期日を定める義務（同法2条の2）
＊給付を受領した日から60日以内
・遅延利息の支払い義務（同法4条の2）
②　禁止事項（同法4条）

受領拒否（1項1号）	注文した物品等の受領を拒むこと。
下請代金の支払遅延（1項2号）	下請代金を受領後60日以内に定められた支払期日までに支払わないこと。
下請代金の減額（1項3号）	あらかじめ定めた下請代金を減額すること。
返品（1項4号）	受け取った物を返品すること。
買いたたき（1項5号）	類似品等の価格又は市価に比べて著しく低い下請代金を不当に定めること。
購入・利用強制（1項6号）	親事業者が指定する物・役務を強制的に購入・利用させること。
報復措置（1項7号）	下請事業者が親事業者の不公正な行為を公正取引委員会又は中小企業庁に知らせたことを理由としてその下請事業者に対して，取引数量の削減・取引停止等の不利益な取扱いをすること。
有償支給原材料等の対価の早期決済（2項1号）	有償で支給した原材料等の対価を，当該原材料等を用いた給付に係る下請代金の支払期日より早い時期に相殺したり支払わせたりすること。
割引困難な手形の交付（2項2号）	一般の金融機関で割引を受けることが困難であると認められる手形を交付すること。

174

不当な経済上の利益の提供要請（2項3号）	下請事業者から金銭，労務の提供等をさせること。
不当な給付内容の変更及び不当なやり直し（2項4号）	費用を負担せずに注文内容を変更し，又は受領後にやり直しをさせること。

出典：公正取引委員会ホームページ

イ　公序良俗（民法 90 条）

　契約の各条項が強行規定に違反していなくても，公序良俗，つまり「現代社会の一般的秩序を維持するために要請される倫理的規範」に違反する場合は，当該約定は無効となります（民法 90 条）。実際にどのような約定が公序良俗違反となるかですが，判例に現れる事例は実に多様かつ膨大です。よく挙げられる例としては，「収賄条項，殺人請負契約，密輸品売買，有毒性物質の混入した食品の売買，入札談合，裏口入学契約」等がありますが，ここでは次の事例を挙げるにとどめます。

（ア）　競業避止特約

　就業規則において，従業員の退社後に競業避止義務を負わせる会社は多いです。また，就業規則になくても，入社時の雇用契約や雇用契約とは別に求める誓約書によって退職後の競業避止義務が課されることもあります。このような競業避止特約の有効性ですが，契約の自由に委ねることができないのはいうまでもありません。地域や期間等の合理的な制限であれば一般的に有効だと考えられますが，過度に制限をする場合は，営業ないし職業選択の自由（憲法 22 条）の制限となり無効です。

（イ）　損害賠償額の予定

　相手方の債務不履行に備えて，損害賠償額の予定を契約に定めることがあります（民法 420 条。3⑵ウ損害賠償額の予定条項参照）。一定の債務不履行があった場合に，あらかじめ定めた一定額の賠償額を支払うことを約束しておき，実際の損害発生の有無や損害額を争わないとする合意を結ぶのです。

　しかしながら，このような損害賠償額の予定条項は，無制限に認められるわけではありません。労働契約や消費者契約等において，優越的地

位に立つ当事者が自己に有利な賠償条項（例えば自己の賠償額は少なく，相手方の賠償額は多くする。）を定め，相手方に不当に不利な内容を押しつけ，不当に契約に拘束することがあります。そのような条項は，しばしば公序良俗違反として無効となる（大判昭和19年3月14日民集23巻147頁）だけでなく，法律によっては，賠償額の予定を禁止しその内容が制限されることもあります（消費者契約法9条，労働基準法16条，割賦販売法6条，利息制限法4条，7条等。河井正二『民法総則講義』（日本評論社，2007）271頁参照）。

(4) 契約書と要件事実

ア　書証としての契約書

民事訴訟手続では，文書，つまり書証は，重要な証拠です。この書証の中でも，契約書は特に重要です。なぜならば，契約書は処分証書（意思表示その他の法律的行為が行われたことを示す文書）だからです。処分証書は，文書中に立証命題である法律行為が含まれているので，契約書が作成者の意思に基づいて成立したこと（形式的証拠力）が認められれば，特段の事情がない限り，記載内容である契約成立の事実が認められる（実質的証拠力を有する）からです（伊藤眞『民事訴訟法〔第5版〕』（有斐閣，2016）417頁，司法研修所編『民事訴訟における事実認定』（法曹会，2007）65頁参照）。

したがって，契約書に記載された条項の法的意味，すなわち，要件事実（実体法に規定された法律効果の発生要件）に該当する具体的事実が明確でなければ，法律効果も認められません。契約書を作成するに当たっては，要件事実の十分な検討が必要です。

イ　要件事実とは

要件事実とは，権利の発生・障碍・消滅等の法律効果を導くために必要な構成要件として実体法に定められるものです。通説で簡単に説明すれば，この要件事実に該当する具体的事実（請求を理由付ける事実）を主要事実と呼び，主要事実を経験則上推認させるような事実を，間接事実といいます。

また，証人の性格や証人と挙証者との利害関係など証拠の証明力を明らかにするための事実を補助事実といい，事情とは，事実に関連するときに

は間接事実であるが，その事件の由来・経過・来歴など事件を理解しやすくするための背後の事実関係であることが多いです。

　売買契約に基づく代金支払請求を例にとって説明すると，要件事実は，「財産権移転の約束と代金支払の約束」（民法555条）です。主要事実は，これに該当する具体的事実，例えば，「平成○年○月○日，原告（売主）と被告（買主）との間で，○○を目的物として売買契約の申込みと承諾があった（売買契約書が作成された）」という事実です。

　また，間接事実は，被告が主要事実を争う場合に原告が主張する，例えば「買主の売買に至る動機，売買を締結する合理性・必然性等の主要事実の存在を推認させるような事実」であり，補助事実は，例えば「契約書の印章が被告人本人のものではない等の事実」であり，事情は，例えば「原告・被告は過去に複数回売買を行い，従来は債務の履行が円滑になされてきたが，被告の急激な資金繰り悪化により，本件売買契約の成立を争っているといった事件の背景となる事情」です（加藤新太郎＝細野敦『要件事実の考え方と実務〔第3版〕』（民事法研究会，2014）18頁参照）。

　次のような条項は，要件事実を考えた場合，どのような効果が生じるでしょうか。

> 第○条（有効期間）
> 　本契約の有効期間は，本契約締結の日から甲乙が書面により本契約の終了に合意した日までとする。

　これは，当事者が合意すれば契約を解約できるというのと同じです。結果的に，この契約は期間の定めのない契約となるので，「本契約の期間は別にこれを定めない」等，明確に規定すべきです。

　また，次の条項はどうでしょうか。

> 第○条（中途解約）
> 　甲及び乙は，本契約の有効期間中であっても，甲乙別途協議の上，書面による合意に基づき本契約を解約することができるものとする。

第8　契約書関係

　　中途解約条項とは，契約期間中であっても，当事者の一方のみの意思表示で契約を終了することができるとする条項です。この条項は両当事者が合意すれば契約を期間前に終了できるとするものです。合意すればいつでも契約を解約できることは，当然のことであり，意味のない条項です。しかしながら，このような条項をしばしば見かけることがあります。

(5)　**契約書の最終的な解釈者**

　　契約書は，民事訴訟手続において重要な書証ですが，契約書の内容を最終的に判断するのは裁判官（又は仲裁人）です。裁判官等は，法律の専門家ですが，問題となるビジネスや取引についてはよく分かっていないことが多いです。したがって，できるだけ明確で，一般人にも理解可能な用語・表現を用いるべきであり，専門用語や業界用語の使用は極力避けるべきです。

　　裁判官は契約書の内容について，契約書作成者の意思とは別の契約だと認定することもあります。判例を例に説明しましょう。

〔事案〕

　　X（清掃会社）とY（ビル管理会社）間で，平成○年○月○日に次のとおりビル清掃契約を締結しました。

①　XはY所有ビルについて日常清掃を週6回，定期清掃を週1回実施する。

②　Yは，Xに対し清掃料金として月○百万円を毎月末日に支払う。1か月に満たない場合は日割計算とする。

③　契約期間は，平成○年○月○日から1年間とする。ただし，期間満了2か月前までに，X・Yいずれからも異議がない場合には，1年延長する。

④　その後，本契約は1年延長されたが，Yは期間延長後1か月後にXに対し契約を解除する旨の意思表示をした。Xは請負契約の解除に基づく損害賠償を請求した。

　　裁判所は，本件において，ビル清掃契約は請負契約ではなく，準委任契約であると判断し，契約条項や民法651条2項の趣旨からすると委任者か

178

ら解除権を放棄している場合，ないしは受任者の不利な時期に契約を解除した場合には当たらないとして，清掃会社の請求を棄却しました（東京地判平成 15 年 1 月 31 日判例集未登載，山口康夫『判例に見る請負契約の法律実務』（新日本法規出版，2006）18 頁，438 頁参照）。

　請負契約は，請負人が仕事を完成するまでは，注文者の側からいつでも解除できます。その場合，注文者には損害賠償義務があります（民法641条）。「損害賠償の範囲は，支出した費用のほか仕事を完成すれば得たであろう利益」が含まれます（内田貴『民法Ⅱ〔第3版〕債権各論』（東京大学出版，2012）258頁）。一方，委任契約は，各当事者はいつでも解除できますが，解除が相手方に不利な時期になされた場合には，やむを得ない事由があったときを除いて損害賠償義務があります（同法651条）。

　本件のようなケースでは，後日の紛争を避けるためには，契約書に以上の請負と（準）委任の規定の適用を積極的に排除するのかどうか，検討した上で明確に定めておくべきでしょう。また，排除するにしてもしないにしても，契約期間内に解除した場合の扱い，つまり解除の効果と損害賠償義務の有無について規定を設けておくほうがよいでしょう。

4　契約審査の具体的ポイント

　ここでは，売買契約，業務委託契約等でよく用いられる条項をいくつか挙げながら，審査のポイントを具体的に説明します。

(1)　代金支払条項（代金支払時期の定め）

　前述（3(2)ア）のとおり，民法573条は，代金の支払期限を「売買の目的物の引渡しについて期限があるときは，代金の支払についても同一の期限を付したものと推定する。」と規定します。これを契約条項に表すと，次のようになります。

第○条（売買代金の支払）
　買主は，第○条に定める本製品の引渡しと引き換えに，本製品の売買代金を売主に対して支払うものとする。

　しかしながら，企業間取引においては，納品後に代金を支払う，掛け売

第8　契約書関係

りが一般的です。そして買主としては，契約条項に定める支払条件が自社
の経理システムと対応していることを確認する必要があります。例えば売
買契約において「毎月末日締め翌月末日払い」と定めたにもかかわらず，
自社の経理システムは，「毎月20日締め翌月末日払い」となっている場
合，経理（財務）に個々の取引の支払条件の変更を要求しなければ，実際
の代金支払は契約違反となります。

第○条（売買代金の支払）

　　本製品の対価（消費税含む。）の支払条件は，本製品納入月末日締○
　か月後末日払いとし，乙が甲指定の銀行口座に現金を振り込むこと
　により支払いを行うものとする。なお，支払いのために必要な費用
　は，乙の負担とする。

　なお，下請代金支払遅延防止法が適用される取引の場合，下請代金の支
払期日（給付を受領した日から60日以内。下請法2条の2）を厳守しなければな
らないことは当然です。

・　所有権留保特約条項

第○条（所有権の移転）

　　本商品の所有権は，乙が個別契約に基づき本製品の売買代金の全
　額を甲に支払ったときに，甲から乙へ移転する。

　売買契約の場合，原則として契約締結時に目的物の所有権が移転します
（民法176条）が，「売買代金完済まで商品等の所有権は移転しない」等と約
定するのが所有権留保特約です。所有権留保特約は，目的物を売主のもと
に留めておき，当該所有権によって債権（売買代金債権）の保全を図るもの
で，非典型担保の一種です。売買代金未払の間に，買主が倒産状態に陥っ
た場合，売主はこの特約に基づき，所有権を主張して目的物の返還（引渡）
を買主に主張できます。実際に所有権留保特約を設定できるのは，売主が
強い立場の場合であり，買主が強い立場の場合は，「売買契約と同時に所
有権が移転する」とすることが多いです。

180

所有権留保特約が付されていないときは，売買契約を解除して，目的物を取り戻すこととなり，買主倒産時に迅速な債権回収が困難となることもあります。

(2) 損害賠償条項

ア 一般的な損害賠償条項

第○条（損害賠償）

甲又は乙が，本契約に定める義務に違反したときは，違反当事者は相手方に対し，損害賠償の義務を負うものとする。

この記載例は，民法415条の定める損害賠償義務（任意規定）と同じような内容を定めたものであり，契約書に注意的に定めるのが一般的です。

イ 損害賠償限度額条項

第○条（責任の制限）

本製品の売買取引に関する甲の乙に対する損害賠償の限度額は，債務不履行，瑕疵担保責任その他法的原因の如何を問わず，個別契約に基づく甲乙間の本製品の対価とする。

2　前項の損害賠償の対象は，乙に直接かつ現実に発生した損害に限られ，甲は如何なる場合においても，乙の逸失利益，特別な事情から生じた損害について責任を負わない。

例えば売買契約においては，売主の場合は，「損害の限度額を売買代金額とする」とか，「本契約に基づき買主から受け取った代金総額を超えない」というように，納期遅延，不良品納入等による損害について，その賠償額を制限する条項を入れることが望ましいです。少なくとも，特別損害の賠償義務は負わない旨を入れるよう交渉すべきです。

本条項では，まず第1文で，損害賠償額を売買代金総額（本製品の対価）に限定するとともに，さらに第2文で，損害賠償責任の範囲として，責任は現実に発生した損害に限られ（履行利益（期待利益）は含まれない），かつ「特別な事情から生じた損害」（特別損害）については責任を負わない（通常

損害のみ負担する）と定めています。

　ところで，債務不履行から通常生ずる損害を「通常損害」といい，通常
損害については，それが発生すれば特に予見可能性を問題とすることなく
賠償の範囲に入り，特別損害については，特別の事情がある場合に，その
事情から（通常）生ずる損害については，「特別の事情」が当事者に予見可
能であった場合に限り，損害の範囲に入るとされています（民法416条の趣
旨。内田貴『民法Ⅲ〔第3版〕債権総論・担保物権』（東京大学出版会，2005）158頁
参照）。

　最近では，次のように損害賠償義務者に故意・重過失がある場合，損害
賠償限度額を認めないとする条項が増えています。判例・通説は，このよ
うな場合に損害賠償責任を制限する特約は無効であるとしており，念のた
めに契約書に記載しているのでしょう。

第○条（損害賠償）

　　乙は，本契約に違反し又は第○条に基づく契約解除により，甲又
は第三者に損害が生じた場合には，当該違反等の直接の結果として
当該甲又は第三者が現実に蒙った通常の損害を，本契約の委託料を
上限に賠償するものとする。ただし，当該損害の発生原因が乙の故
意又は重過失である場合，損害賠償の上限額は適用されないものと
する。

ウ　損害賠償額の予定条項

第○条（損害賠償）

　　乙が，第○条に定める期日までに本製品を甲に納入しないとき
は，乙は1日につき金○○万円の割合による損害金を甲に支払うも
のとする。

　イの損害賠償限度額条項と異なり，当事者間の契約であらかじめ損害賠
償額を定めておくことがあります（民法420条）。債務不履行があった場合
に，通常はその損害賠償の有無や損害額について立証が困難・煩雑である

上に，それらをめぐって当事者間に争いが生じるおそれもあります。その
ような立証の煩雑さを避け，余計な紛争を避けるために，債務不履行が
あった場合は，一定の賠償額を支払うことを約束し，実際の損害発生の有
無や損害額を争わないとする特約を定めておくのです（潮見佳男『プラク
ティス民法債権総論〔第5版〕』（信山社，2018）160頁参照）。これを「損害賠償
額の予定」といいます。

　裁判所は，合意された予定賠償額を増額することはできません（処分権
主義。民訴法246条）が，前述のとおり，裁判所が公序良俗違反を理由に減
額することはあります。また，債務不履行に当たり債権者自身にも過失が
ある場合には，裁判所は債権者の過失を斟酌して予定賠償額を減額するこ
ともあります（例外は鉱業法114条等）。なお，損害賠償額の予定条項は，無
制限には認められません（2(2)ウ損害賠償額の予定条項参照）。

(3)　遅延損害金条項

第○条（損害金）
　　甲が，本契約に基づく乙に対する返済債務及び利息支払債務を遅
　滞した場合は，甲は，支払うべき金額に対し年利20％の割合による
　遅延損害金を乙に支払うものとする。

　遅延損害金の法定利率は，民事は年5％（民法419条1項，404条），商事
は年6％（商法514条）です（改正民法施行後は，商事利率は廃止されます。施行後
当初は3％とされ，3年に一度見直すこととし，市場の貸出平均金利の60か月の平均を
参照して定めるものとされます（改正民法404条）。）。

　本条項のように，売買契約における売買代金の遅延損害金の率を法定利
率より高くすることにより，相手方は債務を自社に優先的に支払う場合も
多いです（金銭消費貸借上の債務については，利息制限法4条で制約がありますが，
売買契約における損害金の利息に利息制限法の適用はありません。）。

第8　契約書関係

(4)　瑕疵担保責任条項

ア　瑕疵担保責任

第○条（瑕疵担保責任）

　　買主は，本製品納入完了後○か月以内に隠れた瑕疵を発見した場合，その旨を売主に通知するものとし，売主は，速やかに当該瑕疵を修補し又は代品と交換又は代金の減額に応じるものとする。

　2　買主は，前項の期間内に隠れた瑕疵を甲に通知しなければ，契約の解除，瑕疵の修補，代品と交換又は代金の減額若しくは損害賠償の請求をすることができない。

　瑕疵担保責任の法定期間は，民法は「買主が隠れた瑕疵を知った時から1年以内」（民法570条），商法は「受領後遅滞なく検査をして，瑕疵を発見したときは直ちに，また直ちに発見できない瑕疵であるときは，検査後6か月以内」（商法526条2項）です。一般に買主が強い立場の場合は，契約で瑕疵担保責任期間を法定期間より長く，また売主が強い立場の場合には，短くなります。

　現行民法では，瑕疵担保責任の性質について争いがありますが，改正民法では瑕疵担保責任の規定は削除（商法526条2項も同）され，種類又は品質に関して契約の内容に適合しない場合の責任，つまり契約不適合責任として，債務不履行の問題とします（改正民法566条）。

　ところで，契約不適合という概念は従来の「瑕疵」と同じであると考えられています。また改正民法では，契約不適合の場合の買主の救済手段は，従来の（瑕疵担保においての）「損害賠償」，「解除」から，「損害賠償」，「追完請求」，「代金減額請求」へと拡大されていますが，現在用いられている一般的な瑕疵担保責任条項は，現行民法の規定に追加して『「追完請求」，「代金減額請求」もできる』と定めていますので，現状の瑕疵担保責任条項を無理に変更しなければならないわけではないでしょう。ただ，従来の瑕疵担保責任の「隠れた瑕疵」の「隠れた」の概念は消滅しましたので，その部分だけでも修正するべきでしょう。

Q26 契約審査におけるポイント

> 第〇条（契約不適合）
>
> 　乙は，本製品納入完了後，1年以内に本製品が種類又は品質に関して契約の内容に適合しないことを知った場合は，不適合であることを甲に通知するものとし，甲は，速やかに当該不適合を修補，代品と交換又は代金の減額若しくは損害賠償の請求をするものとする。

イ　品質保証責任（条項）

　最近では，瑕疵担保責任と併せて，いわゆる品質保証を求める相手方（買主）も増えています。現行民法では，売買の目的物が特定物である場合，引渡時の現状で売買の目的物を納入すれば足りるとされます（民法483条[1]）。また，目的物が種類物であれば，どの程度の製品を納入するかは売買契約の趣旨や当事者の意思によりますが，品質を定めることができないときは，売主は「中等の品質を有する物」を買主に納入すればよいとされています（民法401条1項）。したがって，買主としては，自己が必要とする目的物の品質を仕様書等で明らかにした上で，当該仕様を満たすことの保証を求めることになります。「売主が一定の品質を請け負った場合には，その品質が欠けること自体が債務不履行を意味し，売主は約定の品質保証違反として履行利益の賠償責任を負担する。売主が品質の保証を請け負わなかった場合であっても，品質の保証を請け負った場合と同様の責任を負担させる趣旨が，570条の無過失責任の意味と理解される。つまり，570条は法定の品質保証責任を定めていると理解することと」なります（奥田昌道・池田真朗編『法学講義民法5契約』（悠々社，2008）144頁）。

---

[1] 改正民法483条は，現行民法483条の規定に，「契約その他の債権の発生原因及び取引上の社会通念に照らしてその引渡しをすべき時の品質を定めることができないときは」の文言を付け加えている。これにより，「この規定が任意規定であり合意内容および契約から典型的に導かれるものとして契約の内容に適合した物を引き渡す義務が生じ得ることを明らかに」している（潮見佳男『民法（債権関係）改正法の概要』（金融財政事情研究会，2017）161頁）。

第8　契約書関係

> 第○条（品質保証）
>
> 　甲は，乙に納入した目的物が，別途甲乙間で定める品質基準・使用に適合することを保証する。

ウ　免責特約

> 第○条（瑕疵担保責任）
>
> 　売主は，買主が本製品の隠れたる瑕疵を発見した場合でも，瑕疵担保責任等民法その他の関連法令に基づく一切の責任を負わず，買主は，隠れたる瑕疵を理由として，契約の解除，当該瑕疵の修補，代品と交換又は代金の減額若しくは損害賠償の請求をすることができない。

　瑕疵担保責任は，任意規定です。瑕疵担保責任を一定額にとどめることや，また瑕疵担保責任を一切負わない旨（瑕疵担保免責特約）を規定することも可能です。瑕疵担保免責特約を置いたとしても，実際に瑕疵に見合う代金の減額をすれば，合理的な（公平な）取引といえます。ただし，免責特約は，「売主が瑕疵のあることを知っていながら，売主に告げなかったとき」（民法 572 条前段）や「売主が自ら第三者のために設定し又は第三者に譲り渡した権利」（同条後段）については，その効力を生じないとしていますので注意する必要があります。

　改正民法 572 条は，瑕疵担保責任から契約不適合の担保責任へと変更されたことに伴い引用する条番号に修正を加えていますが，内容は現行民法 572 条と同じです。改正民法では，契約不適合があるとことを売主が知っていれば，売主は契約不適合を理由とする責任を免れることができませんし，また売主が自ら第三者のために権利を設定したり，第三者に目的物を譲渡したりした場合に，それにより契約不適合をもたらしたときは，売主は契約不適合を理由とする責任を免れることはできません（改正民法 572 条）。なお，消費者契約において責任免除特約がされている場合，その条項が不当条項として無効とされる場合があります（消費者契約法 8 条 2 項）

186

し，また宅知建物取引業法 40 条は，責任期間を 2 年以下とする特約を無効としています（潮見佳男『基本講義　債権各論Ⅰ〔第 3 版〕』（新世社，2017）111 頁）。

【図表：瑕疵担保責任と契約不適合責任の比較】

	瑕疵担保責任	契約不適合責任
対象	隠れた瑕疵	「隠れた」は不要
契約解除	買主が善意で，かつ契約目的を達成できない場合は○	○。不履行が軽微である場合は×
損害賠償	売主の無過失責任 信頼利益に限る	売主の帰責事由が必要 履行利益も含まれる
追完請求	×	履行可能であれば○ 買主の責めに帰すべき場合は×
代金減額請求	（数量指示売買以外）×	○。買主の責めに帰すべき場合は×
期間制限	隠れた瑕疵を知ってから 1 年以内に行使が必要	契約内容不適合を知った時から 1 年以内にその旨を通知すれば○

(5)　製造物責任条項

製造物の欠陥によって人の生命，身体又は財産に係る被害が生じた場合，製造業者等は損害賠償責任を負います（製造物責任法 1 条）。しかしながら，製造物責任法は，これらの被害を受けた人に対する製造業者等の責任を定めているに過ぎず，例えば事業者間の売買契約において，売主が製造業者等の場合における買主から売主に対する責任追及や両者間の責任分担については何らの定めもありません。したがって，売買契約，製造委託契約等には，製品・商品に生じた欠陥に関する製造物責任条項を設けるべきです。

第○条（製造物責任）

　本製品の欠陥（製造物責任法第 2 条に定める欠陥をいう。）により，委託者又は第三者の生命，身体又は財産等に損害が生じたときは，受託者はその損害を補償するものとする。ただし，その欠陥が委託者の指示・設計に起因する場合，本製品の特定用途への適用に起因する場合，その他委託者の責めに帰すべき事由に基づく場合は，委託者がその損害を負担する。

第8　契約書関係

　受託者が製造物責任条項をのまない場合，次のような保険対応を要求する条項を設けることもあり得ます。

> 第○条（製造物責任）
> 　受託者は，本契約期間中，本製品に関し，自己の費用で委託者が認める条件の製造物賠償責任保険を付保し，これを継続するものとする。なお，委託者の要請がある場合には，受託者は，委託者を当該保険の共同被保険者又は追加被保険者とするものとし，また，本契約の終了後においても当該保険を継続するものとする。

(6) 期限の利益喪失条項

　民法の定める期限の利益喪失事由は，債務者が「①破産手続開始の決定を受けたとき，②担保を滅失させ，損傷させ，又は減少させたとき，③担保を供する義務を負う場合において，これを供しないとき」に限られます（民法137条）。しかしながら，これだけでは，取引先が一般的な信用不安状態に陥ったときに対処できません。例えば，手形の不渡りが発生したとしても，第1回目の不渡りでは，民法上は期限の利益を失いません。したがって，迅速な債権回収のために，特約として「期限の利益喪失条項」を設けておくべきです。これは，債権回収のために最も重要な条項の1つです。

ア　当然喪失

　相手方に所定の事由が発生したときには，当然に期限の利益を喪失する（当然喪失）と規定します。

> 第○条（期限の利益の喪失）
> 　甲及び乙は，相手方が次の各号に該当した場合，本契約に基づく一切の債務について，当然に期限の利益を喪失するものとする。
> ①　差押，仮差押，仮処分，競売の申立て又は租税公課の滞納督促若しくは滞納による保全差押を受けたとき（但し，第三債務者として差押又は仮差押を受けた場合を除く。）。

② 　破産，民事再生，会社更生，特別清算の手続，その他法的倒産手続（本契約締結後に制定されたものを含む。）開始の申立てがあったとき。
　③ 　特定認証 ADR 手続に基づく事業再生手続の利用申請その他これに類する私的整理手続の申請をし，若しくはこれらに基づく一時停止の通知をしたとき。
　④ 　手形交換所から不渡り報告又は取引停止処分を受けたとき又は支払停止（電子記録債権につき，不渡り処分若しくは取引停止処分と同等の処分を受けたときを含む。）の状態に至ったとき。
　⑤ 　監督官庁から営業の取消，停止等の命令を受けたとき。
　⑥ 　財産状態が著しく悪化するなど，本契約の履行が困難であると認められるとき。

　この条項の期限の利益喪失事由は，比較的一般的な事例です。第 1 号では信用不安を推認させる事実の発生を，第 2 号では法的整理手続に入ったことを，また第 3 号ではいわゆる任意整理（私的整理）手続に入ったことを，そして第 4 号では，第 1 回の手形不渡りとそれに続く支払停止を期限の利益喪失事由としています。

イ　請求（通知）による喪失

　アの当然喪失条項と異なり，債権者からの請求（通知）により期限の利益を喪失すると定める場合が，次の記載例です。

第○条（期限の利益の喪失）
　　甲及び乙は，相手方が次の各号に該当した場合，あらかじめ通知することにより，本契約に基づく一切の債務について，期限の利益を喪失するものとする。
　① 　差押，仮差押，（以下略）

　アの当然喪失の場合は，期限の利益喪失条項に該当する事由が発生した時から消滅時効が自動的に進行します。しかしながら，実際には，「差押，仮差押，仮処分」が相手方になされたことを知り得ない場合も多く，

第8　契約書関係

その場合に期限の利益喪失，すなわち消滅時効の進行を避けるため，この記載例のように，当然には期限の利益を喪失させないで，債権者からの通知により初めて期限の利益を喪失させるとする場合もあります。

ウ　当然喪失と請求（通知）による喪失の混合型

　請求（通知）による喪失の場合，相手方が行方不明となり，請求（通知）が到達しないこともあり，その場合，期限の利益を喪失させることができないので，金融機関等は，期限の利益喪失事由によって，「当然喪失」と「請求（通知）による喪失」を分けています（各行の銀行取引約定書等参照）。これは，例えば，「差押・仮差押」を当然喪失事由とすると，第三者が債務者の財産に差押・仮差押をした場合に，自分（債権者）の知らない間に債務者が期限の利益を喪失し，債権の消滅時効が進行していくことになるからです。

第○条（期限の利益の喪失）

　①　甲について次の各号の事由が一つでも生じた場合には，乙から通知催告等がなくても，甲は乙に対する一切の債務について当然に期限の利益を失い，直ちに債務を弁済します。

1．支払の停止又は破産手続開始，民事再生手続開始，会社更生手続開始，若しくは特別清算開始の申立てがあったとき。

2．手形交換所の取引停止処分を受けたとき。

3．甲又はその保証人の預金その他の乙に対する債権について仮差押，保全差押又は差押の命令，通知が発送されたとき。

　②　甲について次の各号の事由が一つでも生じた場合には，乙の請求によって，甲は，乙に対する一切の債務について期限の利益を失い，直ちに債務を弁済します。

1．甲が乙に対する債務の一部でも履行を遅滞したとき。

2．担保の目的物について差押，又は競売手続の開始があったとき。

3．甲が乙との取引約定に違反したとき。

Q 26　契約審査におけるポイント

> 　4．乙に対する甲の保証人が第 1 項第 1 号，第 2 号又は本項の各号
> の一つにでも該当したとき。
>
> （以下略）

(7)　**相殺条項**

　相殺は，債権回収手段として，最も簡便かつ確実な方法であり，相手会社の製品等を新たに買い取る等して，相殺財源（反対債務）を作り，相殺に持ち込むことも可能です。

　しかしながら，民法上相殺をするには，次の 4 要件を全て満たした上で，相殺の意思表示（確定日付のある証書，通知・承諾が望ましい）を相手方にしなければなりません。

　①　「相対立する債権の存在」

　②　「両債務が同種の目的を有すること」

　③　「両債務が弁済期にあること」

　④　「両債務が性質上相殺を許さないものでないこと」（民法 505 条 1 項）

　これでは，相手方が信用不安状態になったときや倒産状態に陥った場合でも債権回収はできません。したがって，相殺適状になくても相殺可能となるよう，次に定めるような相殺条項を入れておくと有利です。

> 第〇条（相殺）
> 　甲及び乙は，相手方に対する債権と相手方に対し負担する債務とを，相手方に対する債権の弁済期が到来すると否とを問わず，いつでもその対当額につき相殺することができるものとする。

　期限の利益喪失条項（(8)期限の利益喪失条項参照）を定めている場合，信用不安時には相手方は期限の利益を失い，こちらは期限の利益を放棄することにより相殺の要件（③）を満たし，相殺が可能となります。しかしながら，期限の利益喪失条項を定めていない場合（定めていても，当該喪失事由に該当しない場合）であっても，本条項があれば，債権の弁済期の到来を待たずに，直ちに両債務を相殺することができます。

191

第8 契約書関係

Q27 契約書管理の方法

締結後の契約書の管理は，どのようにすればよいでしょうか。

A 契約書を作成する目的として，①契約の存在・内容について後日の紛争を防止することと，②契約書に任意規定と異なる規定（特約）を設ける等によりリスク管理を行うことが挙げられます（Q26「契約審査におけるポイント」参照）。

　契約書は，締結すれば終わりではなく，リスク管理のためにしっかりと保管しておくことが必要です。最終的に訴訟となった場合，契約書は重要な書証となります。

解説

　契約書の保管，つまり契約管理は企業法務にとって，重要な問題です。ある取引において，トラブルが発生した場合，まずどのような約定がなされていたか，すぐにその契約書を参照できるようにしておかなければなりません。

　また，契約書は，有効期間が定められているのが通常ですので，その期間管理も重要な業務です。自動更新を設定している場合，何もせずうっかり自動更新してしまうこともありがちですが，その契約書の有効性（必要性）を適宜チェックした上で更新しなければなりません。安易に自動更新条項を設けることは避けるべきでしょう。

1 契約書の保存・管理

(1) 管理規定等

ア 管理規定

　契約書は，取引先と紛争が生じた時などに，紛争解決のために重要となる証拠書類です。したがって，文書管理規程等を作成して，契約書の保存期間・保存方法・保存部門等に関する規程を整備しておくべきです。

イ 管理内容

　契約書を保存する場合，併せて次のような契約情報を管理台帳や管理ファイル（ワード，エクセル等の電子ファイル）で保存しておくのが一般的で

192

しょう。後述する契約書をデータベース化する場合には，これらの契約情報と契約書を電子化（PDF が一般的です）したものを一括して管理します。

例：●契約締結日

　　●相手方（商号・担当部門）

　　●契約書名（タイトル）

　　●契約概要

　　●有効期間（自動更新条項の有無と有の場合はその内容）

　　●保管場所及び自社担当部門

ウ　管理部門

　実際に契約書を管理する保管部門としては，①法務部門・総務部門等の特定部門（いわゆる管理部門）で集中管理する方法と，②各事業部ごと，つまり契約を実際に担当する部門毎に分散管理（個別管理）する方法があります。どちらがよいとは一概にはいえませんが，①の場合はコストがかかる点が，②の場合は管理がおろそかになる可能性のある点が特徴として挙げられるでしょう。

(2)　**契約書の種類**

　ここでは，契約書の原本，謄本等の違いについて簡単に説明しておきます。

ア　原本

　原本とは，「一定の事項を表示するため，確定的なものとして作成された文書」のことです。謄本や抄本のもととなります（例：「判決原本」，「公正証書原本」（法令用語研究会編『法律用語辞典第 4 版』（有斐閣，2012）319 頁））。

　なお，副本とは，「正本と同一内容の文書で予備又は事務整理のために作成されるもの」をいいます（例：「戸籍は，正本と副本を設ける」（戸籍法 8 条 1 項。前掲・987 頁））。

イ　謄本と抄本

　謄本とは，「文書の原本の内容をそのまま全部完全に謄写した書面」のことをいい，原本の内容を証明するために作成されます（例：戸籍謄本（前掲・855 頁））。

第8　契約書関係

　一方，抄本とは，「原本の一部を抜粋した書面」のことです（例：訴訟記録の抄本，戸籍の抄本（前掲・610頁））。

(3)　**保存期間**

　契約書の保管期間について統一された基準はありませんが，契約書は，何年間保存しておくべきでしょうか。契約の有効期間中，契約書を保存しておくのは当然のことですが，有効期間が終了した契約書は廃棄してよいものでしょうか。

　ア　法律上の保存義務

　法令において，一定の契約書を一定期間保存することが義務付けられている場合があります。その場合は，契約書の保存期間は明確ですが，その他にも各書類の法令上の保管義務期間が定められていますので，それらを参考にして，各社で「文書管理規程」等により契約書の保管期間を定めておくべきです。私は，契約書は原則永久保存とすべきだと考えています。そのように考える会社も少なくはないようです。

【図表：法令に定めのある重要な書類の保存期間】

文書（根拠法令）	保存期間
・定款，株主名簿 ・登記，訴訟関係の関連文書 ・官公庁への提出文書，許可証・認可証	永久保存
〈事業に関する重要な書類〉 ・会計帳簿（会社法432条2項），計算書類（B/S，P/L等）等（同法435条4項），株主総会議事録（同法318条2項），取締役会議事録（同法371条1項），監査役会議事録（同法394条1項） 〈金融商品取引業の業務に関する帳簿書類〉 ・投資一任契約等の契約書（金商法46条の2，金融商品取引業等に関する内閣府令157条1項17号・2項・3項）	10年間
・仕訳帳，売掛帳等の取引帳簿（青色申告法人。法人税法施行規則59条等） ※平成23年12月税制改正により，平成20年4月1日以後に終了した欠損金の生じた事業年度においては，保存期間は9年となる。また，平成28年度税制改正により，平成30年4月1日以後に開始する欠損金の生ずる事業年度については，保存期間は10年間となる。	7年間（9年間，10年間）
・請負契約書（又は写し）（建設業法40条の3，同法施行規則26条2項1号，28条）（住宅の新築工事については10年）	5年間 （10年間）

・労働者名簿・賃金台帳等労働関係に関する重要な書類（労働基準法 109 条等）	3 年間
・下請事業者の給付，給付の受領，下請代金の支払等の事項について記載した書類（電磁的記録）（下請法 5 条，下請代金支払遅延等防止法 5 条の書類又は電磁的記録の作成及び保存に関する規則 3 条）	2 年間

　イ　存続条項

　　最近の契約書には，いわゆる存続条項が定められていることが多いです。次のような存続条項が定められている契約書を，有効期間が終了したからといって廃棄してよいでしょうか。

　　契約期間経過後であっても，契約書は保存しておくべきではないでしょうか。

第〇条（存続規定）

　　本契約が期間満了又は解除等により終了した後も，第〇条（瑕疵担保責任）の規定は同条に定める期間，また第〇条（製造物責任）の規定は製造物責任法第 5 条及び第 6 条に定める期間それぞれ有効とし，第〇条（秘密保持義務）の規定は本契約終了後も有効に存続するものとする。

2　契約書のデータベース化

　1 では，契約書を原本で保存・管理することを前提に説明しましたが，契約書は日々増えるものであり，大量の契約書を保管するには自社内の保存スペースでは足りなくなります。ほとんどの企業が自社外のいわゆる外部倉庫を利用して，契約書の原本を保管していることでしょう。

　しかしながら，どんなに精緻なファイリングシステムを導入したとしても，実際に必要とする原本を特定して，その原本を保管している倉庫から取り寄せることは，結構な手間を要するのではないでしょうか。そこで，契約書の原本管理をすると同時に，契約書をデータ化（締結済契約書をスキャンして PDF 化する等）して，データベース管理をしている企業も多いです。

第8　契約書関係

(1)　**ワークフローシステムを利用したデータベース**

　　ワークフローシステムとは，「電子化された申請書や通知書をあらかじ
め決められた作業手順（決裁ルート）に従い，集配信する（デリバリーす
る），決裁処理を行うこと」です。

　　このワークフローシステムを利用して契約審査（作成）の承認手続を電
子化するとともに，審査終了・稟議決裁を経て締結した契約書を PDF 等
のデータとして登録するという，契約書審査・データベースシステム（以
下「契約ワークフロー」という。）を導入している企業が増えています。

(2)　**機能**

　　契約ワークフローの機能としては，次のようなものがあります。

　ア　審査申請・進捗管理

　　一般に，契約審査・作成（以下併せて「審査」という。）を依頼する部門か
ら申請します。申請者は上長の承認を得て申請するのが一般的です。申請
後は，申請者は，契約審査の進捗状況を契約ワークフロー上で確認するこ
とができます。

　イ　相談応答・記録

　　法務部門での審査途中に，申請者から審査者（法務部門）に対して契約
ワークフロー上で質問をし，その回答を記録することができます。

　ウ　関連する他の契約とのリンク

　　審査申請をした契約と関連する契約を，PDF データで契約ワークフ
ロー上に添付することにより，契約ワークフロー上で参照することができ
ます。

　エ　契約概要

　　審査申請した契約の概要・ポイントを登録します。

　オ　交渉記録・資料等の登録

　　審査申請した契約に関する交渉記録や関連資料等を，参考として登録し
ます。

　カ　社内決裁との連携

　　一般的に法務部門が契約を審査した後，それを基に社内決裁することに

なりますが，電子決裁システムを導入している会社の中には，契約ワークフローと電子決裁が連携（リンク）しているシステムもあります。

キ　締結済契約の登録（PDF 等）

　社内決裁を得て締結した契約書は，各部署で（又は管理部門で一括して）スキャンを行い，PDF 化した上で契約ワークフローに登録します。スキャンが済んだ契約書原本は，自社内の保存スペースか，外部の倉庫で保管することとなります。

ク　契約期限管理

　キで登録した契約データを基に，契約期限が到来する前（期限の〇か月前，〇日前等）に，各事業部の担当者へアラートを発するものです。当初の契約審査申請者へのメール送信が多いです。

ケ　契約書検索（全文・一部）

　キーワードを基に，キで登録した契約データを検索する機能です。ここで注意しなければならないのは，登録時に契約書を通常のスキャナーで取り込むと画像になり，契約書の文字部分はテキストではないため，コピーをすることも検索することもできないことです。したがって，登録後に検索可能なファイルとするためには，この画像の文字部分を読み取ってテキストに変換して，テキストを契約書の画像に見えない形で重ね合わせて一体化する，「透明テキスト付き PDF」にしておく必要があります。

第9 債権回収・与信管理

債権回収・与信管理

Q28 与信管理

与信管理とは何ですか。

A 取引の相手方に返済能力があることを信用してモノ・カネを供与することを与信といい，商品を販売する場合において，先に商品を提供して，後で代金を回収する形態の取引を「与信取引」といいます。

与信管理とは，「与信取引を行ってもよいか」，「与信取引を行う場合，取引限度額をいくらに設定すべきか」について取引先ごとに判断し，定期的に見直していく業務プロセスのことをいいます。

解説

企業は，リスクを可能な限り減らすように管理しながら，利益の最大化を図らなければなりません。与信管理の目的は，取引をする・しないを決めることではなく，ある取引をするに当たり，許容できるリスクを把握しておくことにあります。そうしておけば，たとえそのリスクが発生したとしても，事前に想定したプランに沿って対応することで，損害を最小限に抑えることができます。その意味で与信管理は，企業の成長を促す重要な機能を果たしています。与信管理は法務だけでなく，会計，税務，経営等の知識が要求されますが，ここではまず与信管理全体の大枠を掴んだ上で，与信管理の中でも特に法務担当者に関係する領域について解説します。

1 与信管理の方法

(1) 全体像

与信管理は，取引先を選定する段階の「与信承認」と取引開始後の「事後管理」に分けられます。「与信承認」では，決算書，（商業・不動産）登記簿，信用調書等の取引先の基本的な信用情報を入手し，入手した情報を元に社内で策定した統一的な基準を用いて信用力を評価します。そして，取

Q 28　与信管理

引の内容や取引先の信用状況を考慮した上で取引先ごとに許容できる取引の限度額（与信限度額）を設定し，必要に応じて担保取得等の取引条件を付加して社内決裁します。その後，取引先と契約条件について交渉を行い，契約締結後に取引を開始します。取引開始後の「事後管理」では，取引先に対する債権債務の残高を管理し，契約どおりに債権回収できているかどうかを確認します。その際，支払の滞りや，資金繰りの悪化という明確な信用不安情報だけでなく，合理的な理由なき返品や支払留保など取引先が契約どおりに支払うことができない可能性があることを示唆するような情報がないかどうかにも注意しましょう。そして，実際に信用不安情報を入手したり，回収遅延が発生した場合には，営業等の現場担当者と密に連携して，当該信用不安情報の詳細や債権債務残高，締結済みの契約内容（担保の取得状況等）を確認しつつ，債権保全・回収プランを策定することになります。以上が与信管理の全体像ですが，これらは，社内規程等であらかじめ定められたプロセスに従って実行される必要があります。さらに，これらのプロセスは一度社内で構築すればそれで終了ではなく，社内外の環境の変化に対応するため，定期的に見直しを行い，改善していくことが非常に重要です。このように，与信管理とは，取引開始から債権回収までに至る一連の企業活動の全体を指すものです。また，司法書士にとっては，登記簿調査や，不動産担保・債権譲渡担保の設定等の「与信承認」の段階から債権回収等の「事後管理」の段階まで，幅広く関与することができる領域といえます。

(2)　信用情報の入手

　「与信承認」の段階では，自社が取引先に与信すべきかどうかを判断するために十分な信用情報を収集しておかなければなりません。入手すべき情報は，入手経路によって右のように分類することができます。

【図表：信用情報の分類】

入手先	入手情報
取引先	決算書（直近3年分）
	勘定科目明細書
	法人税申告書
	会社案内，商品カタログ
信用調査会社	信用調書
法務局	商業登記簿
	不動産登記簿

199

また，これら以外に営業等の現場担当者が取引先と接触して得た経営者の資質，業界での風評等の定性情報は，他では得ることのできない貴重な情報ですので記録を残しておくことが重要です。これらの定性情報は，取引に至る経緯とともに与信審査申請書等に記録し，上記の信用情報と併せて保管しておきましょう。そして，これらの信用情報は，常に最新に保つように管理すべきです。さらに，情報を過去のものから時系列的に管理しておくことで，担当者変更時にも役立つものとすることができます。

(3) 登記簿（商業，不動産）を使用した分析

ここでは数ある信用情報のうち，法務担当者が専門性を発揮すべき商業・不動産登記簿のチェックポイントについて説明します。

ア　商業登記簿

取引先が会社の場合，商業登記の履歴事項全部証明書を入手し，次頁の表に掲げるような疑わしい点がないかどうかチェックしてみましょう。なお，履歴事項全部証明書には，現に効力を有する登記事項に加え，証明書の交付請求があった日の3年前の日の属する1月1日から請求日までの間に抹消された事項が記録されています（商業登記規則30条1項2号）。設立後全ての情報が載っているわけではないので，注意しましょう。

イ　不動産登記簿

取引先が会社の場合，本店所在場所や代表者の自宅，取引先が個人であれば営業所や自宅の不動産登記の全部事項証明書を入手します。全部事項証明書には，閉鎖登記記録を除く全ての事項が記録されています（不動産登記規則196条1項1号）。不動産登記簿は大きく，「表題部」と「権利部」に分かれており，与信管理で重要なのは「権利部」です。「権利部」は，さらに「甲区」，「乙区」に分かれていて，「甲区」には，所有権に関する事項，「乙区」には，所有権以外の権利に関する事項が記載されています。「甲区」では，まず，取引先や代表者が所有者として登記されているか確認します。取引先の自社ビルであると聞いていたが，実は代表者個人や関係会社名義になっていたり，自宅が取引先の法人名義になっている例が見受けられます。次に，差押・仮差押や所有権移転の仮登記がないか確

Q 28　与信管理

【図表：商業登記簿のチェックポイント】

項目	解説・チェックポイント	対応
商号	商号を変更している場合，変更前に何かトラブルが発生していた可能性あり	旧社名をネットで検索 場合によっては，経営者に変更理由を確認
本店	別管轄への本店移転あり →移転後（現在）の管轄法務局で登記記録が新たに編成されるため，「本店」欄に抹消履歴は残らず，末尾の「登記記録に関する事項」に「平成○年○月○日東京都…から本店移転」と記載される	この場合，「履歴事項証明書」であっても，移転後の履歴しか記載されないため，移転以前の登記事項を調べたい場合は，旧本店の管轄に保存される「閉鎖事項証明書」を取り寄せる必要がある
本店	本店移転している場合で，現本店が旧本店からダウングレードしているとき，業績不振の可能性あり	旧本店と現本店をネットで検索 場合によっては，経営者に移転理由を確認
本店	頻繁に移転を繰り返している会社は，計画性に不安あり	
目的	本業とは関係なさそうな業務が追加されている場合，業績不振の可能性あり	場合によっては，経営者に追加理由を確認
資本金の額	資本金を減少させる主な理由 ・欠損填補 ・大会社に該当することの回避（5億円未満） ・外形標準課税の節約（1億円以下）	減資の理由を確認
役員に関する事項	「解任」の登記が入っている場合，何らかのトラブルが発生している可能性あり →通常は実質的に辞めさせられる場合であっても「辞任」とすることが多い	経営者に経緯を確認
役員に関する事項	定款の役員任期と照合し，任期を過ぎたのに退任していない場合，適正な運営がなされていない可能性あり	

認します。これらは，取引先・代表者の信用不安を裏付けるものですので，こうした取引先との取引は回避すべきでしょう。「乙区」では，(根)抵当権者を確認します。銀行や信用金庫であれば問題ありませんが，ノンバンクや個人の場合，取引先や代表者の信用状態が低下している可能性がありますので，注意が必要です。なお，不動産登記簿を取得する際は，共同担保目録も取得しておき，(根)抵当権が設定されている場合には，共

第9　債権回収・与信管理

同担保の有無も確認しましょう。

2　与信管理を意識した契約交渉

契約書審査の重要なポイントは，前章のとおりですが，ここでは，与信管理，取り分け債権保全的な側面から契約書に規定すべき条項について説明します。

(1)　期限の利益の喪失条項

民法には，当然に期限の利益が失われる場合が137条に規定されていますが，この条項だけでは，手形の不渡り等の信用不安事由を完全にはカバーできていません。債権者側としては，信用不安が生じていることを察知した場合には期限を待たずに，全額の回収を図る必要があるため，ある一定の事由が生じた場合に，当然に期限の利益を喪失させる旨を合意しておく必要があります。期限の利益の喪失は，相殺や担保権の実行のための必須の条件ですが（民法505条1項），消滅時効の起算開始の条件でもあることに留意が必要です。詳しくは，Q26「契約審査におけるポイント」4(8)「期限の利益喪失条項」を参照して下さい。現行の民法では，工事請負代金債権は3年（同法170条2号），商品の売掛債権は2年（同法173条1号）の短期消滅時効にかかります[1]。

(2)　所有権留保条項

売買契約において，代金が完済されるまでの間，対象物の所有権が売主に留保されることで，代金不払いの場合に，契約を解除せずとも所有権に基づく引き渡しを請求できるようにするための条項です。もっとも，対象物は既に買主の占有下にありますので，第三者に即時取得されたり（民法192条），別の製品に組み込まれることで回収が困難な場合があることに注意が必要です。

(3)　出荷停止条項

継続的な売買契約等を締結している場合には，買主からの代金回収に不

---

[1] 平成32年4月1日に施行される民法（平成29年法律第44号，以下，「改正民法」という。）では，これらの職業別短期消滅時効が撤廃され，かつ，時効の起算点が整理されることから，通常は，5年の消滅時効にかかることになります。

安があり，それを解消すべき担保提供等の要求を拒絶された場合等であっても，注文があれば出荷をしなければならないのが原則です。したがって，継続的な売買契約等を締結する場合には，売主が先履行すべき目的物の引渡しを拒絶するために，「代金の不払い，遅延，延期の申入れ等があった場合」等に出荷を停止することができる条項を設定することが考えられます[2]。

3　物的担保の取得

(1)　物的担保の種類

　法律上に規定があり，相手方との合意がなくとも取引関係の中で当然に発生するものを法定担保物権といい，留置権（民法295条，商法31条，521条），先取特権（民法303条，商法842条等）がこれに該当します。一方，当事者間において担保を設定することを合意することによって成立する約定担保物権には質権・抵当権の典型担保と仮登記担保・譲渡担保や所有権留保等の非典型担保があります。

(2)　取得時の注意事項

　合意によって成立する約定担保物権を取得する際には，以下の点に注意します。

　ア　価値の明白性

　「与信承認」段階であれ，「事後管理」段階であれ，担保を取得する場面では，一定の迅速性が求められます。もっとも，どんなに迅速に担保を取得したとしても，担保目的物に価値がなければ絵に描いた餅になってしまうため，その価値が明白であることがポイントになります。この点，現金や市場価格のある有価証券は，明白であると言えるでしょう。一方，不動産については，自社内での不動産登記簿・公図の確認や現地調査，不動産鑑定士による鑑定が必要となるため，価値の評価に時間を要するという難点があります[3]。また，有価証券や不動産については，その価値が変動す

---

[2] このような条項がない場合であっても，近年では，「不安の抗弁権」という法理が下級審の裁判例で認められています（東京地判平成2年12月20日判時1389号79頁等）。

[3] 不動産の市場価格の参考として国土交通省が取引価格情報を提供しています。
http://www.land.mlit.go.jp/webland/

第9　債権回収・与信管理

るので，担保の設定期間中，担保価値を維持できているのかどうかをモニタリングする必要があります。

　イ　処分の容易性

　　価値があるものを担保として取得したとしても，処分が困難なものであれば意味がありません。この点，現金を保証金として預かることができれば，期限の利益を喪失した時点で保証金を充当できるため，問題はありません。また，市場価格のある有価証券に質権や譲渡担保を設定する場合も，その後の処分は比較的容易です。一方，不動産に（根）抵当権を設定した場合には，任意売却や競売等の手続によらなければならず，いざというときに素早く現金化できないことを認識しておくべきでしょう[4]。

4　人的担保の取得

(1)　保証の種類

　　人的担保とは保証です。実務では，債権者にとって有利な根保証かつ連帯保証を取得することが一般的です。なお，個人を保証人とした「貸金等の債務」を主債務に含む根保証契約については，極度額を定める必要があるなどの特別な規制があります（民法465条の2）[5]。

(2)　取得時の注意事項

　　連帯保証を取得する際には，以下の点を注意します。

　ア　誰から取得するか

　　連帯保証人の候補者は，資力を有していることが必須の条件です。一般的には，まず，取引先の親会社，関係会社から取得することを検討します。それが難しい場合，取引先の（代表）取締役からの取得を検討しますが，取引先に信用不安が生じている時には，その代表者自身の財産状況も逼迫していることがあり得ます。また，保証人となった取締役が取引先から保証料を得ていない（無償で保証人となった）場合は，取締役個人が破産

---

[4] 不動産競売には，60万円からの予納金と1年程度の期間がかかるのが一般的です。
[5] 改正民法では，個人を保証人とする根保証であれば，「貸金等の債務」を主債務に含むかどうかに関わらず，極度額の定めが必要になる等規制が拡大しています（同民法465条の2）。

204

したときに無償行為として否認（破産法160条3項）される可能性に注意が必要です[6]。

イ　保証意思の確認

　保証契約は，書面で締結しなければ効力が生じません（民法446条2項）。さらに個人保証の場合には，免許証などで本人確認をした上で，面前自署を原則とする必要があります。なぜなら，保証契約は，資金繰りに苦しむ主債務者が保証人の名義を勝手に利用して締結してしまうことがあり得るからです。一方，法人保証の場合，保証人である法人の意思を確認するために取締役会議事録等を入手する必要があります。また，個人保証・法人保証共に保証契約書への押印は，実印を要求し，印鑑証明書も取得すべきでしょう。なお，2020年に施行される改正民法においては，事業用資金に関する保証について，契約締結日前1か月以内に公正証書による意志確認が必要とされる点に注意が必要です（改正民法465条の6）。

---

[6] 堀江康夫『契約業務の実用知識』（第2版，商事法務，2017）168頁

第9　債権回収・与信管理

Q 29　債権回収

債権回収は，どのように行えばよいでしょうか。

A　債権回収は，債務者の協力を得て行う方法と債務者の協力が得られない場合の方法と2種類に大別できます。いずれの方法を選択するかは，債務者の態度・財産状況，債権の額・性質，他の債権者の有無，手続に要する費用等の事情を総合的に勘案して，迅速かつ適切に判断する必要があります。

解 説

　債務者に信用不安が生じたものの，債務者から弁済が受けられない場合には，債権回収の計画を立てることになります。この場合，債務者は，他の債権者からも弁済を迫られていると考えられるため，他の債権者に先立つ素早いアクションをとらなければなりません。訴訟や担保権の実行等の強制的な回収方法は，相応の時間・費用を要することから，まずは，債務者の協力を得たうえで回収を目指します。

1　債務者の協力が得られる場合

(1)　支払要請

　支払要請とは，債務者である取引先に改めて支払を要請することをいいます。はじめは，電話・メールにより行い，それでも支払がない場合には，取引先に赴いて直接交渉することを検討します。面前で交渉することで，電話・メールには記録できない事情を聞き出せる可能性があります。それでも支払がない場合には，自社又は弁護士名義の督促状を配達証明付内容証明郵便で発送します。

(2)　代理受領

　代理受領とは，債務者が第三者（第三債務者）に対して有する債権を，債権者が債務者に代わって受領し，その代金を自己の債権に充当する方法をいいます。具体的な方法としては，まず，債務者との間で債務者を代理して第三債務者から支払を受領する旨の委任契約を締結します。その後，債

206

務者から第三債務者に債権者が代理受領する旨の通知をし，第三債務者に
対して直接債権者への支払を請求します。この方法は，債務者が第三債務
者に対して有する債権に債権譲渡禁止特約があっても利用できますが，第
三者から当該債権を差し押さえられた場合や第三者に債権が譲渡された場
合には対抗できない点に注意が必要です。

(3) 債権譲渡

　　債権譲渡とは，債権者と債務者との間で，債務者が第三者（第三債務者）
に対して有する債権を債権者に譲渡することを合意することをいいます
（民法 466 条 1 項）。民法は，債権譲渡の第三債務者に対する対抗要件とし
て，債務者からの通知又は第三債務者の承諾を要求し，その他の第三者に
対する対抗要件として，上記の通知又は承諾を確定日付により行うことを
要求しています（同法 467 条）。一般的な流れとしては，債務者に自社が準
備した債権譲渡通知書に署名・捺印してもらい，①公証役場で確定日付を
押印してもらった上で，第三債務者に持参するか，②内容証明郵便にて第
三債務者へ発送することになります。

　　また，法人が行う金銭債権の譲渡については，登記を債務者以外の第三
者に対する対抗要件とする債権譲渡登記制度が設けられています。債権譲
渡登記制度は，複数の指名債権を一括して登記することで，債務者以外の
第三者に対してまとめて確定日付のある通知があったとみなされるため，
手続が軽減されることになります。

　　なお，現行法上，譲渡禁止特約付債権の譲渡は，善意・無重過失の債権
者に譲渡禁止特約を対抗できない（この場合には有効），とされています（同法
466 条 2 項）。従来，この重過失の有無の判断基準が曖昧であるために，債権
者が，債権譲渡による回収を躊躇してしまうことが課題となっていまし
た。この点，改正民法では，特約違反の債権譲渡も原則有効であり，譲渡
制限特約付債権を譲り受けた悪意の債権者であっても債権を確定的に取得
することができるようになりました（改正民法 466 条 2 項）。したがって，改
正後は，債権回収をする立場では，債権譲渡特約の有無を確認することな
く債権譲渡を受け，対抗要件を具備するというシンプルな対応を取ればよ

いことになります。債権者が債権譲渡特約について悪意・重過失の場合，第三債務者から支払を得られないのは現行法と同じですが，その場合に第三債務者が債務者に支払ってしまっても，債務者は権利者ではないので，債権者は債務者に不当利得による返還を請求できることになります[1]。

2 債務者の協力が得られない場合

債務者が回収活動に非協力的である場合には，次のような対応が考えられます。

(1) 相殺

相殺は，二当事者が互いに債務を負担している場合に，その債務を債権額の限度で消滅させる決済手段で，当事者の一方的な意思表示によって行われます（民法505条1項，506条1項）。相殺するためには，取引先に対して債務を負担している必要がありますが，取引先の債務を直接負担していない場合であっても，①物品購入等で取引先に対して新たに債務を負担する，②取引先の転売先等が取引先に対して負担する債務を引き受ける等の方法により新たに債務を負担してその債務と相殺することも可能です。ただし，これらの方法による場合，破産法71条の相殺禁止規定や詐害行為取消権（民法424条）の対象とならないよう，信用不安情報入手後の素早い対応が必要です。なお，相殺するためには，双方の債務が弁済期になければならないため，相手方の期限の利益を喪失させておく必要があることについては，前述のとおりです。

(2) 担保権の実行

担保の処分方法は，担保の種類によって異なります。

不動産，動産を担保とした場合，任意売却と担保権の実行のいずれかの方法によります。担保権の実行は，手続に時間を要したり，予納金が必要だったりするため，取引先の協力が得られる場合には，まずは任意売却の道を探ります。任意売却について取引先から同意が得られなかったり，他の担保権者がいた場合には，担保権の実行としての競売等を申し立てるこ

---

[1] 現行法で認められる継続的な取引における事後的な譲渡禁止特約も，改正後は将来債権の譲受について対抗要件を取得した債権者には対抗できなくなります（改正民法466条の6）。

とになります。

　債権を担保とする方法には，質権と譲渡担保がありますが，いずれも債権を直接取り立てることができます。ただし，質権の場合，別段の定めがない限り，自己が有する債権の額に相当する部分までしか取立てができないため注意が必要です（民法366条2項）。第三債務者が取立てに応じない場合には，債権を目的とした担保権の実行を申し立てることになります。

(3)　**強制執行**

　担保権による回収が難しい場合には，債務名義の取得と強制執行によって債権を回収することになります。執行手続は，対象とする財産によって分けることができます。ここでは，不動産執行，債権執行，動産執行について，それぞれの特徴を挙げてみます。

ア　不動産執行

　不動産は高額なため，換価した場合に回収できる金額が大きい，不動産登記簿等から容易に所有者を確認でき，債務者による隠匿が困難であるというメリットがある一方，申立てから配当まで1年近く時間を要するというデメリットがあります。また，不動産には，金融機関の担保権が設定されていることも多く，この場合，配当順位では当該担保権が優先してしまうため，十分な回収が困難になります。

イ　債権執行

　債権執行は，申立てから1週間ほどで発令されるため，迅速な債権回収が可能です。差押命令申立書には，差し押さえるべき債権を特定し得る程度に記載することを要するとされていますが[2]，他人間の債権の内容を把握するのは容易ではありません。したがって，債務者の金融機関に対する預金債権や主要取引先に対する売掛債権を，事前調査や日々の与信管理の中で把握しておくことが大切です。

---

[2] 具体的には，①債権の種類，②発生原因，③発生年月日，④弁済期，⑤債権額等を表示することによって目的債権を特定します。
http://www.courts.go.jp/osaka/vcms_lf/H27.11_webyou_sasiosaesaikennmokuroku.pdf

ウ　動産執行

　動産執行では，差し押さえる財産が執行官の裁量に委ねられているため，不動産執行や債権執行と異なり，執行の目的物を特定せずに申立てを行います。動産は換価しても価値が低い場合が多く，執行不能として終了することもありますが，動産執行の際に得られた債務者の財産に関する情報を基に別の方法による債権回収が可能となることもあります。例えば，債務者が店舗経営をしている場合，レジ内の現金は動産として差押えが可能です。動産執行は，債務者に心理的なプレッシャーを与え，任意の支払につなげることを目的として，債務者の営業に必要な動産に対して行われることもあります。

第10 会計税務

Q 30 会計・税務

企業の会計と税務の仕組みについて教えてください。

A 会計には，大きく分けて「会社法会計」，「金融商品取引法会計」，「税務会計」の3つの種類が存在します。それぞれに目的が異なっていますが，会社法会計と金融商品取引法会計とは，基本的に処理は同じであり，税務会計はこれらによる事業利益に一定の加減算をして課税の基礎となる金額を算出します。

解説

会計は，企業の財政状況や事業利益を計算するためのものですが，「会社法会計」，「金融商品取引法会計」，「税務会計」それぞれの会計で目的とすることが異なっており，それに応じた違いが存在します。

1 会社法会計

会社法会計は，会社法で定められた会計のルールです。会社法会計では，経営者と株主の利害調整として，経営者が株主に経営成績と会社の財政状態を開示するためのルールを定めていますが（会社法437条等），最も重要なのは，株主と債権者との利害調整を目的とした，分配可能額（同法461条）の算出のためのルールを定めている点です。

会社法会計は，分配可能額を計算するための規律を中心に構成されています。分配可能額は，会社がこれまでに獲得した利益の蓄積である剰余金を基礎として算出します（会社法461条）。したがって，会社法会計では，現時点における剰余金の算出が最も重要な目的であり，経営成績としての利益算定には重きを置いていません。たとえば，会社計算規則において，資産及び負債の評価，純資産に関する規律は多数ありますが（会計5条～），損益に関する規律はありません。

第10 会計税務

会社法会計で作成すべき計算書類には，最も基本的な貸借対照表と損益計算書以外に，貸借対照表の純資産の部の変動額のうち，主として，株主に帰属する部分である株主資本の各項目の変動事由を報告するための「株主資本等変動計算書」があります（会社法435条2項，会計59条1項）。

2　金融商品取引法会計

金融商品取引法会計は，金融商品取引法で定められた会計のルールです。広く株式が取引される企業に適用され，会社と投資家との利害調整（投資家保護）を目的にしています。すなわち，金融商品取引法では，情報提供機能の観点から，投資家が会社の経営成績や財政状況を把握することに主眼が置かれています。

金融商品取引法会計で作成すべき計算書類には，会社法で定める貸借対照表，損益計算書及び株主資本等変動計算書のほか，キャッシュ・フロー計算書があります（財務諸表規則1条1項）。

3　税務会計

税務会計は，税法に基づく会計のルールです。納税者間の公平を目的としており，法人税の金額を適切に算定するための損益計算のルール（法人税法22条）について定めています。法人税の算定の基礎となる所得金額は，事業年度の益金の額から損金の額を控除した金額とされますが（同条1項），会計上の損益とは異なる税務特有の細かな規律があります（同法22条の2以下）。

税務会計においては，特別に作成すべき計算書類はありません。所得金額の算定は，法人税の申告書別表4において，会計上の当期純利益（又は損失）の額を起点として，収益と費用について，会計と税務でルールが異なる内容を修正するための加減算をして算定します（法人税法施行規則61条の4第3項）。

これら三つの会計は，それぞれ目的が異なっており，従来は処理が異なる部分が多かったのですが，近年では，会社がそれぞれの目的のために複数の会計処理をすることが煩雑であること，目的ごとに異なる会計処理を認めると，投資家向けの利益は大きく，税務上の利益は小さくするなど，恣意的な処理を誘発することなどから，会社法会計と金融商品取引法が段階的に統合され，税法においては，確定した決算に基づき課税額を算出する確定決算主

義（法人税法 74 条 1 項）が導入されたことで，現在では全ての会計が会計処理の基準として「公正な会計慣行（基準）」に従うこととされています（会社法431 条，財務諸表規則 1 条，法人税法 22 条 4 項）。公正なる会計慣行とは，企業会計基準委員会[1]が策定した会計基準をはじめとする広く一般に認知された会計処理をいいます。

　このように，過去 3 種類あった会計処理は統一され，従来それぞれの会計において別々に算定されていた数値は，現在では統一された会計処理により算出された一義的な数値を基に算定することになっています。言い換えれば，会社の会計は一つの基準に基づいて行われ，それに基づく単一の会計帳簿から，目的に応じた複数のアウトプットを導き出すこととされています。

　例えば，会社法の主な目的である分配可能額は，会計上確定した決算における剰余金を基礎とし，一定の減算をすることにより算出します（会社法 461条 2 項，会計 156 条以下）。また，法人税は，確定した決算（法人税法 74 条 1 項）を基に，一定の加減算（同法 22 条の 2 以下）をして所得金額を計算すべきこととしています。

---

[1] https://www.asb.or.jp

内部統制

Q 31 内部統制システム

内部統制システムについて教えてください。

A 会社法は，取締役の職務の執行が法令及び定款に適合することを確保するための体制その他株式会社の業務の適正を確保するために必要な体制の整備を取締役会決定事項としており，これを一般に内部統制システムと呼びます。大会社である取締役会設置会社は，内部統制システムに関する事項を取締役会で決定することが義務付けられています（会社法362条5項）。

解 説

1 内部統制システムの概要

監査役会設置会社では，取締役の職務の執行が法令及び定款に適合することを確保するための体制その他株式会社の業務の適正を確保するために必要な体制の整備が取締役会の決定事項とされており（会社法362条4項6号），大会社等ではこれらの大綱・方針（以下，「内部統制システムの基本方針」）を決定することが義務付けられています（同法362条5項）。

大会社等に内部統制システムの基本方針の決定が義務付けられた趣旨は，その事業活動が社会に与える影響が大きいことから，適正なガバナンスの確保が重要であると考えられることや，会社法制定当時の企業不祥事の事例を踏まえ，各会社において適切なガバナンスを確保するための体制整備の重要性が増していると考えられたからです[1]。

また，上場会社等は，財務情報に対する信頼性を確保するため，金融商品取引法に基づき，有価証券報告書とともに内部統制報告書及び有価証券報告書・半期報告書・四半期報告書の内容が法令に基づき適正であることを確認

---

[1] 相澤哲編著『一問一答新・会社法〔改訂版〕』（商事法務，2009）121頁

した経営者の確認書を作成し，公認会計士又は監査法人による監査を受けることが義務付けられています（金商法24条の4の2等）。取締役は，法令を遵守し業務執行する義務があるため（会社法355条），金融商品取引法上の財務に関する内部統制の整備も，会社法に基づく内部統制システムの構築義務の一部となります[2]。

2 決定すべき事項

取締役会において決定すべき事項は，会社法施行規則100条に定められており，代表的なものは以下のとおりです。

① 取締役の職務の執行が法令及び定款に適合することを確保するための体制

② 取締役の職務の執行に係る情報の保存及び管理に関する体制

③ 損失の危険の管理に関する規程その他の体制

④ 取締役の職務の執行が効率的に行われることを確保するための体制

⑤ 使用人の職務の執行が法令及び定款に適合することを確保するための体制

⑥ 当該株式会社並びにその親会社及び子会社から成る企業集団における業務の適正を確保するための体制

⑦ 監査役がその職務を補助すべき使用人を置くことを求めた場合における当該使用人に関する事項

⑧ 取締役及び使用人が監査役に報告するための体制その他の監査役への報告に関する体制

これらの内部統制に関する事項は，重要な業務執行の一つとして取締役会の専決事項とされており（会社法362条4項6号，362条5項），取締役にその決定を委任することはできません。

3 事業報告等による開示

業務の適正を確保するための体制及び当該体制の運用状況の概要は，事業報告に記載しなければならず（会社法施行規則118条2号），上場会社は有価証

---

[2] 落合誠一編『会社法コンメンタール8 機関(2)』（商事法務，2009）228頁

215

第11　内部統制

券報告書において「コーポレート・ガバナンスの状況」，金融商品取引所に
提出するコーポレート・ガバナンス報告書において「内部統制システムに関
する基本的な考え方及びその整備状況」に関する記載も求められます。多く
の会社では，取締役会で決議した内部統制システムの基本方針又はその概要
をこれらの項目に記載しています。

Q32　内部統制システムの体制整備

内部統制システムの体制整備に当たり，具体的に取り組むべき内容を教えてください。

A　代表取締役及び業務執行取締役は，取締役会が決定した内部統制システムの基本方針に基づき，担当業務を適切に行うために必要な社内規程の制定や重要な業務執行の意思決定過程を記録し，検証可能にするなど体制を整備する必要があります。また，上場会社は，「内部統制報告書」を作成しなければなりません。

解説

1　会社法に基づく内部統制の具体例

代表取締役及び業務執行取締役は，取締役会が決定した内部統制システムの基本方針に基づき，担当部門において現実に体制を構築する義務を負います。当該体制の構築の程度は，会社の規模，業務内容，遵守すべき法令に応じて異なりますが，一般的に代表取締役等は，担当部門において，遵守すべき法令や業務手順等を明らかにした社内規程を制定した上で，業務執行の意思決定の過程を記録し，事後検証を可能にする体制を整備することが求められます[1]。

具体的には，代表取締役等は以下の社内規程や手続等を定めることが考えられます。

① 取締役の職務の執行が法令及び定款に適合することを確保するための体制（会社法362条4項6号）

全従業員が遵守すべき基本的事項を定めた「コンプライアンスマニュアル」等の社内規程を制定します。また，従業員から不正行為の通報を受け付ける社内・社外の相談窓口を設置し，通報者に対する不利益処分等は行わないことを定めます。さらに，法令・定款や社内規程の違反行為が見つ

---

[1] 中村直人・山田和彦・後藤晃輔著『平成26年改正会社法対応　内部統制システム構築の実務』（商事法務，2015）54～55頁

第11　内部統制

かった場合には，違反者に対し，就業規則や懲戒規程等に基づき適切な社内処分を行うことを定めます。

② 取締役の職務の執行に係る情報の保存及び管理に関する体制（会社法施行規則100条1項1号）

　取締役会や役員会議で使用された資料や議事録，各部門で作成された決裁書や稟議書等を適切に保存するため，文書管理方針や文書管理規程を制定し，文書保存の責任者や保存期間を定めます。

③ 損失の危険の管理に関する規程その他の体制（同項2号）

　会社の事業内容に応じて，管理すべきリスクを特定した上で，リスクが顕在化することを防止するためのリスク管理方針を制定し，管理手法や管理手続等を定めます。

④ 取締役の職務の執行が効率的に行われることを確保するための体制（同項3号）

　適切かつ迅速な意思決定を行うため，会社経営の基本方針（経営計画）や会社組織や各役職の決裁権限等に関する規程を定めます。

⑤ 使用人の職務の執行が法令及び定款に適合することを確保するための体制（同項4号）

　本内容は，上記①と同様に考えます。

⑥ 当該株式会社並びにその親会社及び子会社から成る企業集団における業務の適正性を確保するための体制（同項5号）

　親会社については，子会社を管理・指導するため，親会社の監査役の派遣や親会社の内部監査部門による業務監査等に関する規程を定めます。

　子会社については，親会社から不必要な取引を強要されるなどの不当な圧力を防止するための方針や，子会社の監査役と親会社の監査役との間の情報共有に関する事項を定めます。

⑦ 監査役がその職務を補助すべき使用人を置くことを求めた場合における当該使用人に関する事項（同条3項1号）

　監査役からその職務を補助すべき使用人に設置の要求があった場合における対応方針や人数等について定めます。

218

⑧　取締役及び使用人が監査役に報告するための体制その他の監査役への報告に関する体制（同項4号）

　　取締役や使用人が，経営上重大な影響を及ぼすおそれのある事実を発見又は報告を受けた場合について，監査役に報告すべき範囲や手続を定めます。

2　財務報告に関する内部統制の具体例

(1)　内部統制報告書の作成

　　上場会社は，企業会計の不正を防止し，財務報告の信頼性を確保するため，事業年度ごとに，財務計算に関する書類その他の情報の適正性を確保するために必要なものとして内閣府令で定める体制について経営者が評価した「内部統制報告書」を作成することが義務付けられています（金商法24条の4の4第1項等）。代表取締役等は，毎年，会社の財務報告にかかる内部統制の有効性を評価しなければなりません。また，当該報告書には，内部統制の基本的な枠組み，評価の範囲・基準日・評価手続及び評価結果を記載しなければなりません[2]。

(2)　体制整備

　　代表取締役等は，財務報告に関する内部統制について，以下のような手続を整備することが考えられます。

①　誤発注や架空取引を防止するため，取引の発注は具体的な注文内容（数量・金額等）を記載した書面により行い，管理者は費用の支払時に注文内容と請求内容を突合の上，支払処理を行うことを定めた手順書の作成

②　契約を締結するに当たり，内容・金額に応じた立案者や決裁権者等による稟議の手続を定め，当該手続を経なければ契約書に押印できないことを定めた手順書の作成

---

[2] 中村直人『コーポレートガバナンスハンドブック』（商事法務，2017）34頁

労務関係

Q 33 従業員雇用

従業員を雇用する際の留意点について教えてください。

A 従業員を雇用する際には，労働契約により，労働条件を明示する必要があります（労基法15条1項）。常時10人以上の従業員を雇用する会社は就業規則を作成し，労働基準監督署長に届け出る必要がありますが（労基法89条），就業規則も労働条件の一部であるため，従業員への説明が必要です。このほか，各種保険に関する届出手続も必要となります。なお，雇用に関しては，個人情報の扱いや，障害者雇用義務，有期契約従業員・パートタイム従業員，外国人の雇用に関するルールにも注意が必要です。

解説

　企業は，自由に労働者を雇用することができますが，その条件や契約態様については労働者保護の観点から一定の規制がなされています。以下では，労働法による規制の概要と雇用手続における留意点を中心に解説します。

1 雇用時の労働契約，労働条件決定に関する法規制

　企業が労働者を雇用するときには，使用者と労働者との間で労働契約を締結し，労働条件を明確にしておく必要があります（労働契約法4条）。契約の締結は当事者の合意により行われるのが原則ですが，労働契約については，労働者の保護を目的として，主に労働基準法，労働契約法によって一定の規制がなされています。また，従業員に適用される労働条件や服務規律を画一的に定めるものとして，一定の要件を満たす使用者には就業規則の作成が求められています（労基法89条）。

2　労働条件を定める契約等

(1)　労働契約

ア　労働契約の締結

労働契約は，労働契約法に従って締結する必要があります。同法では「労働契約は，労働者が使用者に使用されて労働し，使用者がこれに対して賃金を支払うことについて，労働者及び使用者が合意することによって成立する。」と定めています（労契法6条）。書面による契約締結が法律上求められているわけではありませんが，他の一般的な契約と同様，書面により明確化しておくことが重要です。ただし，以下イで述べるとおり，一定の労働条件については書面での交付義務が法定されています（労基法施行規則5条3項）。労働契約法には，労働契約に際して労使が対等な立場で契約を締結すべき旨（労契法3条）など，労働契約の基本的な理念及び労働契約に共通する原則や，労働契約に伴う使用者の安全配慮義務も定められています（労契法5条）。

イ　労働条件の明示義務

どのような労働条件で働くのかを理解させなければ労働者の保護につながらないことから，労働基準法，労働契約法に下記のような規定が置かれています。

① 賃金，労働時間そのほかの労働条件を明示すべき旨（労基法15条）。このうち，特に重要な項目については書面交付義務があります（労基法施行規則5条3項）。

② 労働条件及び労働契約の内容について労働者の理解を促進すべき旨及び，できるかぎり書面で労働条件を確認すべき旨（労契法4条）

なお，上記書面（労働条件通知書）のフォーマットは厚生労働省[1]や都道府県労働局[2]のホームページにて提供されています。

---

[1] 厚生労働省
http://www.mhlw.go.jp/bunya/roudoukijun/roudoujouken01/
[2] 東京労働局
https://jsite.mhlw.go.jp/tokyo-roudoukyoku/hourei_seido_tetsuzuki/hourei_youshikishu/youshikishu_zenkoku.html

第 12　労務関係

(2)　就業規則

　　就業規則は，労働者の採用から退職に至るまでの労働条件や服務規律を画一的に定めるもので，この内容は就業規則が対象とする全ての労働者に適用されることとなります。常時 10 人以上の労働者を使用する使用者に作成義務があります（労基法 89 条）。なお，就業規則は適用範囲が明確であれば，雇用形態（正社員，契約社員）や事業の種類，勤務場所等ごとに，複数作成することができます。

　ア　記載事項

　　労働基準法 89 条では就業規則の記載事項として，以下の内容が定められています。

絶対的 必要記載事項	1　始業及び終業時刻，休憩時間，休日，休暇並びに交替勤務で就業させる制度がある場合はその内容に関する事項 2　賃金の決定，計算方法並びに昇給に関する事項 3　退職に関する事項（解雇の事由を含む）
相対的 必要記載事項	1　退職手当に関して，適用労働者の範囲，手当の決定，計算及び支払の方法，支払時期に関する事項 2　退職手当を除く臨時の賃金等及び最低賃金に関する事項 3　食費，作業用品，その他従業員に負担させる事項 4　安全衛生に関する事項 5　職業訓練に関する事項 6　災害補償及び業務外の傷病扶助に関する事項 7　表彰に関する事項 8　その他事業場の労働者の全てに適用される事項（配置転換，出向，職場規律等）
任意記載事項	制定趣旨，適用範囲，用語定義等

出典：糸原宏ほか著『社員とのトラブルを防ぐ人事労務の基本〔第 2 版〕』（労働新聞社，2013）209 頁の図表を改変

　イ　法令や労働契約・労働協約との関係

　　法令，労働契約，就業規則や労働協約（使用者と労働組合との合意）の内容が矛盾する場合には，その優先順位が問題となります。

　（ア）　労働者の過半数で組織する労働組合のない会社の場合

　　　1 法令，2 就業規則，3 労働契約の順位となります（労基法 92 条，93 条，労契法 12 条，13 条）。法令に反した就業規則はその部分について無効となり，また就業規則の基準に達しない条件を定めた労働契約はその部

分について無効とされます。

（イ）　労働者の過半数で組織する労働組合のある会社の場合

　　１法令，２労働協約，３就業規則，４労働契約の順位となります（労基法92条，93条，労契法12条，13条）。労働協約は，使用者が一方的に作成できる就業規則よりも強い効力が保証されています。

(3)　作成・変更の際の留意事項

　　就業規則の作成，変更に当たっては，①労働者の過半数で組織する労働組合のある場合は労働組合，ない場合は労働者の過半数を代表する者の意見聴取②労働基準監督署長への届出が必要となります（労基法89条，90条）。なお，意見の聴取や届出は事業所単位で行う必要があります。

(4)　周知義務

　　労働基準法106条では就業規則の労働者への周知義務を定めています。周知の方法として掲示や備付，交付等の方法が法定されています（労基法施行規則52条の2）。雇用の際の就業規則説明もこの周知義務履行の一部となります。

3　各種保険に関する届出手続

(1)　雇用保険

　　雇用保険は，労働者の失業，育児・介護による休業等の際の生活の安定を目的とする保険制度であり，事業主と労働者それぞれが保険料を負担します。

　　事業所規模にかかわらず，①1週間の所定労働時間が20時間以上で，②31日以上の雇用見込がある人を雇い入れた場合は適用対象となります（雇用保険法5条，6条）。手続はハローワークのホームページ[3]に記載があります。

(2)　労災保険

　　労災保険は，労働者が業務上の事由又は通勤による負傷や病気，あるいは死亡した場合に，被災労働者や遺族を保護するため必要な保険給付を行

---

[3] ハローワーク
　https://www.hellowork.go.jp/enterprise/insurance_subsidy.html

第 12　労務関係

う制度です。

　労働者を 1 人でも雇用する会社は適用されることになります（労働者災害補償保険法 3 条 1 項）。パートやアルバイトも含む全ての労働者が対象です。ただし，労働者を採用するたびに手続が必要となるわけではなく，会社が毎年行う労災保険の申告・納付手続により届出手続が完了することになります。

(3)　**健康保険（介護保険を含む），厚生年金保険**[4]

　健康保険制度は，労働者又はその被扶養者の業務災害以外の疾病，負傷若しくは死亡等に関して必要な保険給付を行う制度です。介護保険は介護のためのサービスを低い負担額にて受けるための保険制度で，40 歳以上の者が加入者となります。

　また，厚生年金保険制度は労働者が加入する公的年金の制度の一種です。

　これらの制度は，会社その他の法人や一定の要件を満たす個人事業所では強制適用となっており，適用事業所で働く労働者は加入者となります。届出は所轄の年金事務所に行いますが，健康保険組合に加入する会社の場合は健康保険組合にも届出が必要となります。なお，介護保険については，40〜64 歳までの労働者について健康保険料と一緒に保険料を徴収するため，個々の労働者ごとの加入手続は特段必要ありません。

4　雇用に関するその他の留意点

(1)　**個人情報の取扱い**

　雇用に際しては労働者の個人情報を取得することになります。その取得や管理，想定される利用目的の特定等については，個人情報保護法及び厚生労働省告示の「雇用管理分野における個人情報保護に関するガイドライン」，「健康情報留意事項（雇用管理に関する個人情報のうち健康情報を取り扱うにあたっての留意事項）」に沿った運用をする必要があります。また，各種保険の届出に必要となるマイナンバーについては，いわゆるマイナンバー法に従って扱う必要があります。

---

[4] 参考：日本年金機構
http://www.nenkin.go.jp/index.html（日本年金機構）

(2) 障害者雇用義務

障害者の雇用対策として，従業員45.5人以上の会社は，従業員数の2.2％以上の障害者を雇用する義務が定められています（障害者の雇用の促進等に関する法律43条1項）。この義務を履行できない場合には不足する障害者雇用数に応じた納付金を支払うことになります。

(3) 有期契約社員，パートタイマー・アルバイト雇用に関する規制

有期契約社員，またパートタイマー・アルバイト（パートタイム労働者，通常従業員よりも短時間業務に従事する者）については，不当な差別をすることを防止することを目的とした法律があります（労契法，短時間労働者の雇用管理の改善等に関する法律（パートタイム労働法）など）。

例えば下記のような規定が置かれています。

＊　パートタイム労働者の待遇の原則（正社員との待遇の相違がある場合は，その職務内容等を考慮して合理的な相違である必要がある。パートタイム労働法8条）

＊　パートタイム労働者であることや，有期であることを理由とする不合理な労働条件の禁止（労契法20条，パートタイム労働法9条）

＊　雇用時に教育訓練や福利厚生に関する事項など，一定の事項についての説明義務（パートタイム労働法14条）

(4) 外国人雇用

出入国管理及び難民認定法（入管法）により在留資格の範囲内で就労資格が認められています。会社としては，「在留カード」等を本人から提示を受けることにより就労が認められるかどうかを確認する必要があります。また，雇用後はハローワークに所定の届出をする必要があります（雇用対策法28条）。

雇用の対象となる在留資格及び届出手続，雇用の際の留意点については，厚生労働省，都道府県労働局，ハローワークによるパンフレット「外国人雇用はルールを守って適正に」[5]をご参照ください。

---

[5]「外国人雇用はルールを守って適正に」
http://www.mhlw.go.jp/file/06-Seisakujouhou-11650000-Shokugyouanteikyokuhak-enyukiroudoutaisakubu/300529_2.pdf

第12　労務関係

(5)　その他

　　上記の他にも，高齢者雇用安定法による，定年を定める場合の年齢の制限や，男女雇用機会均等法による性別を理由とした差別の禁止等のルールがあります。

Q34 労働時間管理

労働時間管理に関するルールや留意点を教えてください。

A 労働者の健康への配慮から、労働時間や休憩、休日については法律上の規制があります。時間外労働、あるいは休日に労働させる場合には、労使で協定し労働基準監督署に届け出ることが必要です。また、時間外労働や休日労働には相当の割増賃金を支払う必要があります。

労働基準法上の「管理監督者」には上記の労働時間等の規制は適用されませんが、課長等のいわゆる管理職の肩書が必ずしも「管理監督者」に該当するわけではないことに留意が必要です。「管理監督者」に該当するかどうかは、肩書ではなくその職務や責任等の実態で判断されます。会社が「管理監督者」として扱っていたとしても、実態がそれに該当しない（いわゆる「名ばかり管理職」）として、それまでの時間外・休日労働に対する賃金を支払わざるを得なくなった裁判例もあります。

解説

1 労働時間、休憩・休日に関する労働基準法の定め

(1) 労働時間

ア　原則として週40時間、1日8時間を超える労働は認められません（労基法32条）。

イ　労働時間を弾力化させるため、変形労働時間制（労基法32条の2、32条の4、32条の4の2、32条の5）、フレックスタイム制（同法32条の3）、みなし労働時間制が認められています（同法38条の2）。変形労働時間制は一定期間を平均し、1週間当たりの労働時間が法定の労働時間である40時間を超えない範囲内で特定の日又は週に法定労働時間を超えて労働させることができる制度であり、例えば時期により繁閑の差がある業種で利用されます。フレックスタイム制は1か月を上限とする一定期間内の総労働時間をあらかじめ決定した上で、労働者が各日の始業時刻及び終業時刻を設定できる制度であり（労基法3条3項）、より自律的かつ効率

227

第12 労務関係

的な働き方に応じた労働時間管理が可能となります。また，みなし労働時間制とは，特定時間「労働した」とみなすことができる制度であり，管理者の監督が及ばない事業場外での労働の他，デザイナーやシステムエンジニアなど，業務遂行の手段や時間配分などに関して使用者が具体的な指示をしない一定の業務（専門業務型裁量労働時間制）や，事業運営の企画，立案，調査及び分析の業務であって，業務遂行の手段や時間配分などに関して使用者が具体的な指示をしない業務（企画業務型裁量労働時間制）が対象となります（労基法 38 条の 2～38 条の 4）。

(2) **休憩**

労働時間が 6 時間を超える場合は 45 分以上，8 時間を超える場合は 1 時間以上の休憩を付与する必要があります（労基法 34 条）。

(3) **休日**

少なくとも毎週 1 日，あるいは 4 週間を通じて 4 日以上の休日を付与する必要があります（労基法 35 条）。通常採られる 1 日 8 時間労働の勤務形態では，週の労働を 40 時間内とするため，労基法による毎週 1 日の休日のほかに，もう 1 日，休日を設定する必要があり，その休日を「所定休日」と呼びます。労基法による休日は「法定休日」と呼ばれますが，この 2 つの休日は，時間外労働の割増率に違いがあるため，留意が必要です（労基法 37 条 1 項）[1]。

2　時間外労働

(1) **時間外労働協定**（36 協定）

従業員に時間外労働，あるいは休日に労働させる場合には，あらかじめ労使で協定し労働基準監督署に届け出ることが必要です（労基法 36 条，いわゆる「36（サブロク）協定」）。この協定がないと，時間外労働そのものが違法となります。また，協定を締結するだけでなく，労働基準監督署への届出により効力が生じることにも留意が必要です。原則として 1 か月 45 時間，1 年 360 時間の時間外労働を上限に協定することができますが，特別

---

[1] 所定休日は 25%，法定休日は 35% の割増が必要となります（労働基準法第三十七条第一項の時間外及び休日の割増賃金に係る率の最低限を定める政令）

条項を締結することでこの上限を超えた時間外労働も認められます。

※　現行法では，特別条項による協定については特に上限時間が定められていませんが，いわゆる「働き方改革」関連法案の一部として，この点を見直す（上限を設定する）旨の法案が平成30年6月に成立しました。

　なお，当該協定により時間外労働，あるいは休日に労働させた場合には割増賃金の支払義務があります（労基法37条）。

　36協定締結の主体・協定事項・届出先や届出フォーマット・延長時間限度等の詳細については各地の労働局のホームページ[2]を参照してください。

(2)　**時間外労働の算定**

　基本的には上記1(1)アの基準を超えた時間を時間外労働として算定します。変形労働時間制を採用している場合は，変形労働時間の総枠が併せて適用されることになります（昭和63年1月1日基発1号，婦発1号「改正労働基準法の施行について」）。

3　上記規制が適用されない「管理監督者」に関する留意点

(1)　**該当性**

　労働基準法上の「管理監督者」には上記の労働時間や休日に関する規制は適用されません（労基法41条2号）。管理監督者は，経営者と一体的な立場にあり，重要な責任や権限が委ねられていることから，労働時間の枠を超えて活動せざるを得ない重要な職務内容を有しており，また時を選ばず経営上の判断や対応が要請されることが想定されるためです。したがって，ここにいう「管理監督者」に該当するのは実態として下記を全て満たす者のみであり，単に管理職としての肩書があるだけでは「管理監督者」に該当しないことに留意が必要です。

①　経営者と一体的な立場で仕事をしている

②　出社，退社や勤務時間について厳格な制限を受けていない

③　その地位にふさわしい待遇がなされている

---

[2] 東京労働局
https://jsite.mhlw.go.jp/tokyo-roudoukyoku/hourei_seido_tetsuzuki/roudoukijun_keiyaku/36_kyoutei.html

第12　労務関係

（東京労働局「しっかりマスター労働基準法　管理監督者編」[3]）

　これらを満たさない者には労働時間等に関する規制が適用されることになり，時間外労働及び休日出勤に対しては割増賃金の支払が必要になります。

(2)　裁判例等

　これまでも，課長，係長，店長等の肩書を持つ従業員が実質的に管理監督者に該当するか否かが争われた結果，上記要件を満たさないことから管理監督者には該当しないと判断され（いわゆる「名ばかり管理職」），会社が過去の時間外労働及び休日出勤に対して割増賃金の支払義務を負うこととなった裁判例が多数あります（前出の東京労働局「しっかりマスター労働基準法　管理監督者編」3～4頁参照）。この「名ばかり管理職」の言葉が一般的となったのは，日本マクドナルドの店長が管理監督者に該当するか否かが争われたことがきっかけでした。判決では，店長といえども経営者と一体的な立場にあったとは言い難く，また労働時間に関する裁量権や十分な待遇があったとは言えないことから，管理監督者には該当しないものとして，日本マクドナルドに当該店長の過去の時間外，休日労働に対する割増賃金等の支払を命じています（東京地判平成20年1月28日労判953号10頁）。

---

[3]「しっかりマスター労働基準法　管理監督者編」
https://jsite.mhlw.go.jp/tokyo-roudoukyoku/library/tokyo-roudoukyoku/seido/kijunhou/shikkari-master/pdf/kanri-kantoku.pdf

Q35 労務トラブルへの対処

Q35 労務トラブルへの対処

従業員との労務トラブルの代表例と対処のポイントを教えてください。

A 例えば従業員の勤怠不良，能力欠如，ハラスメントや私生活における問題行動，従業員による業務命令違反，会社の情報漏洩といったトラブルが挙げられます。これらに対しては事情聴取の上，注意や指導を行った上で，就業規則に違反するような状況であれば懲戒処分を行うのが基本的な対応となります。ただし，就業規則に定める解雇事由に該当するような場合であっても，解雇は容易には認められていないことから，解雇は慎重に検討する必要があります。なお，従業員退職後も会社の情報漏洩や競業避止義務違反といったトラブルが生じ得ます。就業規則や誓約書により退職後の義務を明確にしておくほか，違反時には責任追及等を行うことが考えられます。

解 説

1 従業員による問題行動への対応

従業員による問題行動としては，例えば勤怠不良，能力欠如，ハラスメントや私生活における問題行動，業務命令違反，会社の情報漏洩といったトラブルが挙げられます。対応は段階を追って行う必要があります。最終的に解雇が争われるような場合には，解雇に至るまでのプロセスが，解雇が有効とされるか否かに重要な影響を与えます。

(1) 最初にすべき対応～改善指導等

ア 改善指導，注意及び記録

本人に事情聴取し，注意，指導を行います。現在の業務が本人の能力，適性に合っていないと考えられる場合には，転勤や配置転換により改善される余地もあります。

このときに将来的に紛争となった場合に備え，会社としての対応内容や指導内容を文書化し，証拠として残しておくことが重要です。

231

第 12　労務関係

　従業員の能力不足を理由とする解雇が無効と判断された事例で，当該従業員に対する教育不足や，会社の対応についての証拠不足が挙げられている判例があります（セガ・エンタープライゼス事件，東京地決平成 11 年 10 月 15 日労判 770 号 34 頁）。一方で，同様に従業員の能力不足を理由とする解雇が争われた日本ストレージ・テクノロジー事件（東京地判平成 18 年 3 月 14 日労経速 1934 号 12 頁）では，従業員の問題点や，会社の従業員に対する指導の事実を書面で立証可能であったことが解雇を有効とする判断の一因となっています。

イ　対応の際の留意点

（ア）　従業員のプライバシー保護

　私生活の問題行動について事情聴取するときには，私生活の尊重やプライバシー侵害にならないような配慮が求められます。労働に直接関連しない事柄について，会社は雇用関係に基づく指示命令はできません。

（イ）　法律上の保護

　例えば転勤命令について，育児，介護中の従業員に対しては，就業場所変更を伴う転勤について配慮する必要があるとされています（育児介護休業法 26 条）。

（ウ）　従業員による情報漏洩のケース

　従業員による情報漏洩の場合には，上記対応に加え，マスコミ対応や不正競争防止法適用の余地，刑事的措置の必要性を検討する必要があります。詳細は経済産業省「秘密情報の保護ハンドブック〜企業価値向上に向けて〜」[1]（第 6 章　漏えい事案への対応）を参照してください。

(2)　**懲戒処分検討**

　懲戒処分を行うためには，少なくともその根拠規定が必要です。また，その懲戒が客観的に合理的な理由を欠き，社会通念上相当であると認められない場合は，その権利を濫用したものとして無効とされます（労契法 15条）。懲戒処分の合理性，相当性については，懲戒事由である職場の暴行

---

[1] 経済産業省「秘密情報の保護ハンドブック〜企業価値向上に向けて〜」
http://www.meti.go.jp/policy/economy/chizai/chiteki/pdf/handbook/full.pdf

事件から7年以上経過した後の諭旨退職処分について，長期間にわたって懲戒権の行使を留保する理由が見出し難いとして処分が無効であると判断された事例があります（ネスレ日本事件，最二小判平成18年10月6日労判925号11頁）。

(3) 退職勧奨，解雇検討

指導や懲戒処分によっても改善の見込みがない場合には退職勧奨，解雇を検討することになります。

ア　退職勧奨

退職勧奨は会社側から従業員に退職を促すことであり，それ自体は違法ではなく，またそれに応じるか否かは従業員が任意に判断することになります。ただし，退職勧奨による労働契約の終了のためには双方の合意が必要であり，会社からの退職強要と受け取られかねない手法は避けなければなりません。例えば，退職勧奨を明確に拒否した者に対して繰り返して勧奨を行うこと，強い表現や直接的な表現を用いること，執拗に長時間の面談などの手法を用いること，長期間にわたる勧奨は不法行為に該当するおそれがあります。傷病休職していた労働者の復職に際し，数か月の間に復職について30数回の面談を行い，その中には長時間にわたるものあり，かつ寮にまで赴いて退職勧奨した事案について，不法行為とされて慰謝料請求が認められた事例があります（全日本空輸事件，大阪高判平成13年3月14日労判809号61頁）。

イ　解雇

解雇については，客観的に合理的な理由を欠き，社会通念上相当と認められない場合には，権利を濫用したものとして無効となることに留意する必要があります（労契法16条，解雇権濫用法理）。

前出の日本ストレージ・テクノロジー事件では，上司の再三の指導・注意にもかかわらず従業員が勤務態度をまったく改めず，反省の態度を示さなかったことを考慮すると，当該従業員の解雇を権利濫用と判断するのは難しい，としています。逆に，やはり前出のセガ・エンタープライゼス事件では，従業員の考課結果からは直ちに労働能率が著しく劣り，向上の見

第 12 　労務関係

込みがないとまでいうことはできず，また教育，指導による能力向上の余
地もある（会社による対応が不足している）として，解雇が権利の濫用に該当
し無効であるとされています。このように，解雇を行うためには，単に形
式的に就業規則や労働契約の解雇事由に該当するだけでは不十分であり，
解雇までのプロセス（また，客観的にそのプロセスを立証可能とするために経過を
書面に残しておくこと）も重要であるといえます。

2 　従業員退職後のトラブル

(1) 　情報漏洩

　秘密保持の誓約は合理的なものであれば無効とはいえず，職務内容や情
報の重要性などに応じて判断されます（ダイオーズサービシーズ事件，東京地
判平成 14 年 8 月 30 日労判 838 号 32 頁）。合理的な秘密保持の誓約内容の違反
があれば当該誓約に基づく損害賠償請求を行うことができます。また，当
該情報が一定要件（①秘密管理性，②有用性，③非公知性）を満たせば不正競
争防止法に基づく営業秘密の差止めや損害賠償請求を行う余地もあります。

　対応及び責任追及については前出の経済産業省「秘密情報の保護ハンド
ブック〜企業価値向上に向けて〜」も参考となります。

(2) 　競業避止義務

　誓約書等により退職後の競業を制限することは原則有効ですが，合理的
範囲内である必要があります。日本コンベンションサービス事件（最二小
判平成 12 年 6 月 16 日労判 784 号 16 頁）では，競業避止義務の有効性につい
て，制限期間，場所的な範囲及び職種の範囲，代償の有無，企業の利益と
退職者の不利益のバランス等から判断される，としています。また，一般
的な業務に関する知識・経験・技能を用いることによって実施される業務
は，競業避止義務の対象とはならないとする判例があります（アートネイ
チャー事件，東京地判平成 17 年 2 月 23 日労判 902 号 106 頁）。詳細は前出の経済
産業省「秘密情報の保護ハンドブック〜企業価値向上に向けて〜」の参考
資料 5「競業避止義務契約の有効性について」を参照してください。

Q 36 紛争解決方法

労働関係のトラブルには特有の紛争解決方法があると聞きました。どのようなものですか。

A 大別すると，①行政による紛争解決方法，②裁判所による紛争解決方法に分類できます。①行政による紛争解決方法には，主なものとして，ⅰ）都道府県労働局長による紛争解決方法，ⅱ）労働委員会による紛争解決方法があり，②裁判所による紛争解決方法には，労働審判があります。

解 説

　労働関係のトラブルが生じた場合には，それぞれの企業・職場において，十分な話し合いによる自主的な円満解決を図ることが理想です。ただし，話し合いによる円満解決が困難な場合には，通常訴訟，少額訴訟，民事調停手続などの一般的な紛争解決方法のほかに労働関係のトラブルに特有の紛争解決方法として，これらとは別の方法が用意されています。いずれも，立場の弱い労働者側からの利用を念頭に，比較的簡易・迅速に行えるという長所があります。また，知見ある第三者が，当事者双方の話を聞きながら，柔軟に合意形成を図っていく解決方法であるため，法律や裁判を敬遠しがちな日本人気質にもマッチしており，労働者が心理的にも利用しやすいという長所もあります。

1　都道府県労働局長による紛争解決方法[1]

　労働関係のトラブルを抱えた労働者個人が，まず相談しやすいのが，各都道府県や労基署内に設置された総合労働相談コーナーです。ここでは，労働関係に関する相談から当事者への指導，解決のあっせんまで，ワンストップで対応しています。

(1)　総合労働相談コーナー

　都道府県労働局長は，個別労働関係紛争を未然に防止し，自主的な解決

---

[1] 厚生労働省
http://www.mhlw.go.jp/general/seido/chihou/kaiketu/index.html

第 12　労務関係

を促進するため，労働者，求職者又は事業主に対し，情報の提供，相談その他の援助を行うものとされています（個別労働紛争解決促進法 3 条）。これを受けて，各都道府県労働局が，総合労働相談コーナー等を設置し，各相談に対応しています。

(2)　**都道府県労働局長による助言・指導**（・勧告[2]）

都道府県労働局長は，紛争当事者の双方又は一方からその解決につき援助を求められた場合には，紛争当事者に対し，必要な助言または指導をするものとされています（個別労働紛争解決促進法 4 条 1 項等[3]）。

(3)　**紛争調整委員会によるあっせん**（又は調停[4]）

都道府県労働局長は，紛争当事者の双方又は一方からあっせん（又は調停）の申請があり，必要があると認めた場合には，紛争調整委員会にあっせん（又は調停）を行わせるものとされています（個別労働紛争解決促進法 5 条 1 項[5]）。

2　労働委員会による紛争解決方法

労働委員会は，労働者が団結することを擁護し，労働関係の公正な調整を図ることを目的として，労働組合法に基づき設置された機関です。労働関係のトラブルを抱えた労働者は，労働組合を通じて，又は自ら申請することにより，労働争議や個別労働紛争の解決を図るために，この方法を利用することができます。

(1)　**中央労働委員会によるあっせん，調停，仲裁**（労働関係調整法 10 条以降）

中央労働委員会は，労働争議に関して，紛争当事者から申請があった場合には，あっせん，調停，仲裁を行うものとされています。

---

[2] 男女雇用機会均等法，短時間労働者の雇用管理の改善等に関する法律（パートタイム労働法），育児介護休業法に関する紛争に関しては，都道府県労働局長による勧告が存在します。

[3] これ以外に，男女雇用機会均等法 16 条，17 条，パートタイム労働法 23 条，24 条，育児介護休業法 52 条の 3，52 条の 4 があります。

[4] 男女雇用機会均等法，パートタイム労働法，育児介護休業法に関する紛争に関しては，個別労働紛争解決促進法のあっせんに代わり，調停を利用することが各法令で定められています。

[5] これ以外に，男女雇用機会均等法 16 条，18 条，パートタイム労働法 23 条，25 条，育児介護休業法 52 条の 3，52 条の 5 があります。

236

⑵　**都道府県労働委員会によるあっせん**（個別労働紛争解決促進法 20 条）

　　都道府県労働委員会は，紛争当事者の双方又は一方からあっせんの申請があった場合には，あっせんを行うものとされています。

3　その他の行政による紛争解決方法

　　上記の他に，職業紹介や労働者派遣に関して，労働関係のトラブルを抱えた労働者が利用できる行政による紛争解決方法として，以下の方法が用意されています。

⑴　職業安定法上の公共職業安定所での相談・援助（職業安定法 51 条の 3）

⑵　職業安定法上の厚生労働大臣の指導助言，申告に基づく厚生労働大臣の措置（職業安定法 48 条の 2，48 条の 4）

⑶　労働者派遣法上の厚生労働大臣の指導助言，申告に基づく厚生労働大臣の措置（労働者派遣法 48 条，49 条の 3 以下）

4　労働審判（労働審判法）

　　労働審判とは，個別労働関係紛争を，労働審判官 1 名（裁判官）と労働審判員 2 名（有識者）が審理し，迅速かつ適正な解決を図ることを目的とする裁判所の手続です（労審法 1 条，7 条）。他の紛争解決方法では解決できなかった労働者が，最後の手段として利用するケースが多いです。

⑴　**審理期日**

　　労働審判は，3 回以内の期日の中で，双方の言い分を聞き，争点を整理し，必要に応じて証拠調べを行います（労審法 15 条 2 項）。この間に，話し合いでまとまれば調停が成立し，話し合いで解決できなかった場合には，労働審判が出されます（労審法 20 条 1 項）。

⑵　**異議申立て**

　　労働審判に異議申立てが無ければ，当該労働審判は判決と同様の効力を持つことになり，労働審判に異議申立てがあった場合には，通常訴訟へ移行することになります（労審法 21 条，22 条）。

第12 労務関係

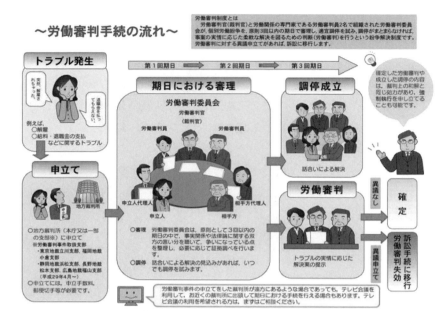

出典：裁判所ホームページ[6]

---

[6] http://www.courts.go.jp/saiban/syurui_minzi/minzi_02_03_02/index.html

Q 37　社内規程

第13 社内規程・文書管理

Q 37　社内規程

社内規程にはどのようなものがありますか。また，どのような体
系になっていますか。

A　社内規程の体系や種類は会社によって様々ですが，一般に，組織運営
関係規程，人事労務関係規程などいくつかのカテゴリーに分類され，ま
た，それぞれのカテゴリーの中で，「基本規程」と「それ以外の規程」の
ようにクラス分けされます。

解説

1　社内規程の体系及び種類

　社内規程は，会社の効率的な運営や構成員の統制などの目的で策定されま
す。定款や就業規則のように法令に基づき策定されるもの，内部統制システ
ム（会社法 362 条 4 項 6 号等）の一部として位置付けられるもののほか，会社の
規模や業務内容などに応じて，様々なものがあります。

　一般に，「組織運営関係規程」，「人事労務関係規程」，「経理関係規程」，
「総務関係規程」などのカテゴリーに分類され，かつ，「基本規程」（取締役会
で決議されることが多い）と「それ以外の規程」のようにクラス分けされま
す。「基本規程」と「それ以外の規程」は，「定款」（親規程）と「株式取扱規
程」（子規程）のように親子関係を構成する場合もあります。

2　主な規程のカテゴリー及び規程の内容 [1]

(1)　組織運営関係規程

　　組織運営関係規程は，会社の運営において必要となる組織（会議体や部
　署）の運営ルール，組織ごとの役割分担，取締役・部長など各職位の権限

---

[1] 以下は，多くの会社で共通すると思われる内容を中心に記述していますが，規程の構成
や内容は会社によって異なることに留意して下さい。

239

第13　社内規程・文書管理

【図表：社内規程の体系と代表的な規程】 ※会社によって異なります

カテゴリー	規程例	策定等の根拠
組織運営関係規程	◎定款 　└株式取扱規程 ◎取締役会規程 　└各種会議体規程 ◎監査役会規程 ◎組織規程 ◎業務分掌規程 ◎職務権限規程 ◎稟議規程 ◎内部監査規程	会社法
人事労務関係規程	◎就業規則 　└給与規程 　└退職金規程 　└育児・介護休業規程	労働基準法
経理関係規程	◎経理規程 　└原価計算規程 　└固定資産管理規程 ◎予算管理規程	
総務関係規程 その他	◎コンプライアンス方針 　└内部通報規程 ◎リスク管理方針 ○関係会社管理規程 ○経営情報管理規程 ○文書管理規程 ○印章管理規程	内部統制システムの一部

◎…基本規程，○…その他の規程（└…基本規程の子規程）

　の範囲を明らかにすることを中心に構成されます。会議体の運営ルール
は，取締役会規則や監査役会規則など会議体ごとに規定するのが一般的で
あり，各部署の役割分担や各職位の職務権限については，業務分掌規程や
職務権限規程として定めます。株式会社では，定款において定められた範
囲で，株主から取締役・監査役等の役員に経営が委任されています（会社
法330条，355条参照）。取締役会では，それを受けて，各取締役の職務分掌
を定め，重要ではない業務執行についての決定は，職務権限規程等におい
て各取締役又はその所管する部門長に対して決定権限を委任します。これ
らの規程が定める内容は，業務執行取締役の選定や業務執行の決定の委任
であることから，多くの場合，取締役会決議によって定められる基本規程

として定められます（同法363条1項2号，362条2項1号）。

ア　組織規程・業務分掌規程

　会社にどのような会議体や部署を設けるか，また，各部署が行う業務の範囲を組織規程や業務分掌規程に定めます。例えば，会社の登記を法務部が窓口になって司法書士に依頼するケースがありますが，そのような会社では，業務分掌規程に「商業登記に関する業務」は法務部が行うと定められていることが多いでしょう。

イ　職務権限規程

　各部門の長がいかなる範囲で権限を有するかは職務権限規程に定めます。不動産登記に関して（支配人の登記のない）支店長の名義で委任状を発行するケースがありますが，そのような会社では，職務権限規程に「支店長は支店の業務に関して対外的権限を有する」と定められていることが多いでしょう。この場合，支店長は「ある種類又は特定の事項の委任を受けた使用人」（会社法14条）として委任状を発行するものと解されます（「印章管理規程」によって支店長職印の使用範囲を定めている場合もあります。）。

ウ　稟議規程

　取締役に委任される決定事項のうち，一定の事項（例えば，一定金額以上の信用の供与や，資産の購入，経費の支出，あるいは訴訟に関する事項など）については，稟議書による決定を要する旨を稟議規程として定めることがあります。

　稟議書は，関係する役員や部門長に回付された上で，最終的に，決裁者（社長，財務担当役員，法務担当役員など稟議内容によって異なる）によって認可されます。このような手続を設けることで，複数の者の意見を踏まえた決定を行うことができ，また，決定プロセスや内容が明確化されるというメリットがあります。

(2)　人事労務関係規程

　人事労務関係規程は，法定の規程である就業規則とその子規程を中心に構成されます。就業規則は，個々の従業員との間の労働契約の内容（労働条件）を定めるものとして取り扱われ（労契法7条），その記載事項は法定

241

されているもの（労基法89条）とそうではないものとがあります。労働基準法上，最低限必要となる記載事項（絶対的必要記載事項）としては，労働時間，賃金及び退職に関する事項があり，このうちの賃金に関する事項や，それ以外の退職手当関係などについては，わかりやすさ（全てを就業規則本体に盛り込んでしまうと大部になりすぎる）などの理由から別に子規程（給与規程，退職金規程など）を設けるのが一般的です[2]。

(3) 経理関係規程

経理関係規程は，主に経理規程及びその子規程から構成されます。このように構成されるのは，就業規則と同様にわかりやすさなどを考慮してのことです。子規程としては，複雑な原価計算のルールを定める原価計算規程や，会社の資産として重要な固定資産についての取得・管理・処分等の手続を定める固定資産管理規程などがあります。

これらの規程は，資金調達，設備投資，仕入れ，製品の販売といった会社の経済活動を会計帳簿や決算に反映させるための基準や手順を定めることにより，会社の財務状態及び経営成績を正確に把握できるようにし，もって経営管理を適切かつ効率的に行えるようにすることを目的としています[3]。

なお，上記のような経済活動を統制するために，会社は予算管理規程を策定しています。予算管理規程には，予算期間（予算は，月次，四半期，半期，年次といった期間ごとに定められます），予算の内訳（販売・製造予算，一般管理費予算など），予算編成手続及び予実（予算と実績の差異）管理のルールなどを定めます。会社における予算の編成は，各部門で予算を策定（例えば，法務部門では，当年度に見込まれる弁護士報酬，司法書士報酬などを基に予算を策定）

---

[2] 就業規則等については，労働局のサイトで解説されています。
https://jsite.mhlw.go.jp/tokyo-roudoukyoku/hourei_seido_tetsuzuki/roudoukijun_kei-yaku.html（東京労働局）
また，厚生労働省労働基準局編『労働基準法解釈総覧』（労働調査会，2014年（最新版は改訂15版）），大槻智之『規程例とポイントが見開き対照式でわかる就業規則のつくり方・見直し方』（日本実業出版社，2017年）も参考になります。
[3] 参考文献として，有限責任監査法人トーマツ編『経理規程ハンドブック〔第9版〕』（中央経済社，2016年）。

した後に，経営管理部門や財務部門などにおいて各部門の予算を統合・調整して，会社全体の予算を策定するといったプロセスで行われることが一般的です。

(4) 総務関係規程及びその他の規程

総務関係規程は会社の総務・庶務的な事項について定めるもので，「それ以外の規程」（経営会議や稟議などにより定められる）に分類されるものが大半でしょう。このカテゴリーに含まれる規程には会社の業務内容等に応じて多くのものがありますが，ここでは印章管理規程について概説します（文書管理規程もこのカテゴリーに属しますが，そちらはQ38で解説します）。また，その他の規程として，関係会社管理規程と経営情報管理規程についても概説します。

ア　印章管理規程

会社が対外的に用いる印章の種類並びに各印章の用途及び管理者や，印章の調整（作成）手続，社内の検印などに用いる印章（役席印）の登録手続きなどを印章管理規程に定めます。

会社が用いる印章には，いわゆる実印（法務局にその印鑑を届け出たもの），取引印（認め印），銀行届出印などがあり，取引印には，「代表取締役印」と刻印されたいわゆる代表取締役印のほか，「○○本部長印」「○○部長印」「支店長印」と刻印された事業部門長の印章があります。一般に，職務権限規程及び印章管理規程により，どの場面でどの印章を用いるのかが決まることになります。大企業間で行われる汎用的な取引では，（実印や代表取締役印ではなく）事業部門長の印が用いられることも少なくありません。

イ　関係会社管理規程

関係会社管理規程は，親会社が関連会社を統制するために設けるもので，管理の対象となる関係会社の定義（範囲）や，関係会社から報告を求める事項（会社によっては，子会社における経営管理や業務執行に係る事項のうち一定の事項を親会社が承認すべき事項として定める場合もあります）及び子会社株式に関する議決権行使の基準などを定めます。この規程の目的は，グループとしてのシナジー効果を発揮するため，関係会社が親会社の統制の下で有

第13　社内規程・文書管理

機的に活動することを期し，もってグループとしての企業価値を高めることにあります。

　また，会社法で求められる内部統制システムでは，グループ（企業集団）としての業務の適正を確保するための体制を整備することが求められており（会社法362条42項6号，会社規100条1項5号参照），関係会社管理規程はその体制整備の代表的なものと位置付けられます。

ウ　経営情報管理規程

　経営情報管理規程には，管理対象となる情報（経営情報）の定義，管理対象となる経営情報が発生した場合に当該情報を法務・コンプライアンス部門などに速やかに報告すること，当該情報を関係者以外に伝達してはならないこと及び当該情報の開示の要否や開示方法の決定手続などを定めます。管理対象となる情報の定義は，インサイダー取引規制（金商法166条など）やタイムリー・ディスクロージャー（東京証券取引所の有価証券上場規程402条以下参照）などの観点から定められます。

244

Q 38 文書管理

会社の文書管理についてルールを策定する場合，どのようなこと
に気を付けるべきでしょうか。

A 文書管理のルールとして文書管理規程を定め，この中で，文書の法定
保存期間や文書の秘密性・重要性等を考慮した文書管理の手続等を定める
のが一般的です。

解説

1 文書の保存期間

　法令の定めや文書の性質により一定期間の保存が必要であると認められる
文書には，例えば次のようなものがあります。

【図表：主な文書と保存期間】

保存期間	文書	保存の根拠法，起算日など
永久	定款 株主名簿 就業規則 登記・訴訟関係書類 官公庁への提出文書・許認可文書	会社法 会社法 労働基準法
10 年	株主総会議事録※ 取締役会議事録・監査役会議事録※ 計算書類及び附属明細書※ 会計帳簿・事業に関する重要な資料 契約書※	会社法（支店備置は5年） 会社法 会社法 会社法（閉鎖の時から） 契約終了から
7 年	税務関係文書 ・決算に関して作成された書類 ・取引関係文書・帳簿　など	法人税法施行規則
5 年	事業報告※ 監査役の監査報告※ 会計監査人の監査報告※ 有価証券報告書の写し※	会社法（総会の1週間前から。支店 備置は3年） 金融商品取引法
3 年	労働関係に関する重要な書類 ・労働者名簿 ・賃金台帳　など	労働基準法

※の文書は法令の定めにかかわらず「永久保存」としている会社も多い。

第13　社内規程・文書管理

　これらの文書は，文書管理規程にその保存期間が定められ，紙又は電磁的記録により作成・保存されます[1]。なお，文書の内容（根拠法）により要件は異なりますが，電磁的記録による場合にはいわゆるタイムスタンプや，ユーザー情報の記録などの一定の要件を満たす必要があり（e-文書法[2]，電子帳簿保存法[3]），現時点では導入企業は多くありません。

2　秘密文書の取扱い

(1)　営業秘密としての保護

　秘密情報のうち，不正競争防止法上の「営業秘密」に該当するものは同法による保護の対象となります。その保護を受けるためには，①秘密として管理されていること（秘密性），②有用な技術上又は営業上の情報であること（有用性），③公然と知られていないこと（非公知性）という3つの要件を全て満たす必要があります（不競法2条6項参照）。

　いかなる態様で管理されていれば①（秘密性）の要件を満たすのかは，経済産業省が公表している「営業秘密管理指針[4]」に示されています。同指針では管理措置の一例として「当該文書に『マル秘』など秘密であることを表示する」ことなどが示されています。

(2)　秘密文書

　会社の文書のうち，顧客リストやノウハウの記載された文書など，そこに化体された情報が漏えいすることにより会社に損害をもたらす可能性のある文書は，一般に「秘密文書」といわれます。秘密文書は，その秘密性の高さに応じて，秘密性の高いものから次のように分類されます（これより細分化する場合もあります）。

①　関係者外秘　プロジェクト参画者など限られた担当者のみ閲覧可能

②　部外秘　特定の部署に所属する人のみが閲覧可能

---

[1] 税務関係文書や労働関係文書につき以下の URL 参照。
https://www.nta.go.jp/taxes/shiraberu/taxanswer/hojin/5930.htm（国税庁サイト）
http://www.mhlw.go.jp/bunya/roudoukijun/faq_kijyunhou_33.html（厚生労働省サイト）
[2] https://www.kantei.go.jp/jp/singi/it2/others/e-bunsyou.html
[3] https://www.nta.go.jp/law/joho-zeikaishaku/sonota/jirei/index.htm
[4] 営業秘密管理指針（経済産業省サイト）
http://www.meti.go.jp/policy/economy/chizai/chiteki/pdf/20150128hontai.pdf

③　社外秘　社内の人であれば閲覧可能

　会社においては，不正競争防止法の保護を受けるためにも，このような秘密性の区分（例えば「社外秘」）を文書に表示することを，文書管理規程において定めていることが一般的です。

3　文書の持出し等の管理

　秘密文書や紛失したら困る文書等を社外に持ち出す場合には，責任者の承認を得る必要があります。また，その文書を第三者に預ける場合や，その反対に会社が顧客等の第三者から重要な文書を預かる場合には，「授受簿」を用いることが一般的です。司法書士が金融機関との間で登記関係書類の授受をする場面が典型的でしょう。「授受簿」には，授受の年月日，授受の相手方，文書名及び授受者の印などが記されます。授受簿は「渡した・受け取っていない」という紛争を防止するために重要です。このような文書の持ち出しに関するルールについても，文書管理規程に規定されることになります。

知財・不正競争防止法

Q39 知的財産権

知的財産権には，どのようなものがありますか。

A 主に，発明を対象とする特許権，考案を対象とする実用新案権，物品のデザイン等を対象とする意匠権，商品・サービスの名称等を対象とする商標権，創作的な表現物を対象とする著作権があります。

解説

1 総論

知的財産権とは，特許権，実用新案権，育成者権，意匠権，著作権，商標権その他の知的財産に関して法令により定められた権利又は法律上保護される利益に係る権利をいいます（知財基法2条2項）。以下では，これらの内，一般的にビジネスにおいて関連が深い，特許権，実用新案権，意匠権，商標権，著作権について解説します。

なお，特許庁所管の特許権，実用新案権，意匠権，商標権の4つを「産業財産権」又は「工業所有権」ということもあります（本稿では，以下「産業財産権」といいます）。公開されている産業財産権の内容については，独立行政法人工業所有権情報・研修館の「J-Plat Pat」[1]や，民間企業が提供するサービスを利用して，検索・閲覧可能です。

2 特許権

(1) 目的，対象

特許制度の目的は，発明を保護することで各人が安心して発明をできる環境を整えるとともに，発明内容の公開により既存の発明をヒントにしたさらなる発明を促進し，これらにより「産業の発達」を図ることです（特

---

[1] https://www.j-platpat.inpit.go.jp/web/all/top/BTmTopPage

許法 1 条）。一方で，優れた発明をいつまでも特許権者が独占し続けること
は，産業の発達を阻害しかねないため，権利の存続期間には制限が設けら
れています。

　特許制度の対象となるのは「発明」であり，発明とは自然法則を利用し
た技術的思想の創作のうち高度のもの（特許法 2 条 1 項）をいいます。例え
ば，エネルギー保存の法則のような自然法則を新たに発見しても，発明に
は当たりません[2]。また，ゲームのルールを新たに作り出しても，その
ルール自体は人為的な取決めに過ぎず，やはり発明ではありません[3]。

　発明には「物の発明」「方法の発明」「物を生産する方法の発明」の 3 つ
があります（特許法 2 条 3 項）。

(2) 登録手続，要件

　特許権は，登録により発生します（特許法 66 条 1 項）。

　登録のための出願（特許法 36 条）に対しては，まず出願書類の不備等に
ついての審査（方式審査）があり，その後，要件具備についての審査（実体審
査）が行われますが，実体審査は「審査請求」のあった出願のみ対象にな
ります。審査請求ができるのは，出願日から 3 年以内です（同法 48 条の 3）。

　実体審査における要件は以下の通りです。

① 　産業上利用可能であること（特許法 29 条 1 項）

② 　新規性があること（同項）

③ 　進歩性があること（同条 2 項）

④ 　先願のないこと（同法 39 条）

⑤ 　不特許事由に該当しないこと（同法 32 条）

　実体審査の結果，拒絶理由（特許法 49 条）がなければ，特許料の納付に
より特許として登録されます（同法 66 条 2 項）。出願から登録までは，通常
早くても 1 年半から 2 年を要します。

　出願内容は，出願日から原則として 1 年 6 か月後に公開されます（「出願
公開」。特許法 64 条）。

---

[2] 特許庁「特許・実用新案審査基準」第Ⅲ部第 1 章 2.1.1
[3] 特許庁「特許・実用新案審査基準」第Ⅲ部第 1 章 2.1.4

（3）　**効果**

　特許権者は特許登録された発明を実施する権利を専有（特許法68条）します。すなわち当該発明について，自らが実施する権利を独占できる（専用権）と同時に，他人が勝手に実施することを阻止できます（禁止権）。

　特許権の存続期間は原則として出願の日から20年です（特許法67条）。

3　実用新案権

（1）　**目的，対象**

　実用新案制度の目的は，特許制度と同様に，考案の保護と考案内容の公開により，別の新たな考案を促進し，「産業の発達」を図ることです（実用新案法1条）。

　実用新案制度の対象は「考案」であり，考案とは自然法則を利用した技術的思想の創作をいいます（実用新案法2条1項）。特許の対象である発明ほど高度であることは求められておらず，「小発明」と言われる場合もあります。なお，考案の対象は，物品の形状，構造又は組合せであり（同法1条），特許と違い，方法の考案は含まれていません。

（2）　**登録手続，要件**

　実用新案権は，登録により発生します（実用新案法14条1項）。特許と違い，実用新案権の登録において，実体審査はありません（無審査主義）。そのため登録に要する期間が短く，特許が通常，出願から数年かかるのに対し，実用新案は4〜6か月程度です。

　実用新案の要件は，産業上の利用可能性（実用新案法3条1項），新規性（同項各号），進歩性（同条2項）があることです。ただし，進歩性については，特許ほど高度なものは求められていません（同項）。

（3）　**効果**

　実用新案権者には，特許権者同様，専用権と禁止権があります（実用新案法16条）。ただし，禁止権を行使する場合，特許庁審査官作成の「実用新案技術評価書」（同法12条1項・4項）を相手方に提示して，警告を行う必要があります（同法29条の2）。実用新案は無審査で登録されますので，実際の権利行使に当たっては，当該実用新案の有効性について，この評価

書による特許庁審査官の見解を得ることが求められているわけです。

実用新案権の存続期間は，原則として出願の日から 10 年です（実用新案法 15 条）。

4　意匠権

(1)　目的，対象

意匠制度の目的は，意匠の保護により，意匠の創作を奨励し，特許制度と同様に「産業の発達」（意匠法 1 条）を図ることです。意匠制度の対象である「意匠」とは，平たくいうと物品（物品の部分を含む。）のデザイン（同法 2 条 1 項）であり，「物品」とは市場で流通している動産を指します[4]。不動産[5]や，PC・スマートフォンの画面上の動画・ゲームの画像[6]などは，原則として意匠制度の対象外です。これらは著作権により保護されることになります[7]。

(2)　登録手続，要件

意匠権は，登録により発生します（意匠法 20 条 1 項）。

登録のための出願（意匠法 6 条 1 項）に対しては，出願書類の不備等について審査（方式審査）された後，以下の要件具備についての審査（実体審査）が行われます。

① 　工業上利用可能であること（意匠法 3 条 1 項）

② 　新規性があること（同項）

③ 　容易に創作できないこと（同条 2 項）

④ 　先願のないこと（同法 9 条 1 項）

⑤ 　不登録事由に該当していないこと（同法 5 条）

実体審査の結果拒絶理由がなければ，登録料を納付することで登録が完了します（意匠法 20 条 2 項）。出願から登録までは，スムーズにいった場合で半年から 1 年程度です。

---

[4] 特許庁「意匠審査基準」第 2 部第 1 章 21.1.1.1 (1)
[5] 特許庁「意匠審査基準」第 2 部第 1 章 21.1.1.1 (2)①
[6] 特許庁「意匠審査基準」第 7 部第 4 章 74.4.1.1.2
[7] 不動産が著作物とされるには，いわゆる建築芸術といい得る程度の創作性を必要とするとされています（大阪高判平成 16 年 9 月 29 日裁判所ウェブサイト）。

第14　知財・不正競争防止法

　　意匠には，特許のような出願公開の制度はなく，意匠登録された際に，
　意匠公報によって初めて公開されます。

（3）　**効果**

　　意匠権者は登録意匠を実施する権利を専有すると同時に，登録意匠に同
　一又は類似する意匠を実施する権利も専有します（意匠法23条）。すなわ
　ち，自ら実施する権利を独占できる（専用権）わけですが，その効力は
　「類似する意匠」にも及びます。また，専用権の範囲で，他人が勝手に実
　施することを阻止する権利（禁止権）も有します。

【図表：意匠権の効果】

		物品		
		同一	類似	非類似
形態 （デザイン）	同一	専用権		－
	類似			－
	非類似	－	－	－

　　意匠権の存続期間は，原則として設定登録の日から20年（意匠法21条1
　項）です。ただし，デザインは流行に影響を受けやすく，ライフサイクル
　が短いことを考慮し，意匠権者は登録料を単年分の納付として，1年ごと
　に登録継続の有無を判断することもできます。

5　商標権

（1）　**目的，対象**

　　商標制度の目的は，商品やサービスに対する信頼を保護することにより
　「産業の発達」を図るとともに，商品やサービスを選択する側の需要者
　（消費者）の利益を保護すること（商標法1条）です。商標制度の対象である
　「商標」とは，自社の商品・サービスを他人のものと区別するためのマー
　クやネーミングなどです（同法2条1項本文）。

　　登録できる商標には①文字商標，②図形商標，③記号商標，④立体商
　標，⑤結合商標（商標法2条1項），⑥色彩のみからなる商標，⑦音商標，
　⑧動き商標，⑨位置商標，⑩ホログラム商標（商標法施行規則4条の7，4条

の8)があります。

(2) 登録手続, 要件

商標権は, 登録により発生します（商標法18条1項）。

登録のための出願（商標法5条1項）に対しては, 出願書類の不備等について審査（方式審査）された後, 以下の要件具備についての審査（実体審査）が行われます。

① 使用の意思のあること（商標法3条1項）

② 識別力があること（同条1項各号）

③ 先願のないこと（同法8条1項）

④ 不登録事由に当たらないこと（同法4条1項各号）

①の使用の意思については, 使用中である必要はなく, 将来使用する意思があればよい, とされています。

実体審査の結果, 拒絶理由がなければ, 登録料を納付することで, 登録が完了します（商標法18条2項）。

また, 出願内容は, 出願日から1か月程度で出願公開（商標法12条の2）されます。

(3) 効果

商標権者は登録の際に指定した商品又は役務について登録商標を使用する権利を専有します（商標法25条）。すなわち, 自ら使用する権利を独占できる（専用権）と同時に, 他人が勝手に使用することを阻止することができますが（禁止権）, 加えて禁止権の効果は, 類似（商標か商品・役務が同一又は類似）にまで及びます（同法37条）。

【図表：商標権の効果】

		商品・役務		
		同一	類似	非類似
商標	同一	専用権	禁止権	－
	類似	禁止権	禁止権	－
	非類似	－	－	－

第14　知財・不正競争防止法

　　商標権の存続期間は，原則として設定登録の日から10年です（商標法19
条1項）。ただし，更新を続けることにより，半永久的に存続させることが
できます（同条2項）。他の産業財産権と異なり，商標制度は信頼保護を目
的の1つとしているため，同じ商標を長く使用し続けることにより信頼が
蓄積されていくことを考慮した制度です。一方，保護の必要がない商標権
については「不使用取消」（同法50条）の制度があります。継続して3年
以上使用をしていない商標は，他人からの申立てによって登録を取り消さ
れることがあります。

　　また，当初登録商標であったものが，同様の商品を指す名称として広く
使われている，などの事情により「普通名称化」し，他人の使用に対して
権利行使できなくなることがあります[8]。

6　著作権

(1)　目的，対象

　　著作権制度の目的は，著作物の作成等をした著作者の権利と，それに隣
接する権利を定め，それらの権利の保護を図り，文化の発展に寄与するこ
とです（著作権法1条）。

　　著作権制度の対象となる「著作物」とは，思想又は感情を創作的に表現
したもの（著作権法2条1項1号）で，例えば，小説，音楽，絵画などのほ
か，映画，地図，プログラムなどがあり（同法10条），未就学児の書いた
絵も著作物に当たります。一方，表現される前のアイディア自体や，単な
る事実・データ（○月○日の天気，東京スカイツリーの高さ）のみを表現したも
のは，著作物に当たりません（同条2項）。

　　また，ある著作物を元に変形，脚色，翻案等をしたものは，二次的著作
物として，著作物の扱いを受けます（著作権法2条1項11号）。

　　なお，インターネット上には「フリー素材」と言われる写真，イラスト
などのデータがあり，ビジネスにおいて活用することも多いと思います
が，フリー素材も著作物であり，一切の制限なく使用できるわけではあり

---

[8]うどんすき事件（東京高裁　平成9年（行ケ）第62号），招福巻事件（大阪高裁　平成20年（ネ）
第2836号）など

ません。それぞれのサイトに使用規定があり，商用での使用を禁じていたり，加工・編集に制限を加えている場合があります。規定に反した使用は，著作権侵害となる可能性がありますので注意が必要です。

(2) 内容，効果

　著作権は，産業財産権と異なり，「登録」という手続を必要としません[9]。著作物の創作をすれば，完成前であっても，自動的に著作権が発生します（無方式主義）。

　一般に「著作権」と呼ばれる権利は，「（狭義の）著作権」（以下，広義の著作権と区別するため，「著作財産権」という。）と「著作者人格権」からなり，それぞれもいくつかの権利によって構成されます。

ア　著作財産権

　複製権，上演権・演奏権，譲渡権，貸与権，二次的著作物の利用に関する原著作者の権利などから構成されます（著作権法21条から28条）。

　通常の財産権同様，これらの権利の全部又は一部を，放棄したり，他人に譲渡することも可能です[10]。

　著作財産権の存続期間は原則として，創作時から，著作者の死後50年を経過するまでの間（著作権法51条）です[11]。

イ　著作者人格権

　公表権，氏名表示権，同一性保持権が定められています（著作権法18条から20条）。著作者の人格や心情を保護・尊重するための規定であるため，著作者に固有のもの（一身専属権）であり，著作財産権と違い，譲渡できず[12]（同法59条），相続の対象にもなりません。ビジネスにおいて，パンフレットなどの創作物の作成を外部に委託した場合，契約により著作財産

---

[9] ただし，著作権にも登録制度があり，任意に登録可能です。
　文化庁 HP
　http://www.bunka.go.jp/seisaku/chosakuken/seidokaisetsu/toroku_seido/
[10] なお，一部の著作権は，譲渡契約において，特に明記しないときは，原著作者に留保されたものと推定されます（著作権法61条2項）。
[11] 環太平洋パートナーシップ協定の締結に伴う関係法律の整備に関する法律により，同協定が発効した場合，原則として著作者の死後70年経過するまでに延長されることになっています。
[12] 著作者人格権については，放棄もできないという説が有力です。

権を委託者に帰属させることは可能ですが，著作者人格権を委託者に帰属させることはできず，著作者である受託者に帰属します。そのため，「（著作者である受託者は委託者に対して）著作者人格権を行使しない」という取決めを行うことがあります。

著作財産権，著作者人格権ともに，これに属する個々の権利（複製権，公表権など）につき，侵害があった場合は，差止（著作権法112条），損害賠償（民法709条，著作権法114条），名誉回復（同法115条）等の請求が可能です。

ただし，侵害といい得るためには，自己の著作物に依拠して創作されたこと（依拠性）が必要であり，たまたま似てしまった創作物に対して，これらの権利行使はできません。

なお，© マークや「Copyright」の記載とともに著作権者を示すことがありますが，日本では著作権の発生，証明，行使などにおいて，このような表示が必要となることはありません。以前は，このような表示が権利発生の要件とされる方式主義を採用していたアメリカなど他国との関係で，表示する意味がありましたが，現在では，それもほぼなくなっています。ただ，著作権者を積極的に表示したい場合などに，依然として慣習的に用いられることがあります。

(3) 著作隣接権

著作権法では，著作者の権利だけではなく，著作物の伝達をする者である，実演家，レコード製作者，放送事業者，有線放送事業者を権利主体とする「著作隣接権」の保護を規定しています（著作権法89条）。

実演家には，氏名表示権（著作権法90条の2），同一性保持権（同法90条の3）（この2つを「実演家人格権」といいます。），録音権・録画権（同法91条），譲渡権（同法95条の2）などが，レコード製作者・放送事業者・有線放送事業者には複製権（同法96条，98条，100条の2），送信可能化権（同法96条の2，99条の2，100条の4）などが認められます。

Q 40　職務発明・職務著作

Q 40　職務発明・職務著作

　会社の従業員が職務上行った発明や創作の知的財産権は，どのような扱いになりますか。

A　一定の条件により，「職務発明」「職務著作」となります。職務発明について，会社は通常実施権を有します。また，取り決めにより，そもそも特許を受ける権利を会社に帰属させることができます。職務著作については，会社が著作者となります。

解　説

1　職務発明

　特許法には，会社の従業員の発明が，「職務発明」となる場合とその取扱いについて規定されています。発明自体は，従業員個々人が行うものですが，そのための設備や費用を会社が提供することも多いため，両者の利益のバランスをはかっています。

　職務発明の要件は，以下のとおりです。(特許法35条1項)

　①　従業員（役員も含みます。）等がした発明であること

　②　その発明が性質上，当該従業員の属する会社の業務範囲に属すること

　③　その発明に至る行為が，当該会社において当該従業員の現在又は過去の職務に属すること

　②については，将来行う予定がある業務でも構いません。③の「職務に属する」とは，その従業員に対して，発明の完成が具体的に指示・命令までされている必要はありません。また，「過去の職務」も含まれるので，当該従業員が部署を異動した後に完成させた発明も対象になります。

　職務発明について，発明をした従業員が特許権を取得した場合，会社は特許権者である当該従業員の許諾を要せずに，当該特許の「通常実施権」を取得します(特許法35条1項)。

　また，会社の職務発明規程等や，会社・従業員間の契約に定めることにより，職務発明の特許取得の権利を，あらかじめ会社に帰属させることができ

257

ます（特許法35条3項）。この場合，職務発明をした従業員は，会社から，相当の利益（金銭その他の経済上の利益）を得ることができます（同法35条4項）。金銭に限らず，留学の機会，ストックオプション，昇進・昇格なども「利益」に当たります。

2　職務著作

　著作権法にも，著作物に関する「職務著作」について規定されています。職務著作の要件は以下のとおりです（著作権法15条）。

　　①　会社の発意に基づいていること

　　②　その会社の従業員等が職務上作成すること

　　③　その会社が自社名義のもとに公表すること

　　④　契約，勤務規則その他に別段の定めがないこと

　これらの要件を満たす著作物（プログラムの著作物に関しては，③の要件が除かれます。）の著作者は，会社になります。この点，著作権（著作財産権）が会社に帰属するわけではなく，会社が著作者になるので，著作財産権，著作者人格権，ともに会社に帰属する点に注意して下さい。

　上記要件の④により，別段の定めがある場合，すなわち職務著作の著作者が会社ではないことを積極的に定めている場合に限って，当該従業員が著作者になる点が，職務発明と異なります。もう一点，職務発明との相違点として，従業員には，職務著作について「相当の利益」を会社に請求する権利は定められていません。

Q41 不正競争防止法

不正競争防止法は，どのような法律でしょうか。どのような行為が禁止されますか。

A 他社商品に名称や形態の類似した商品の販売，商品の原産地や品質を誤認させる表示，などによる事業者間の不正な競争を防ぎ，社会の秩序を守るための法律です。営業上の利益を害された場合，この法律により，その行為の差し止めや損害賠償の請求ができることがあります。

解 説

1 目的

不正競争防止法の目的は，事業者間の公正な競争を確保し，不正な競争を防止し，国民経済の健全な発展を図ることです（不競法1条）。

事業者の不正競争行為（不競法2条1項各号）により，営業上の利益を害された場合の救済手段として，当該行為の差止請求権（同法3条），損賠賠償請求権（同法4条），信用回復措置（同法14条）が規定されています。

特許法，商標法，意匠法などの産業財産権に関する法律と比較すると，不正競争防止法は登録を前提としていない点が異なります。例えば，自社商品に類似した商品名の商品を他社が販売している場合，商標登録をしていなくても，不正競争防止法によって，これを差し止めたり，損害賠償を請求できる場合があります。

2 不正競争行為

以下では，不正競争防止法上の不正競争行為の主なものについて，解説します。

(1) 周知表示混同惹起行為

他人の商品等表示で，広く認識されている（周知の）ものと同一又は類似の商品等表示を使用した商品を販売，輸出入などをして，市場において混同を生じさせる行為です（不競法2条1項1号）。

「商品等表示」は「商品又は営業を表示するもの」（同号括弧書）と範囲が

第14　知財・不正競争防止法

広く，要件を満たさないために登録できない商標や意匠についても，保護
を受けられる可能性があります。

　「周知」の範囲は，全国的なものでなく，国内の一部地域に限られても
よいとされています。また「混同」については，同一の事業者と思わせる
場合だけでなく，親子会社・グループ会社などの関係性を思わせる場合も
含まれます。

(2)　**著名表示冒用行為**

　他人の商品等表示で，著名なものと同一又は類似の商品等表示を使用し
た商品を販売，輸出入などをする行為です（不競法2条1項2号）。

　(1)の周知表示混同惹起行為と似ていますが，混同を生じさせるかどうか
を問いません。ただし，「著名」という点で「周知」よりも，広く認識さ
れている必要があると考えられます。

(3)　**形態模倣商品の提供行為**

　他人の商品の形態を模倣した商品の販売，輸出入などをする行為のこと
です（不競法2条1項3号）。

　先行商品へのフリーライドを防止する目的であり，模倣する行為そのも
のではなく，模倣品の「提供行為」が対象である点に注意して下さい。当
該行為に対して保護が受けられるのは，模倣された商品（先行商品）が日
本国内において最初に発売された日から3年間に限られます（不競法19条
1項5号イ）。

(4)　**営業秘密の侵害行為**

　窃取等の不正の手段により，営業秘密を取得し，自ら使用又は第三者に
開示するなどの行為（不競法2条1項4号から10号）です。

(5)　**誤認惹起行為**

　商品の原産地，品質等について誤認させるような表示をし，又はその表
示をした商品の販売をするなどの行為（不競法2条1項14号）です。

260

Q 42　独占禁止法・下請法の概要

第15　独占禁止法・下請法

Q 42　独占禁止法・下請法の概要

独占禁止法・下請法はどのような法律ですか。

A　独占禁止法（私的独占の禁止及び公正取引の確保に関する法律）は，主に「私的独占」「不当な取引制限」「不公正な取引方法」「事業者団体，企業結合に対する規制など」を定めています。このうち「不公正な取引方法」の一つとして「優越的地位の濫用」があり同法の中でも規制されていますが，この規制内容に関し，特に中小・零細企業を守るために特別法的に定められたのが「下請代金支払遅延等防止法（下請法）」です。

解　説

1　独占禁止法

(1)　概要

　独占禁止法（独禁法）は，主に以下の4点について規制することで，市場における競争秩序の維持し，事業者の競争を促進することを目的とした法律です。

　ア　私的独占

　私的独占とは，事業者が，他の事業者の事業活動を『排除』し，又は『支配』することにより，公共の利益に反して，一定の取引分野における競争を実質的に制限することをいいます（独禁法2条5項）。事業者の行為によって，

①　『排除型』私的独占……不当な低価格販売などの手段を用いて，競争相手を市場から排除したり，新規参入者を妨害して市場を独占しようとする行為

②　『支配型』私的独占……株式取得などにより，他の事業者の事業活動に制約を与えて，市場を支配しようとする行為

261

第15 独占禁止法・下請法

の二つの違反類型があります。実例としては『排除型』が多く,「排除型
私的独占に係る独占禁止法上の指針」[1]が定められています。

　イ　不当な取引制限

　　いわゆるカルテルや入札談合など,商品の価格や数量について,契約,
協定を行って市場での競争を実質的に制限する行為を規制する違反類型で
す。特に平成17年にカルテル・入札談合等を自主的に報告した場合に課徴
金が減免されるリニエンシー制度が導入されたことにより多くの違反事例
が明るみになり,マスコミなどでも取り上げられることが多くなりました。

　ウ　不公正な取引方法

　　公正な競争を阻害するおそれのある行為として規制されるもので,具体
的に公正取引委員会の告示で定められています。また公正取引委員会の告
示には,全ての業種の事業者に適用される『一般指定』（取引拒絶,不当廉
売,優越的地位の濫用,抱き合わせ販売など）と特定の業種（大規模小売業,物流
業,新聞業）に適用される『特殊指定』があります。

　エ　事業者団体,独占的状態,企業結合に対する規制など

　　事業者団体の活動として,カルテルや事業者の数の制限,事業者をして
不公正な取引方法を行わせることを禁止しています。また,独占的状態
（年間供給額1,000億円超・首位1社のシェアが50％超,又は上位2社のシェアが75％
超・新規参入が困難・需給やコストの変動に照らして価格の上昇が著しく,又は低下が
僅少・利益や広告費などの支出が過大）にある事業者に対して,事業の一部譲
渡など競争を回復させるための措置を公正取引委員会が命ずる旨を定めて
います。企業結合に対する規制については,後述のQ43「独占禁止法上
の届出」を参照してください。

(2)　**排除措置命令,課徴金納付命令等**

　　独禁法に違反した事業者等には,違反類型によって,次のような排除措
置命令（違反行為排除の命令）,課徴金納付命令といった行政処分が課されま
す（独禁法7条1項,7条の2第1項,8条の2第1項,17条の2,20条1項等）。な

---

[1]公正取引委員会ホームページにて公表されています。
https://www.jftc.go.jp/dk/guideline/unyoukijun/haijyogata.html

お，これらの行政処分に不服がある場合には抗告訴訟[2]を提起することになります。違反の内容が私的独占や不当な取引制限の場合には，行政処分のほか，刑事罰（同法89条）が科されることがあります。排除措置命令に従わない場合も同様です。（同法90条）。

	排除措置	課徴金納付	刑事罰
私的独占	○	○	○
不当な取引制限	○	○	○
不公正な取引方法	○	一部の行為は○	×

2 下請法

(1) 概要

下請代金の支払遅延等の行為は，独禁法の「不公正な取引方法」の１つである『優越的地位の濫用』に該当しますが，現実にその規制を適用するには，優越的地位にあったか否かなどの認定に相当な時間がかかるため，下請法では対象となる下請取引の類型と当事者（親事業者・下請事業者）を定め，より客観的・迅速に下請事業者の保護を図っています。

独占禁止法による優越的地位の濫用
＝優越的地位＋正常な商習慣に照らして不当に＋濫用行為

下請法の適用対象
＝下請取引（取引の内容＋資本金区分）

(2) 親事業者と下請事業者（取引行為と資本金区分）

下請法では，下請事業者の資本金の額を基準として，ある一定規模以上の資本金額を有する事業者を一律に親事業者とします（下請法2条7項・8項）。具体的には以下のとおりです。

---

[2] 3人又は5人の裁判官の合議体による審理及び裁判。なお，その専門性から東京地方裁判所の専属管轄となっています（独禁法85条，86条）。

第15　独占禁止法・下請法

ア　物品の製造委託・修理委託及び情報成果物作成委託（プログラム）・役
　　務提供委託（運送，物品の倉庫における保管，情報処理）

親事業者	下請事業者
資本金3億円超	資本金3億円以下（個人を含む。）
資本金1000万円超3億円以下	資本金1000万円以下（個人を含む。）

イ　情報成果物作成委託（上記ア以外）・役務提供委託（上記ア以外）

親事業者	下請事業者
資本金5000万円超	資本金5000万円以下（個人を含む。）
資本金1000万円超5000万円以下	資本金1000万円以下（個人を含む。）

(3)　親事業者の義務と禁止行為

ア　親事業者の義務

　下請法では，親事業者に4つの義務が課せられています。

①　代金の額，支払期日等を記載した書面の交付義務（下請法3条）

②　書類の作成・保存義務（同法5条）

③　支払期日を定める義務（同法2条の2）

④　遅延利息の支払義務（同法4条の2）

イ　親事業者の禁止行為

　親事業者が行う次の11項目の行為が下請法では禁止されており，これ
らの行為は，下請事業者の了解があったとしても，また，親事業者に違法
性の意識がなかったとしても，客観的にその行為があれば下請法違反とな
ります。

①　受領拒否……注文した物品等の受領を拒むこと

②　下請代金の支払遅延……物品等を受領した日から起算して60日以
　　内で定められた支払期日までに下請代金を支払わないこと

③　下請代金の減額……あらかじめ定めた下請代金から減額すること

④　返品……受領した物品等を返品すること

⑤　買いたたき……著しく低い下請代金を不当に定めること

264

Q42　独占禁止法・下請法の概要

⑥　購入・利用強制……親事業者が指定する物や役務を強制的に購入・利用させること

⑦　報復措置……下請事業者が公正取引委員会又は中小企業庁に通告したことを理由として取引の中止・取引量の削減などを行うこと

⑧　有償支給原材料等の対価の早期決済……親事業者が有償で支給した原材料等を下請代金の支払期日より早い時期に支払わせたり，相殺させたりすること

⑨　割引困難な手形の交付……一般の金融機関で割引を受けることが困難な手形を交付すること

⑩　不当な経済上の利益の提供要請……下請事業者から金銭，労務の提供等をさせること

⑪　不当な給付内容の変更・やり直し……親事業者が費用負担せず，注文内容を変更し，又は受領後にやり直させること

(4)　**勧告・罰則等**

　(3)アで記載した親事業者の義務のうち，①書面の交付義務，②書類の作成・保存義務に違反した場合は，50万円以下の罰金が科せられます（下請法10条）。また，それ以外の義務違反と禁止行為については，公正取引委員会から下請事業者が被った不利益の原状回復措置をとるよう勧告されます（同法7条）。なお，この勧告措置については，公正取引委員会のホームページで随時公表されます。

265

第15 独占禁止法・下請法

Q 43　独占禁止法上の届出

合併・買収時の独占禁止法上の届出はどのようなものですか？

A　株式取得・合併・会社分割・株式移転及び事業譲受け時において，一定規模以上の会社（国内売上高が 200 億円超，かつ，他の当事会社の国内売上高が 50 億円超）は，事前に（当該株式取得等の日の 30 日前）公正取引委員会へ当該株式取得等の計画を届出することが必要となります。

解 説

　合併・買収に関する独占禁止法上の届出は，その合併等により，市場の寡占が生じて公正な市場競争を阻害するような事態を防ぐ目的で必要とされています（独禁法 10 条以下）。事前届出がなされると，「一定の取引分野における競争の実質的制限の蓋然性」を中心に審査されることになります[1]。なお，諸外国にも同様の規制があります。

1　届出制度の概要

(1)　株式取得

　以下の要件を満たす場合には，事前に公正取引委員会（都道府県毎の管轄地域があり，全国で 9 か所）に対し，「法第 10 条第 2 項の規定による株式取得に関する計画届出書」及び添付書類[2]を提出します。なお，この届出書を公正取引委員会が受理した日（実際には公正取引委員会から届出会社に対し「届出受理書」を交付）から 30 日を経過するまでは，当該株式取得を行うことができません（独禁法 10 条 8 項）。但し，株式取得後も一定の取引分野における市場シェアが低い場合には，「禁止期間短縮の申請」を同時に行うことで，

---

[1] 企業結合審査に関する独占禁止法の運用指針
[2] ア　株式の取得に関する契約書の写し又は意思決定を証するに足りる書類
　イ　届出会社の最近一事業年度の事業報告，貸借対照表及び損益計算書
　ウ　株式の取得に関し株主総会の決議又は総社員の同意があったときには，その決議又は同意の記録の写し
　エ　届出会社の属する企業結合集団の最終親会社により作成された有価証券報告書その他当該届出会社が属する企業結合集団の財産及び損益の状況を示すために必要かつ適当なもの

266

この 30 日という禁止期間を短縮することができます。また，株式取得後は
「株式取得完了報告書」を提出します。

① 株式取得をする会社が属する企業結合集団の国内売上高の合計が
200 億円を超える場合

② 株式を取得される会社及びその子会社の国内売上高の合計が 50 億
円を超える場合

③ 株式取得後，議決権の割合で 20％又は 50％を超える場合

(2) **合併，会社分割，株式移転，事業譲受け**

合併の当事会社のいずれかが国内売上高で 200 億円を超え，かつ，他方
の当事会社の国内売上高が 50 億円を超える場合，事前に「法第 15 条第 2
項の規定による合併に関する計画届出書」及び添付書類[3]を公正取引委員
会に提出します（独禁法 15 条 2 項）。なお，届出は当該合併等により一定の
取引分野における競争の実質的制限が生じるか否かを審査するものである
ため，全ての合併当事会社が同一の企業結合集団に属する場合，届出義務
は免除されます。また，禁止期間の考え方は，前述の株式取得と同様です。

合併以外の組織再編行為（吸収分割，共同新設分割及び共同株式移転）及び事
業譲受けについても，合併に準じた届出基準があります。

2 届出後の審査

前述した株式取得や合併などの計画書（以下「企業結合計画書」という。）を提
出後，禁止期間（公正取引委員会の受理日から 30 日，短縮が認められる場合もありま
す。）内に，独禁法上問題ないか，又はより詳細な審査が必要かを判断し，
問題があれば，その期間内に排除措置命令の事前通知をします（独禁法 15 条

---

[3] ア 届出会社（合併当事会社の全てをいう。以下同じ。）の定款
イ 合併契約書の写し
ウ 届出会社の最近一事業年度の事業報告，貸借対照表及び損益計算書
エ 届出会社の総株主の議決権の 100 分の 1 を超えて保有するものの名簿
オ 届出会社において当該合併に関し株主総会の決議又は総社員の同意があった時は，
その決議又は同意の記録の写し
カ 届出会社の属する企業結合集団の最終親会社により作成された有価証券報告書その
他当該届出会社が属する企業結合集団の財産及び損益の状況を示すために必要かつ適
当なもの

第15　独占禁止法・下請法

【図表：企業結合審査のフローチャート】

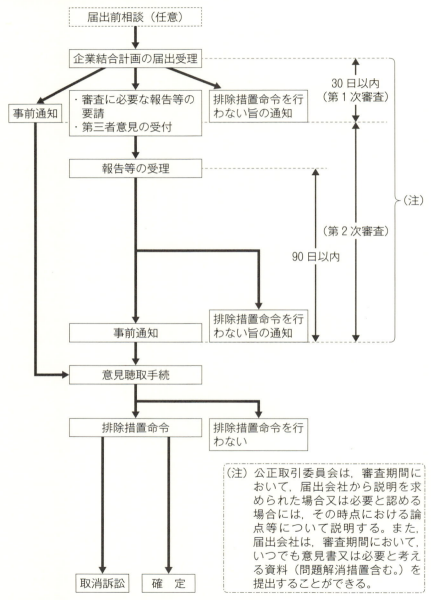

出典：公正取引委員会ホームページ（https://www.jftc.go.jp/）

3項，10条9項)。審査手続については，「企業結合審査の手続に関する対応方針」[4]に記載されています。また，独占禁止法上問題がありそうな企業結合計画については，実務的には事前相談（届出前相談）を利用することが多いです。公正取引委員会の審査の考え方については，「企業結合審査に関する独占禁止法の運用指針（企業結合ガイドライン）」[5]で明らかにされています。

---

[4] 公正取引委員会ホームページ
 http://www.jftc.go.jp/dk/kiketsu/guideline/guideline/150401.html
[5] 公正取引委員会ホームページ
 http://www.jftc.go.jp/dk/kiketsu/guideline/guideline/shishin01.html

第 15　独占禁止法・下請法

Q44　独占禁止法，下請法の実務対応

取引において留意すべき独占禁止法上の事項はどのようなものですか。

また，取引において留意すべき下請法上の事項はどのようなものですか。

A　独占禁止法の適用に関しては，公正取引委員会が「流通・取引慣行ガイドライン」など多くのガイドラインを発表していますので，それらの内容を踏まえた契約や取引実態にしておくことが重要です。また，下請法は，客観的，形式的な基準で適用されるという特性があり，取引についての契約条件策定に当たって特に注意が必要です。例えば，商品の製造委託契約を締結するに当たっては，代金の支払等の取引条件や返品条項には留意する必要があります。

解 説

1　流通・取引慣行ガイドライン（流通・取引慣行に関する独占禁止法上の指針）[1]

(1)　概要

　市場への自由な参入を妨げる行為や価格その他の取引条件，代理店契約などで問題となる，あるいは問題とならない行為の事例を定めているガイドラインになります。

(2)　具体例

ア　販売店（代理店）契約

　例えば，メーカーが自社製品の卸売業者や小売店への販売を，第三者に任せる場合に締結する契約として「販売店契約」があります（メーカーと販売店が独立して，売主・買主の立場として契約する場合を「販売店契約」とし，本人であるメーカーの代理人として，本人の名において販売する「代理店契約」と区分することもあります。）。この場合，メーカーとしては，一旦販売店へ製品を売却

---

[1] 公正取引委員会ホームページ
　https://www.jftc.go.jp/dk/guideline/unyoukijun/ryutsutorihiki.html

270

し，その販売店から売買代金を回収さえすれば，その先の多数の卸売業者，小売業者及び消費者からの債権回収リスクを負うことが無くなりますので，これは販売店契約を締結する大きなメリットとなります。一方で，販売店がメーカーから仕入れた製品をどのように再販売していくかはその販売店次第ですので，販売店が販売努力をしなければメーカーの製品は市場に出回りません。つまり，販売店へのコントロールが及ばないことはリスクといえます。そこで，販売店契約を締結するに当たり，メーカーとしては，販売店の販売価格や販路の制限など販売店契約特有の条項を契約書に盛り込みたいところですが，ここにおいて「流通・取引慣行ガイドライン」であげられる独禁法上の問題が生じます。

（ア）　再販売価格の拘束（「流通・取引慣行ガイドライン」第1部第1　2）

　　上記の例で言えばメーカーが，販売店から先の卸売業者，小売業者及び消費者に対する販売価格（再販売価格）を拘束することは，原則として不公正な取引方法に該当し，違法となります。しかし，「正当な事由」がある場合や希望小売価格の提示などは，違法にはなりません。「流通・取引慣行ガイドライン」では具体的に以下のようなケースを例示しています（○＝適法，×＝違法）。

×　事業者の示した価格で販売することを取引の条件として提示し，条件を受諾した流通業者とのみ取引する場合など，文書によるか口頭によるかを問わず，事業者と流通業者との間の合意によって，当該事業者の示した価格で販売させている場合

×　事業者の示した価格で販売しない場合に出荷停止等の経済上の不利益（出荷量の削減，出荷価格の引上げ，リベートの削減，他の製品の供給拒絶等を含む。）を課す場合，又は課す旨を流通事業者に対し通知・示唆する場合

○　使用方法等が複雑で十分な情報提供や販売促進活動が必要な商品について，消費者に対して十分な情報提供のための販促活動を行った業者が，それを行わない業者との関係で不利益とならないように再販売価格拘束をする場合（いわゆる「フリーライダー問題」の解消）

○　「参考価格」「メーカー希望小売価格」といった非拘束的な用語を用

いるとともに，希望小売価格等はあくまでも参考であること，流通業者（販売店）の販売価格はそれぞれの流通業者が自主的に決めるべきものであることを通知文書等において明示

（イ）　流通業者の取引先に関する制限（「流通・取引慣行ガイドライン」第1部第2　4）

例えば，特定の卸売業者としか取引できないようにすること（帳合取引の義務付け），あるいは商品の横流しをしないよう指示すること（仲間取引の禁止）により価格が維持されるような場合は，不公正な取引方法に該当し，違法となります。また安売りを理由に小売業者に販売させないようにする場合にも原則として不公正な取引方法として違法となります。

2　優越的地位の濫用

(1)　概要

優越的地位の濫用規制は，不公正な取引方法の1つとして，独禁法上の排除措置命令（独禁法20条）と課徴金納付命令（同法20条の6）の対象となります。

優越的地位の濫用として問題となる行為は，「自己の取引上の地位が相手方に優越していることを利用して，正常な商習慣に照らして不当に」行われる，独禁法2条9項5号イからハまでのいずれかに該当する行為です。[2]

なお，当該行為が下請法の適用対象となる場合は，通常，下請法が適用されることとなります。

(2)　適用対象となる行為（濫用行為）

① 購入・利用強制（独禁法2条9項5号イ）

② 協賛金等の負担要請（同号ロ）

③ 従業員等の派遣の要請（同号ロ）

④ その他経済上の利益の提供の要請（同号ロ）

⑤ 受領拒否（同号ハ）

---

[2] 公正取引委員会ホームページ「優越的地位の濫用に関する独占禁止法の考え方」
https://www.jftc.go.jp/dk/guideline/index.html

Q 44　独占禁止法，下請法の実務対応

⑥　返品（同号ハ）

⑦　支払遅延（同号ハ）

⑧　減額（同号ハ）

⑨　取引の対価の一方的決定（同号ハ）

⑩　やり直しの要請（同号ハ）

(3)　摘発事例

平成23年から平成26年にかけて5件の課徴金納付命令が出ましたが，その事例と違反行為は以下のとおりとなっています。

年/月	会社名	購入強制	協賛金	従業員派遣	返品	減額
平成23/6	㈱山陽マルナカ	●	●	●	●	●
平成23/12	日本トイザらス㈱				●	●
平成24/2	㈱エディオン			●		
平成25/7	㈱ラルズ	●	●	●		
平成26/6	ダイレックス㈱		●	●		

　上記の中で，4件で摘発を受けている「従業員等の派遣の要請」については，メーカーや卸売業者が百貨店，スーパー等の小売業者からの要請を受け，自己が製造した商品又は自己が納入した商品の販売等のためにその従業員等を派遣したケースです。この「従業員等の派遣の要請」がメーカー等にあらかじめ計算できない不利益を与えることとなる場合（例えば，事前に派遣条件が明確になっていない，合意された派遣条件から逸脱している）や，メーカー等が得る直接の利益等を勘案して合理的であると認められる範囲を超えた負担となり，当該メーカー等に不利益を与えることとなる場合は，優越的地位の濫用として問題となります。ここで言う「直接の利益」とは，「従業員等の派遣をすることにより将来の取引が有利になるというような間接的な利益を含まない」とされており[3]，実際には小売業者

---

[3] 前掲「優越的地位の濫用に関する独占禁止法の考え方」（注1, 2）参照

273

第 15　独占禁止法・下請法

が，メーカー等の従業員等の派遣に要する費用を負担しないと問題となり得るケースが多く考えられます。このため，当該小売業者においては，必ず事前に適正な派遣費用等を小売業者とメーカー等と合意し，書面化しておくことが肝要です。

⑷　**大規模小売業告示など**

　　大規模小売業告示とは，大規模小売業者の納入業者に対する優越的地位の濫用行為を効果的に規制するために指定された独禁法上の告示です。前記⑶のような内容を『一般指定』と言うのに対し，この大規模小売業告示を『特殊指定』と呼びます。公正取引委員会は，「『大規模小売業者による納入業者との取引における特定の不公正な取引方法』の運用基準[4]」を定め，大規模小売業者・納入業者の定義付けや大規模小売業者の禁止行為を具体的に定めています。同様な『特殊指定』として，「物流特殊指定」や「新聞特殊指定」があります。

3　代金の支払等，取引条件に関する下請法の適用

⑴　**代金の支払遅延**

　　下請法が適用される取引（Q42　2　下請法⑵親事業者と下請事業者（取引行為と資本金区分）を参照）では，下請代金の支払期日を，親事業者が下請事業者の給付を受領した日（役務の提供を受けた日）から起算して，60 日の期間内において，かつ，できる限り短い期間内において定めて支払わなければなりません（下請法2条の2，4条1項2号）。この点，継続的な取引においては，1回1回の取引ごとに支払をするのではなく，毎月の一定の日（締切日）までの取引の対価をまとめて支払うことがあります。例えば，毎月1日から末日までに取引した金額を翌々月末日までに支払うという条件ですと，当月末日に受領した商品については 60 日以内の期間内に支払うことになりますが，当月1日に受領した商品については 60 日を超えてしまうため，下請法違反となってしまいます。このため，このような締切日基準

---

[4]公正取引委員会ホームページ
　https://www.jftc.go.jp/dk/guideline/unyoukijun/daikibokouri.html

で支払方法を定める場合，必ず締切日から30日以内の支払日を定めることが必要です。

(2) **発注書**

親事業者は，下請事業者に対し，下請法の対象となる製造委託等をした場合には，都度，下記事項の全てを記載している書面を下請事業者に交付しなければなりません（下請法3条）。

① 親事業者・下請事業者の名称

② 製造委託，修理委託，情報成果物作成委託又は役務提供委託をした日

③ 給付の内容

④ 給付を受領する期日

⑤ 給付を受領する場所

⑥ 給付の内容を検査する場合は，検査完了期日

⑦ 下請代金の額（算定方法の記載でも可）

⑧ 支払期日

なお，上記の書面交付は，原則として発注の都度必要ですが，書面に次の例のように付記することで，個々の発注書への記載を省略することができます（下請代金支払遅延等防止法第3条の書面の記載事項等に関する規則4条1項）。

・「下請代金の支払方法等については現行の『支払方法等について』によります。」

・「本発注書に記載なき事項は，○○○○年○月○日付商品製造委託契約書によるものとします。」

(3) **代金の減額**

前記(2)のとおり，発注書等に「⑦下請代金の額（算定方法の記載でも可）」を記載する必要がありますが，この下請代金の額を，リベート・歩引き等の名目にかかわらず，下請事業者の責に帰すべき理由がなく，差し引くことはできません（下請法4条1項3号）。「ボリュームディスカウント」と呼ばれる，あらかじめ一定期間内に，一定数量を超えた発注を達成した場合に支払うことが書面により合意された割戻金は差し引くことが認められて

第15　独占禁止法・下請法

いますが，極めて例外的なケースとなります。また，下請事業者との書面
での合意により，振込手数料実費分を差し引くことは認められています
（下請代金支払遅延等防止法に関する運用基準第4，3）。

4　返品に関する下請法の適用

　親事業者は，下請事業者から納入された商品等を受領した後，不良品や注
文外品以外で返品をすると下請法違反となります（下請法4条1項4号）。これ
は，当事者間で，返品条件付取引等いかなる合意があっても認められませ
ん。また，不良品等の返品が認められるのも，商品等の受入検査を行う場合
であって，直ちに発見することができない何らかの欠陥があり，受領後6か
月以内（一般消費者向け保証がある場合1年以内）に限られます。この6か月（1
年）以内という期間も当事者間の合意によって延長することは認められませ
ん（下請代金支払遅延等防止法に関する運用基準第4，4）。

276

Q 45　独禁法・下請法に関する調査

独禁法，下請法に関する調査はどのようなものがありますか？

A　下請法に関しては，毎年行われる書面調査と，必要に応じて公正取引委員会や中小企業庁などが行う立ち入り調査があります。独占禁止法には，不公正な取引方法や違反事件に関わる調査があります。

解 説

　下請法に関する調査は，所管する中小企業庁と公正取引委員会の双方が調査を行っています。中でも，中小企業庁が行う立入調査は，全ての親事業者に対して10年に1回程度，定期的に行われています。

1　下請法に関する調査

　下請法に関わる取引については，公正取引委員会と中小企業庁が親事業者・下請事業者双方に対し，毎年定期書面調査を行っています（親事業者については6〜7月，下請事業者については，10〜11月）。

　公正取引委員会は親事業者の名簿を持っており，この名簿に基づいて下請取引で親事業者の立場にあると考えられる企業等の代表者宛に，毎年6月中旬頃，調査票が郵送されています。

　親事業者向けの調査に関しては，下請法上の親事業者となっているにもかかわらず報告をしなかったり，虚偽の報告を行うと50万円以下の罰金の対象となりますので（下請法11条），必ず報告を行う必要があります。一方，下請事業者向けの調査に関しては，任意となっています。

　これらの調査や下請事業者からの通報などにより，違反や違反のおそれが確認された親事業者に対しては，公正取引委員会や中小企業庁が立入調査や指導文書の発出などを行います。

　また，平成29年1月より，中小企業庁の取引調査員（下請Ｇメン）が下請企業を訪問し，聞き取り調査を行うようになっています。

2　独占禁止法に関する調査

　下請法のほか，独占禁止法が関わる取引についても，以下のような書面調

第 15　独占禁止法・下請法

査が行われる場合があります（独禁法 40 条）。

　　・大規模小売業との取引に関する調査

　　・納入業者との取引に関する調査

　　・ブライダル業者・葬儀業者・外食業者等，業種別の取引に関する調査

　　・消費税の転嫁拒否に関する調査

　　・荷主等との取引に関する調査

　　・物流業者との取引に関する調査

　また，カルテル，優越的地位の濫用等の違反事件を公正取引委員会が探知
した際，取引関係先等に対し「報告命令」「報告依頼」等の名目で書面調査
が行われることがあります。

第16 消費者関連

Q46 企業法務から見た消費者法

B to C 取引を行う事業者が知っておくべき，消費者法の概要について説明してください。

A いわゆる B to C 取引の全般に適用される法令（消費者契約法，特定商取引法，景品表示法など。以下「消費者法」といいます）のほか，それぞれの事業分野に係る各種業法の消費者保護に関する規定について知っておく必要があります。

解説

1 B to C 取引と企業法務

B to C 取引とは，Business to Consumer 取引の略称であり，事業者・消費者間取引のことをいいます。

B to C 取引では，消費者に不利益な形で，取引に係る情報の質，量及び交渉力などについて，消費者と事業者との間に格差が生じることがあります。このような格差をできるだけ是正していくため，各種の法令においては，消費者の権利・利益を保護していくための規定が設けられています。例えば，事業者が契約の勧誘に際して重要事項について事実と異なることを告げたような場合については（消費者契約法4条1項1号），消費者に取消権が認められることがあります。また，事業者の損害賠償責任を全部免除する旨の規定（同法8条1項1号・3号・5号）などについては，消費者に一方的に不利益な契約内容は無効となる場合があります。

消費者法の各種法令に違反した場合のリスクとしては，各消費者から訴訟提起等がされる場合のほか，被害が一定規模に及んだ場合には弁護団が形成され集団的に訴訟が提起される場合も考えられます。また，適格消費者団体から不当条項の差止請求，特定適格消費者団体から被害回復請求といった，

第16　消費者関連

消費者団体訴訟（下記3で後述）を提起されることもあります。

　企業の法務担当者は，社内体制の構築の問題として，現場の営業担当者などが消費者法に違反したり，契約書の条項が消費者法に違反するようなことがないように，十分に社内の体制を構築しておく必要があります。その意味では，消費者法というのは，まさに企業法の一分野としても位置づけられるべき性質のものといえます[1]。

2　消費者法

(1)　消費者法とは

　消費者法と呼ばれるものには，多種多様なものがあります[2]。事業者と消費者との間の私法上のルール（民事ルール）に限らず，行政規制，刑罰法規等が関係してくることもあります。また，独立の法律になっている場合に限らず，各種業法の中に各事業分野の消費者保護を目的とした規定が設けられている場合もあります。

　ここでは，これらのうち，B to C 取引全般に共通して適用される法律のうち，主要なものについて概説します。

(2)　消費者契約法（平成12年法律第61号）

　民法の特別法として，消費者契約（消費者契約法2条3項参照）について通則的に適用される民事ルールについて定められています。事業者の不当な勧誘により契約がなされた場合の取消しに係る規定（同法2章1節），不当条項を無効とする規定（同法2章2節）があります。これらについては，Q48でその内容を概説しています。また，事業者の不当行為の差止請求などについても規定があります（同法3章）。

(3)　特定商取引法（昭和51年法律第57号）

　取引類型が，訪問販売，通信販売，電話勧誘販売，連鎖販売取引，特定継続的役務提供，業務提供誘引販売取引，訪問購入に該当する場合に，事

---

[1] 企業法務としての消費法に係る文献としては，ジュリスト1477号（平成27年3月）の「特集　企業法務における消費者法」，五月会「Q&A 企業活動のための消費者法」編集委員会編『Q&A 企業活動のための消費者法』（民事法研究会，2012）などがあります。
[2] 研究者による「消費者法」の学術的な位置づけについては，例えば，大村敦志『消費者法〔第4版〕』（有斐閣，2011）等が参考になります。

280

業者が守るべきルールとそれに反した場合の消費者の契約解除権（いわゆるクーリングオフ）等の民事ルールや行政規制などについて定められた法律です。適用除外が設けられている場合もありますが（特定商取引法26条ほか），原則として，当該取引類型に該当する場合には，適用されることになります。

(4)　**景品表示法**（**不当景品類及び不当表示防止法，昭和37年法律第134号**）

過大な景品類を提供して顧客を誘引したり（景品表示法4条），不当な表示を行って顧客を誘引すること（同法5条）を防止するための行政規制について定められた法律です。不当表示については，Q47で概説しています。

(5)　**製造物責任法**（**平成6年法律第85号**）

製造物の欠陥により人の生命，身体又は財産に係る被害が生じた場合の製造業者等の損害賠償の責任（製造物責任法3条）について，民事ルールを定めた法律です。

3　消費者団体訴訟制度

(1)　**差止請求**

内閣総理大臣の認定を受けた消費者団体である適格消費者団体（消費者契約法2条4項，13条）は，事業者等が消費者契約法，特定商取引法，景品表示法，食品表示法に抵触する一定の行為などを行うおそれがある場合などに，事業者等に対して当該行為の差止めなどを裁判上請求することが認められています（消費者契約法12条，特定商取引法58条の18～58条の24，景品表示法30条1項，食品表示法11条）[3]。平成30年8月末日の時点で，全国には19の適格消費者団体があります[4]。

(2)　**被害回復請求**

適格消費者団体のうち，特定適格消費者団体（消費者裁判手続特例法2条

---

[3] これまでの差止請求に係る判決等に関する情報については，消費者庁のサイトで確認することができます（http://www.caa.go.jp/policies/policy/consumer_system/collective_litigation_system/about_qualified_consumer_organization/release39/2018/）。

[4] 全国の適格消費者団体については，消費者庁のサイトで確認することができます（http://www.caa.go.jp/policies/policy/consumer_system/collective_litigation_system/about_qualified_consumer_organization/list/）。

第 16　消費者関連

10 号，65 条）として内閣総理大臣の認定を受けた消費者団体については，事業者が消費者に対して負う金銭の支払義務であって，消費者契約に関する一定の請求について，消費者に代わって被害の集団的な回復を裁判上求めていくことが認められています（同法 2 章）[5]。平成 30 年 8 月末日の時点で，全国に 3 つの特定適格消費者団体があります[6]。

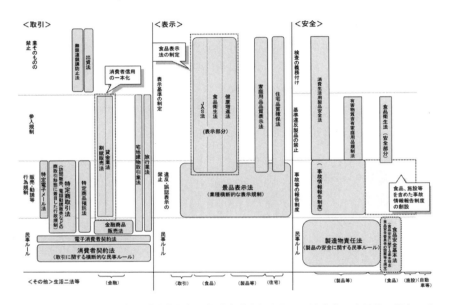

出典：消費者行政推進会議「消費者行政推進会議取りまとめ：消費者・生活者の視点に立つ行政への転換」（平成 20 年 6 月 13 日）の別紙 9

---

[5] 被害回復に係る判決等に関する情報については，消費者庁のサイトで確認することができます（http://www.caa.go.jp/policies/policy/consumer_system/collective_litigation_system/about_qualified_consumer_organization/release90/）。

[6] 全国の特定適格消費者団体については，消費者庁のサイトで確認することができます（http://www.caa.go.jp/policies/policy/consumer_system/collective_litigation_system/about_qualified_consumer_organization/list_of_specified/）。

Q47 表示・広告と消費者法

企業の担当者などが，商品又はサービスについて表示の内容を決定する場合，あるいは販売促進活動のための広告の内容を決定する場合において，注意すべき法令について，説明してください。

A 事業者は，いわゆるＢ to Ｃ取引において，各種の業法などのほか特定商取引法や割賦販売法などの法令により，特定の表示を行うことが義務付けられている場合があります（積極的義務）。また，不当景品類及び不当表示防止法（以下「景品表示法」という。）の表示規制に係る規定などにより，特定の表示を行わないことが義務付けられている場合もあります（消極的義務）。

解説

1 表示・広告と消費者法

自社の商品・サービス（役務）がいくら優れているものであっても，その商品やサービスの内容の「良さ（優良性）」や，取引条件の「お得さ（有利性）」が知られない限りにおいては，消費者からその商品やサービスが選ばれることはありません。事業者が，消費者にその商品やサービスの「良さ」などを知ってもらうための情報発信の方法としては，広告による宣伝を展開する，商品又はサービスについて表示を行うことなどが考えられます（そのほかに勧誘行為を行うことが考えられます。）。しかし，自社の商品やサービスの優良性・有利性について熱心にアピールしようとするあまり，事業者が，法令で必要とされる表示を行わなかったり，消費者の商品又はサービスについての自主的な選択を阻害する形での誤認を招く内容の広告を行う場合があります。これらは，消費者の直感に過度に訴えかけるような表示・広告を企画しようとしている場合や，科学的には十分に検証されていると評価されない実験結果を基に表示・広告を企画しようとしている場合において，特に注意が必要となります。

また，事業者は，仕入先等の他者からの説明に基づき表示・広告の内容の

決定を行った場合，又は広告代理店等に表示・広告の内容の決定を委ねた場合であっても，景品表示法において不当表示の主体と判断され，行政処分等の対象になることがあります[1]。

企業の法務担当者は，社内体制の構築の問題として，自社の広報担当者や委託先の広告代理業者などが，B to C 取引における表示・広告の各種法令に違反する内容の表示・広告を決定したりすることがないように，十分に社内体制を構築しておく必要があります[2]。

ここでは個別の業種に係る法律についてまでは説明できませんので，不当な表示の禁止に係る一般法である景品表示法を中心に説明します[3]。

2　景品表示法による不当な表示の禁止

⑴　不当表示の類型

ア　優良誤認表示（景品表示法5条1号）

（ア）　概要

商品やサービスの品質，企画その他の内容についての不当表示の類型です。例えば，中古自動車について実際の走行距離よりも著しく少ない走行距離を表示して不当に顧客を勧誘する場合，レストランのメニュー等で特定の著しく高級な食材を使用していることの表示をしているが，実際には当該食材は使用しておらず，標準的なあるいは格安の別の食材を使って料理を提供している場合などです。

（イ）　不実証広告規制

優良誤認表示については，いわゆる不実証広告規制が設けられています（景品表示法7条2項）。つまり，消費者庁から，優良誤認表示に該当するか否かの判断をするために，その裏付けとなる合理的な資料が提出できない場合（提出した資料が不十分である場合も同様）には，当該表示は不当

---

[1] 詳しくは，大元慎二編著『景品表示法〔第5版〕』（商事法務，2016）60頁以後を参照。

[2] 景品表示法26条1項は，事業者内部において不当な表示を未然に防止するために必要な措置を講じることを求めています。当該措置について具体的にどのようなことを行えば良いかについては，消費者庁が作成した「事業者が講ずべき景品類の提供及び表示の管理上の措置についての指針（平成26年11月14日内閣府告示第276号）」を参照ください。

[3] 景品表示法には，ほかに過大な景品類の提供の禁止についても規定されています（同法4条）。

表示とみなされてしまいますので，特に注意が必要です。

イ　有利誤認表示（景品表示法5条2号）

　商品・サービスの価格その他の取引条件についての不当表示の類型です。実際のものよりも取引の相手方に著しく有利であると一般消費者に誤認される表示や，競争事業者に係るものよりも取引の相手方に著しく有利であると誤認されるような表示などが該当します。例えば，ある家具について「広告の日から1週間限り，特別価格8万円」と広告をしているが実際には普段も8万円の価格で販売している場合，ある季節しか食べることができない果物について「他社よりも7日早くお届けできます。」と広告をしているが，実際には他社と届く日数が変わらない場合などです。

ウ　指定告示（景品表示法5条3号）

　商品・サービスの取引に関する事項について，一般消費者に誤認されるおそれがあると認められる場合について，内閣総理大臣が指定する表示があります。例えば，ある飲料のパッケージにオレンジの絵柄を使用しているが，その飲料の原材料にはオレンジの果汁又は果肉が使用されていない場合などは，当該パッケージに「無果汁」の表示を行う等の必要があります[4]。

　平成30年3月末日現在で，6つの指定がなされています[5]。

(2)　違反した場合

ア　行政処分等

　違反行為に対しては，消費者庁又は都道府県等から，措置命令（景品表示法7条）や行政指導を受けることがあります。

　措置命令の具体的な内容としては，違法行為の不作為（違法行為を行わな

---

[4] 果汁使用割合が5%未満のものには，図案化した絵を除き，果実の絵を表示することは不当表示となります（果実飲料の表示に関する公正競争規約施行規則4条1号イ）。

[5] ①無果汁の清涼飲料水等についての表示（昭和48年公正取引委員会告示第4号），②商品の原産国に関する不当な表示（昭和48年公正取引委員会告示第34号），③消費者信用の融資費用に関する不当な表示（昭和55年公正取引委員会告示第13号），④不動産のおとり広告に関する表示（昭和55年公正取引委員会告示第14号），⑤おとり広告に関する表示（平成5年公正取引委員会告示第17号），⑥有料老人ホームに関する不当な表示（平成16年公正取引委員会告示第3号）の六つです。

いこと），一般消費者の誤認排除のための新聞広告等による公示，再発防止策の策定，今後の広告の提出などがあります[6]。

また，相当の注意を行ったものでないと認められない場合には，不当表示により得られた事業者の利益を没収するために，課徴金納付命令を出されることがあります（優良誤認表示，有利誤認表示の場合）（景品表示法8条以下）。

イ　差止請求等

適格消費者団体から，差止請求に係る消費者団体訴訟を提起されることがあります（景品表示法30条）[7]。

(3)　**業界による自主規制**

公正取引委員会及び消費者庁長官が認定する各種業界は，強制力のある自主規制（公正競争規約）を定めることができます（景品表示法31条）。

表示に関する公正競争規約は，平成30年3月末日現在で，67件あります[8]。

3　**積極的表示が要求されている法令について**

事業者に，積極的表示が要求されている場合については，例えば医薬品の表示に関する薬機法等，各種の業法等において定められている場合が多いですが，特定の業種によらない場合であっても，特定商取引法で定める取引類型に該当する場合（特定商取引法11条など），決済手段等が割賦販売法に定める特定の場合（割賦販売法3条など）等においても，積極的な表示義務が課されています。

---

[6] 大元・前掲274頁。また，これまでに消費者庁が行った措置命令の内容については，消費者庁のサイトで公表されています（http://www.caa.go.jp/policies/policy/representation/fair_labeling/#public_information）。

[7] 差止請求に係る判決や裁判外の和解の概要などの情報については，消費者庁のサイトで公表されています（消費者契約法39条1項）

[8] 消費者庁のサイトでは，http://www.caa.go.jp/policies/policy/representation/fair_labeling/fair_competition_code/industries/。なお，（一社）全国公正取引協議会連合会に置いては，各規約の内容を確認することができます（http://www.jfftc.org/rule_kiyaku/kiyaku_hyoji.html）。

Q48 消費者契約法

B to C 取引に適用される法律のうち消費者契約法について，法務担当者は，①営業担当者が勧誘行為を行う際にどのような点について注意するべきか，②契約書や約款等を作成又は審査する際にどのような点に注意するべきか，について説明してください。

A 消費者契約法は，消費者が事業者との間でした契約について適用される民法の特別法になります。法務担当者は，自社の営業担当者が不当な勧誘を行うことによってその契約を取り消されることがないように，また契約書や約款等に不当な条項が含まれることで当該契約条項が無効とされることがないように，注意をする必要があります。

解 説

1 消費者契約とは

「消費者契約」とは，消費者と事業者（法人その他の団体に限られず，個人事業者も含まれます。）との間で締結される契約を言います（消費者契約法2条3項）。ただし労働契約は含まれません（同法48条）。

消費者契約法のうち民事ルールを定めた部分については，消費者契約について適用される民法の特別法となります。

2 不当な勧誘行為が行われた場合について（取消権の発生）

事業者が，契約の勧誘を行う際に以下のような不当な行為を行うことで，消費者に誤認・困惑等を生じさせ，消費者が当該誤認・困惑等によって契約をしたときには，消費者には取消権[1]が与えられます。自社の営業担当者が，勧誘行為に熱心となるあまりに，以下のような行為に及んでしまうことがないように，法務担当者としては，営業担当者に対して適切な指導や教育などを行っておく必要があります。

---

[1] 当該取消権の行使期間は，追認をすることができる時から1年間，契約の締結の時から5年間であるとされています（消費者契約法7条）。

第 16　消費者関連

(1)　不実告知（消費者契約法 4 条 1 項 1 号）

　　事業者が，消費者に対して，重要事項（消費者契約法 4 条 5 項 3 号）について事実と異なることを告げた場合です。

　　例えば，あるガソリンスタンドにおいて，実際にはその車のオイルは直ちに交換を要するほど劣化をしていないにもかかわらず，「先程無料点検をさせていただいたところ，オイルが非常に劣化していることが分かりました。直ちに交換をしないと，間もなくエンジンが壊れて走れなくなりますよ。」等の不実の情報を伝える場合などが該当します。

(2)　断定的判断の提供（消費者契約法 4 条 1 項 2 号）

　　事業者が，消費者に対して，将来における変動が不確実である事項について確実であると告げた場合です。

　　例えば，ある投資性の高い金融商品について，必ずしも将来値上がりすることが確実ではないにもかかわらず，「私が取り扱っているのは，値上がりが確実である商品だけです。」と告げるような場合が該当します。

(3)　不利益事実の不告知（消費者契約法 4 条 2 項）

　　事業者が，消費者に対して，消費者の利益となることを告げながら，重要事項について不利益となる事実を故意に告げなかった場合です。

　　例えば，事業者が，小学生の子供がいる消費者に対して住宅を販売するに際して，「すぐ隣に小学校があるので，お子様の通学にも便利です。」と説明しながら，実はこの小学校は近く閉校になって，遠くの別の小学校に通わなければならなくなる事実を知りながら告げていない場合などが該当します。

(4)　不退去，退去妨害（消費者契約法 4 条 3 項）

　　自宅に来た営業担当者に対して，自宅にいる消費者が何度も「帰ってください。」と言っているにもかかわらず，契約するまで営業担当者が退去をしないような場合が該当します。

　　また，事業者の店舗において，消費者が「家族と相談したいので，家に帰らせてください。」と何度も言っているにもかかわらず，営業担当者が店の出口のところに立って，契約するまで消費者を帰らせないような場合

288

が該当します。

(5) **過量契約**（消費者契約法 4 条 4 項）

事業者が，契約の勧誘を行う際に，当該消費者にとって通常の分量等を著しく超えるものであることを知りながら，当該過量な分量の契約を締結させるような場合です。

例えば，一人暮らしの高齢者に対して，特別の事情もないのに，高齢者が 10 年かかっても消費できないような量の健康食品を一度に販売するような場合などです。

3 不当な契約条項について（条項の無効）

以下のような条項については，いくら契約書や約款に記載があり，当該契約書や約款に基づいて契約が行われた場合であっても，当該契約は無効とされます。

法務担当者としては，契約条項を固めることで法的リスクに対応しようとするあまり，不当な契約条項を入れてしまい，かえって法的リスク等を高めてしまうことがないように注意することが必要となります。

(1) **事業者の損賠賠償責任の全部を免除する条項，故意又は重過失による場合に損害賠償責任を免除する条項**（一部免除を含む。）（消費者契約法 8 条）

例えば，「当社が販売する商品の不備が原因となって，お客様が損害を被ることがあっても，当社は一切の損害賠償責任を負いません。」とする条項は，無効な契約条項となります。

「仮に，当社に重過失がある場合であっても，商品の販売価格を超える金額の損害賠償請求は負いません。」という条項についても同様です。

(2) **消費者の解除権を放棄させる条項**（消費者契約法 8 条の 2）

例えば，「販売した商品について契約締結の際にお約束した仕様を満たさない場合にも，お客様（消費者）はこの契約を解除することはできません。」とする条項は，無効とされます。

(3) **消費者が契約の解除に際して平均的な損害額を超える損害賠償額を予定する条項，遅延損害金につき年利 14.6％を超える条項**（消費者契約法 9 条）

例えば，消費者との間でパーティーの料理と会場の予約の契約をする場

第16 消費者関連

合において，「お客様（消費者）の側からキャンセルがなされた場合には，契約金額全額を損害賠償としていただきます。このことは，たとえパーティーの予定の日から，1年以上前にキャンセル連絡があった場合についても同様です。」といった条項は，無効となります（パーティーの予定の日から1年以上前にキャンセルの連絡があったにもかかわらず，事業者に，契約金額と同額の「平均的な損害」が発生するとは考えられないため。）。

(4) **消費者の利益を一方的に害する条項**（消費者契約法10条）

任意規定の適用による場合と比較して，消費者の権利を制限又は義務を加重する条項であって，信義則に反して消費者の利益を一方的に害する条項も無効とされます。

4 改正法の動向について

平成30年改正法においては[2]，2で説明した（消費者側に取消権が発生する）不当な勧誘行為について，社会生活上の経験不足を不当に利用する場合や，契約締結前に債務の内容を実施する場合，重過失によって不利益事実が不告知となった場合が追加されることが予定されています。また，3で説明した（契約条項が無効とされる）不当な契約条項については，消費者の後見の開始等を理由とする解除条項や，事業者が自社の負う責任を自ら決めるような条項が追加されることが予定されています。

消費者契約法については，近年，比較的頻繁に改正が行われていますので，法務担当者としては，改正法の動向にも十分に注意しておく必要があります。

---

[2] 平成30年改正法で予定されている内容については，消費者庁のサイトを参照（http://www.caa.go.jp/law/bills/）。

Q 49　個人情報保護法

> 事業者が，顧客や従業員などの個人情報の取扱いに関して受ける規制の概要について，説明してください。

A　事業者が，顧客や従業員などの個人情報を取り扱う際の規制に関する一般法としては，個人情報の保護に関する法律（以下「個人情報保護法」といいます）があります。個人情報保護法には，事業者に対して，個人情報を特定した利用目的の範囲を超えた目的では原則として利用できないものとすること，個人データを他の事業者等に対して提供することは本人の同意なくしては原則としてできないものとすることなどが定められています。

解説

1　個人情報保護法[1]とは

　個人情報保護法は，個人情報の利活用に係る有用性と，プライバシーの権利などの個人の権利利益の保護[2]とのバランスを図ることを目的として制定された法律です（個人情報保護法1条）[3]。この法律の背景には，ビッグデータの活用などに代表されるように，事業者によって特定の個人に関する情報が

---

[1] 個人情報保護法は，平成29年5月30日に改正法が全面施行されました。
　　改正後の個人情報保護法に関する文献としては，瓜生和久『一問一答平成27年改正個人情報保護法』（商事法務，2015），宇賀克也『個人情報保護法の逐条解説〔第5版〕：個人情報保護法・行政機関個人情報保護法・独立行政法人等個人情報保護法』（有斐閣，2016）などがあります。

[2] ただし，個人情報保護法の規制を遵守していることが，必ずしも，プライバシーの権利などを侵害していないことの十分条件にならないことには，注意が必要です。
　　比喩として，個人情報保護法による規制と，プライバシーの権利侵害による私法上の不法行為は，よく，道路交通法による規制と交通事故による不法行為との関係に例えられます。例えば，道路交通法（個人情報保護法）さえ遵守してさえいれば，交通事故（個人情報に関する事故）が発生した場合に，私法上の不法行為責任についても免れるものではありません。逆に，ある交通事故（個人情報に関する事故）について私法上の不法行為責任が認められなかったからと言って，道路交通法（個人情報保護法）の違反に対する行政処分等を免れるものではありません。

[3] 個人情報保護法は，行政規制法であることから，行政機関である個人情報保護委員会が作成したガイドラインが，解釈において重要な位置を占めます。個人情報保護法に関するガイドラインについては，個人情報保護委員会のサイト（https://www.ppc.go.jp/personal/legal/）を参照ください。

第16　消費者関連

大量に蓄積され，それが分析されることで，高度情報通信社会が進展する以前には見られなかったような形での，個人のプライバシーなどの権利利益が侵害されるおそれが生じていることがあります。

　本稿では，事業者が個人情報を取り扱う際の行政規制に関する一般法である個人情報保護法のうち，事業者に対する規制に係る部分を中心に概説します。

2　個人情報に係る規制について

　以下では，個人情報取扱事業者（個人情報保護法2条5項）[4] について定められた個人情報の取扱い等に関する規制を中心に概説します。

(1)　個人情報に係る規制

ア　個人情報とは

　「個人情報」とは，生存する個人に関する情報であって，当該情報に含まれる氏名，生年月日その他の記述等により特定の個人を識別することができるもの（個人情報保護法2条1項1号）を言います。例えば，「東京都新宿区四谷本塩町4番37号にお住まいの司法太郎さんが，平成30年7月1日午前10時23分に，本塩町駅前の自動販売機でミネラルウォーター1本を購入しました。」という情報の場合には，「東京都新宿区四谷本塩町4番37号」「司法太郎」の一部分だけが個人情報に該当するものではありません。「東京都〜購入しました。」の全体が個人情報に該当し，個人情報に係る規制の対象となることに注意してください。

　個人情報には，「他の情報と容易に照合することができ，それにより特定の個人を識別することができることとなるもの」も含まれます（個人情報保護法2条1項1号参照）。例えば，「ある人が，平成30年7月1日午前10時23分に，本塩町駅前の自動販売機でミネラルウォーター1本を購入しました。」という情報であっても，当該事業者が容易に別の情報（例えば，

---

[4] 事業活動とは関係のない私人等の活動は個人情報保護法による規制を受けるものではないことに注意してください。また，報道機関による報道，宗教団体による宗教活動など特定の事業者の特定の目的については，同法76条に適用除外規定があることにも注意してください（なお，同法43条2項も参照）。

292

自社の交通系 IC カードの出金に関するデータベースなど）と照合することで，その「ある人」が「司法太郎」さんであると分かる場合には，当該情報は個人情報に該当します。

また，パスポートの旅券番号や運転免許証の番号などについては，法令で「個人識別符号」に該当するものとされ，個人識別符号に該当するものについては，個人情報に含まれることが法律上明確化されています（個人情報保護法2条1項2号，同条2項，個人情報保護法施行令1条，個人情報保護法施行規則2条〜4条）。

イ　適正な取得

個人情報取扱事業者は偽りその他不正の手段によって，個人情報を取得することはできません（個人情報保護法17条1項）。

ウ　利用目的の特定

個人情報取扱事業者は，個人情報を取り扱うに当たっては，その利用目的をできる限り特定しなければなりません（個人情報保護法15条1項）。

エ　利用目的の通知等

個人情報取扱事業者は，個人情報を取得した場合は，原則として[5]，速やかにその利用目的を本人に対して通知するか，公表しなければなりません（あらかじめ，その利用目的が公表されている場合を除きます。個人情報保護法18条1項）。この取得の方法が書面である場合には，個人情報取扱事業者は，原則として，その利用目的をあらかじめ本人に対して明示しなければなりません（同条2項）。

オ　利用目的の範囲内での利用

個人情報取扱事業者は，あらかじめ本人の同意を得ない限り，特定された利用目的の達成に必要な範囲を超えて個人情報を取り扱うことは，原則としてできません（個人情報保護法16条1項）。

---

[5] 本稿では，例外について十分に触れることができませんが，個人情報保護法については，実務上非常に重要な場合について例外が定められている場合があります。実務に際しては，必ず例外についても確認をするようにしてください。

カ　要配慮個人情報の取得について

　個人情報のうち，本人の人種，信条，社会的身分，病歴，犯罪の経歴，犯罪により害を被った事実その他本人に対する不当な差別，偏見その他の不利益が生じないようにその取扱いに特に配慮を要するものとして政令で定める記述等が含まれるものを「要配慮個人情報」と言います（個人情報保護法2条3項）。具体的には，医師による健康診断の結果や，身体障害などの一定の心身の機能障害などが該当します（個人情報保護法施行令2条，個人情報保護法施行規則5条）。

　個人情報取扱事業者は，あらかじめ本人の同意を得てから，要配慮個人情報を取得しなければならないのが原則です（個人情報保護法17条2項）。

(2)　**個人データに係る規制**

　以下の規制は，「個人データ」に係る規制であって，個人データに該当しない個人情報には適用されませんので，注意してください。

ア　「個人データ」とは

　「個人データ」とは，個人情報データベース等を構成している個人情報をいいます（個人情報保護法2条6項）。

　「個人情報データベース等」とは，個人情報をデータベース化したり，検索可能な状態にしたものを言います。いわゆる電子媒体に限らず，紙媒体であるものについても，目次，索引などによって特定の個人情報を容易に検索することができるように体系的に構成されているものであれば，個人情報データベース等に該当します（個人情報保護法2条4項，個人情報保護法施行令3条）。

イ　安全管理措置等

　個人情報取扱事業者は，個人データの漏えい等を発生させないために，個人データの安全管理のために必要かつ適切な措置を講じなければなりません。この安全管理措置は，いわゆる「技術的安全管理措置」と呼ばれるもの（例えば，ID・パスワードによるデータベースへのアクセス制限や，コンピュータウイルス対策など）に限りません。個人情報の取扱いに関する組織体制の整備などの「組織的安全管理措置」や，従業者に対する教育などの「人的

安全管理措置」，記録媒体の盗難防止などの「物理的安全管理措置」も含まれます。

また，個人データの安全管理については，自社の従業者に対してはもちろんのこと（個人情報保護法21条），個人データの取扱いを外部に委託する場合には委託先に対しても（同法22条），必要かつ適切な監督を行うことが求められています。

ウ　第三者提供の制限等

（ア）　第三者に対して個人データの提供を行う場合

個人情報取扱事業者が個人データを第三者に提供しようとする場合（有償・無償を問いません。）には，原則として，あらかじめ本人の同意を得ることが必要となります（個人情報保護法23条1項）[6]。ただし，法定の手続に従ってオプトアウト（本人からの求めがあったときに停止することを条件に個人情報の第三者提供をすること）の手続を行う場合には，この限りではありません（同法23条2項。なお，要配慮個人情報を含む個人データについては，オプトアウトの手続によることは認められていませんので注意してください。）。

また，個人情報取扱事業者は，個人データを第三者に対して提供したときには，一定の記録を作成する義務があります（個人情報保護法25条，個人情報保護法施行規則12条～14条）。

（イ）　第三者から個人データの提供を受けた場合

個人情報取扱事業者が，第三者から個人データの提供を受けるに際しては，提供元の事業者が当該個人データを取得した経緯などについて確認を行う必要があります。また，一定の記録を作成する義務があります（個人情報保護法26条，個人情報保護法施行規則15条～18条）。

(3)　**保有個人データに係る規制**

ア　保有個人データとは

個人データのうち，当該個人情報取扱事業者に修正，削除等の権限がありかつ6か月以上保有するものを，「保有個人データ」といいます（個人情

---

[6] 外国にある第三者への提供については，個人情報保護法24条も参照してください。

第16　消費者関連

報保護法2条7項，個人情報保護法施行令5条）。

イ　公表等

　個人情報取扱事業者は，保有個人データの利用目的などについて，本人の知り得る状態に置くか，本人から求めがあった場合には遅滞なく回答しなければなりません（個人情報保護法27条1項）。また，個人情報取扱事業者は，保有個人データに記録されている本人から，当該本人に関する保有個人データの利用目的について通知を求められた場合には，原則として，遅滞なく通知しなければなりません（同条2項）。

ウ　開示，訂正等，利用停止等の請求

　本人は，個人情報取扱事業者に対して，保有個人データの開示を請求することができます（個人情報保護法28条）。また，一定の場合には，当該保有個人データの訂正等や利用停止等を請求することができます（同法29条，30条）。個人情報取扱事業者は，原則としてこれらの請求に遅滞なく応じなければなりません。

3　匿名加工情報に係る規制について

ア　匿名加工情報とは

　「匿名加工情報」とは，個人情報について本人が特定できないように加工し，当該個人情報を復元することができないようにした情報をいいます。匿名加工情報の作成の基準については，個人情報保護委員会規則によって定められており，その基準に従って作成をする必要があります（個人情報保護法2条9号，36条，個人情報保護法施行規則19条～20条）[7]。

イ　匿名加工情報を作成した個人情報取扱事業者の義務

　匿名加工情報を作成した個人情報取扱事業者は，一定の公表を行う義務があります（個人情報保護法36条3項）。

ウ　第三者への提供を行う場合について

---

[7] 個人情報取扱事業者が，ある個人情報について特定の個人を識別できにくくする加工を行っても，その作成基準が，個人情報保護委員会規則によって定められた基準とは異なる場合には，匿名加工情報には該当しませんので注意してください。この場合，加工後のものが，特定の個人が識別できない統計情報等になっていない限りは，引き続き個人情報に該当するものとして法の規制を受けることになります。

296

Q 49　個人情報保護法

事業者が，匿名加工情報を第三者に対して提供する場合には，あらかじめ，一定の事項の公表が必要であるほか，当該第三者に対して当該情報が匿名加工情報である旨を明示する必要があります（個人情報保護法 36 条 4 項，37 条）。

エ　識別行為の禁止

事業者が，匿名加工情報について，本人を識別する行為を行うことは禁止されています（個人情報保護法 36 条 5 項，38 条）。

オ　安全管理措置

事業者は，匿名加工情報についても，一定の安全管理措置を行う義務があります（個人情報保護法 36 条 2 項，39 条）

4　認定個人情報保護団体

「認定個人情報保護団体」とは，民間団体のうち，事業者の個人情報の適切な取扱いの確保を目的とする業務を行うものとして，国から認定を受けたものをいいます（個人情報保護法 47 条）[8]。

認定個人情報保護団体は，対象事業者の個人情報の取扱いに関する苦情を処理する義務があります（個人情報保護法 52 条）。また，認定個人情報保護団体が，個人情報保護指針を作成した場合には，対象事業者に対して，当該指針を遵守させるために必要な指導・監督等を行う義務があります（同法 53 条）。

---

[8] 認定個人情報保護団体の現状については，個人情報保護委員会のサイト（https://www.ppc.go.jp/personal/nintei/）を参照してください。

297

第 16　消費者関連

個人情報

生存する個人に関する情報であって、
(1) 氏名、生年月日、住所等により特定の個人を識別することができるもの（他の情報と容易に照合でき、それにより特定の個人を識別することができるものを含む）
　　例：データベース化されていない書面・写真・音声等に記録されているもの
(2) 個人識別符号（①又は②）が含まれるもの【改正】
　　① 特定の個人の身体の一部の特徴を電子計算機のために変換した符号
　　　　例：顔認識データ、指紋認識データ等
　　② 対象者ごとに異なるものとなるように役務の利用、商品の購入又は書類に付される符号
　　　　例：旅券番号、免許証番号等

個人データ

個人情報データベース等(注)を構成する個人情報
　例：委託を受けて、入力、編集、加工等のみを行っているもの
(※) 名簿、連絡帳のように、個人情報を含む情報の集合物であって、電子媒体・紙媒体を問わず、特定の個人情報を検索することができるように体系的に構成したもの。

保有個人データ

個人情報取扱事業者が開示、訂正、削除等の権限を有する個人データ
（6月以内に消去することとなるものを除く。）
　例：自社の事業活動に用いている顧客情報、従業員等の人事管理情報

要配慮個人情報

これまで、個人情報の取扱いに関しては一律に同じルールを定めていました。しかし、情報の内容や性質によっては差別や偏見を生じさせるおそれがあることから、改正後は、個人情報のうち、人種、信条、社会的身分、病歴、犯罪の経歴、犯罪により害を被った事実等が含まれるものを「要配慮個人情報」とし、その取扱いについて本人が関与できるような特別な規律を設けることとなりました。【改正】

出典：個人情報保護委員会「個人情報の利活用と保護に関するハンドブック」（平成 28 年 2 月）3 頁
※図中に【改正】とある箇所は、平成 29 年 5 月 30 日改正法施行に係るもの。

事項索引

【アルファベット】

B to C 取引 ･･････････････････････ 279
D & O 保険 ･･････････････････････ 62
M & A ･･････････････････････････ 109
PMI ････････････････････････････ 117
ToSTNeT-3 ･････････････････ 27, 32

【あ行】

あ　アセットマネジャー ･･････････ 163
　　アラート ･･････････････････ 197
い　意匠権 ････････････････････ 251
　　一般事務受託者 ･･････････ 163
　　インサイダー ･･････ 31, 37, 57
　　インセンティブ ････････････ 55
う　売出し ･･･････････････････ 22
え　営業秘密 ･･･････････････ 246
　　営業秘密の侵害行為 ･･････ 260
　　延会 ･･････････････････････ 80
お　オークション市場 ･･･ 29, 30, 31
　　親事業者 ･･････････････････ 263
　　オリジネーター ･･････････ 160

【か行】

か　解雇 ･･････････････････････ 233
　　外国資本 ･･････････････････ 106
　　外国人雇用 ･･････････････ 225
　　介護保険 ･････････････････ 224
　　会社関係者 ･･････････････ 37
　　会社分割 ･････････････ 126, 267
　　会社法会計 ･･････････････ 211
　　会社役員賠償責任保険 ････ 62

確定額報酬 ･･･････････････････ 54
確認済証 ･････････････････････ 159
瑕疵担保責任 ･･････････ 173, 184
課徴金納付命令 ･･･････ 273, 286
合併 ･････････････････････ 127, 267
ガバナンス ･･････････････････ 41
株式移転 ･････････････････････ 267
株式交換 ･････････････････････ 128
株式取得 ･････････････････････ 266
株式譲渡 ･････････････････････ 124
株主総会参考書類 ･･････････ 71
株主総会事務局 ･･････････････ 69
株主提案権 ･･････････････････ 71
株主名簿 ･････････････････････ 36
株主名簿管理人 ･･････････････ 13
株主割当 ･････････････････････ 23
過量契約 ･････････････････････ 289
カルテル ･････････････････････ 278
監査等委員会設置会社 ･･･････ 44
監査法人 ･････････････････････ 13
監査役会設置会社 ･･････････ 41
管理監督者 ･････････････ 227, 229
完了検査 ･････････････････････ 159
関連会社間取引 ･･････････････ 101
関連当事者 ･･････････････････ 19
き　キーマンクローズ ･･････････ 142
　　企業（株式）価値評価 ･･････ 113
　　議決権行使集計 ･･････････ 72
　　議決権行使書 ･･････････ 78, 83
　　期限の利益 ･･････････････ 202
　　期限の利益喪失条項 ･･････ 188

基本規程	239	
基本合意書	135	
競業取引	100	
競業避止	175	
競業避止義務	234	
競業避止条項	132	
強行規定	171, 173	
強制執行	209	
業績連動株式	55	
業績連動給与	57	
兄弟会社	98	
金融商品取引法会計	212	

く 偶発債務 ……………………… 131
クーリングオフ ………………… 281
繰越欠損金 ……………………… 96
グループ会社 …………………… 94
グループ経営 …………………… 95
クロージング ……………… 109, 113

け 経営判断の原則 ………………… 91
経営法務 ………………………… 2
形式要件 ………………………… 12
継続会 …………………………… 80
形態模倣商品の提供行為 ……… 260
景品表示法 ……………… 281, 284
契約管理 ………………………… 192
契約業務 ………………………… 2
契約書管理 ……………………… 192
契約不適合責任 ………………… 173
決議通知 ………………………… 81
欠席役員 ………………………… 93
決定事実 ………………………… 38
健康保険 ………………………… 224
検査済証 ………………………… 159
原状回復 ………………………… 155
原状回復工事 …………………… 150
建築確認 ………………………… 159

原本 ……………………………… 193
権利付最終日 …………………… 36
こ 公開買付け ……………………… 29
公開価格 ………………………… 21
工作物責任 ……………………… 156
公正競争規約 …………………… 286
厚生年金保険 …………………… 224
合同会社 ………………… 99, 100
公表 ……………………… 37, 39
公募 ……………………………… 24
コーポレートガバナンス・コード
（CG コード）………… 46, 48, 55, 65
コーポレート・ガバナンスに関する
　報告書 ……………………… 51
個人識別符号 …………………… 293
個人情報 ………………………… 292
個人情報データベース ………… 294
個人情報保護法 ………………… 291
個人データ ……………… 294, 295
誤認惹起行為 …………………… 260
雇用 ……………………………… 220
雇用保険 ………………………… 223
コンプライ・オア・エクスプレイン
……………………………………… 50

【さ行】

さ 債権管理・回収業務 …………… 2
債権執行 ………………………… 209
債権譲渡 ………………………… 207
最終契約書 ……………………… 138
財務報告に関する内部統制の具体例
……………………………………… 219
先取特権 ………………………… 203
36（サブロク）協定 …………… 228
し 時間外労働 ……………………… 227
事業譲渡 ………………………… 124

事項索引

事業報告 ……………………… 58, 59, 215
事業譲受け ………………………… 267
自己株券買付状況報告書 ……………… 33
自己発注方式 ………………………… 30
資産流動化法 ………………………… 164
事前確定届出給与 ………………… 57, 61
事前公表型 …………………………… 31
下請事業者 …………………………… 263
下請法 … 173, 261, 263, 274, 275, 276, 277
質権 ………………………………… 203
実質的支配基準 …………………… 103, 105
実用新案権 …………………………… 250
指定告示 ……………………………… 285
私的自治の原則 ……………………… 168
事務管理人 …………………………… 163
指名委員会等設置会社 ………………… 42
社外性 ………………………………… 98
社外取締役 ………………………… 46, 47
借地借家法適用の有無 …………… 144, 148
社内カンパニー制 ……………………… 95
社内規程 ……………………………… 239
就業規則 …………………………… 220, 222
周知表示混同惹起行為 ………………… 259
重要事項 ……………………………… 288
重要事実 …………………………… 37, 38
受益権 ………………………………… 163
主幹事証券会社 ……………………… 12
受託者責任 …………………………… 48
障害者雇用義務 ……………………… 225
証券化 ………………………………… 160
証券取引所 …………………………… 13
証券保管振替機構 …………………… 16
招集通知 ……………………………… 71
上場準備 ……………………………… 12
上場審査基準 ………………………… 12
譲渡制限付株式 ……………………… 55

消費者契約 ………………………… 280, 287
消費者契約法 ………………………… 280
消費者団体訴訟制度 ………………… 281
消費者法 ……………………………… 279
商標権 ………………………………… 252
情報漏洩 ……………………………… 234
職務著作 …………………………… 257, 258
職務発明 ……………………………… 257
所有権留保特約 ……………………… 180
真正売買 ……………………………… 161
信託形式 …………………………… 31, 32
信託受託者 …………………………… 163
信用情報 ……………………………… 199
す スチュワードシップ・コード …… 48, 50
ストックオプション ………………… 55, 56
せ 製造物責任条項 ……………………… 187
製造物責任法 ………………………… 281
税務会計 ……………………………… 212
潜在株式 ……………………………… 132
潜在債務 ……………………………… 131
戦略法務 ……………………………… 2
そ 総合労働相談コーナー ……………… 235
相殺条項 ……………………………… 191
想定問答集 …………………………… 74
ソフト・ロー ………………………… 3
存続条項 ……………………………… 195
損害賠償額の予定 …………………… 175
損害賠償額の予定条項 ……………… 182
損害賠償限度額条項 ………………… 181
損金算入 …………………………… 58, 61

【た行】

た 大規模小売業告示 …………………… 274
退去妨害 ……………………………… 288
第三者割当 …………………………… 23
退職慰労金 …………………………… 54

301

	退職勧奨	233	
	滞納	151	
	代理受領	206	
	多重代表訴訟	63	
	断定的判断の提供	288	
ち	チェンジオブコントロール	132	
	遅延損害金条項	183	
	知的財産権	248	
	中央労働委員会	236	
	中途解約	177	
	懲戒処分	232	
	著作権	254	
	著作隣接権	256	
	著名表示冒用行為	260	
	地歴	158	
つ	通常損耗	155	
て	定期同額給与	57	
	抵当権	203	
	適格機関投資家等特例業務	164	
	適格消費者団体	281	
	適時開示	33	
	デューデリジェンス	113, 131	
	デリバリー	113	
と	当期純利益	212	
	動産執行	210	
	投資法人	165	
	独占禁止法	261, 266, 270, 277	
	特定商取引法	280	
	特定適格消費者団体	281	
	特定目的会社	164	
	特別取締役	97	
	匿名加工情報	296	
	匿名組合出資	164	
	独立取締役	89	
	特許権	248	
	都道府県労働委員会	237	

	取締役会規程	85	
	取引一任勘定形式	30, 32	
	取引参加者	34	

【な行】

な	内部統制システム	214, 239, 240	
	内部統制報告書	217	
	内容決定の自由	168	
	名ばかり管理職	227	
に	二重課税	161	
	任意規定	171	
	認定個人情報保護団体	297	
の	ノンリコースローン	163	

【は行】

は	パートタイム労働者	225	
	ハード・ロー	4	
	排除措置命令	262	
	発行開示規制	22	
	発生事実	38	
	パフォーマンスシェア	55, 56	
	払込金額	21	
	反社会的勢力	4	
ひ	非業務執行性	98	
	非業務執行役員	97	
	非金銭報酬	54, 55	
	秘密保持契約	134	
	表明保証	140	
	品質保証責任	185	
ふ	不確定額報酬	54	
	付議議案	70	
	不規則発言	79	
	不公正な取引方法	262, 263	
	不実告知	288	
	不実証広告規制	284	
	不正競争防止法	259	

事項索引

不退去 ……………………………… 288
ブックビルディング方式 ………… 21, 24
不動産執行 ……………………… 209
不動産証券化 …………………… 160
不動産特定共同事業法 ………… 166
不当な契約条項 ………………… 289
不当な取引制限 ………………… 262
不当表示 …………………… 281, 284
不法占有 ………………………… 157
不利益事実の不告知 …………… 288
振替口座簿 ………………………… 36
プリンシプルベース・アプローチ … 50
フレックスタイム制 …………… 227
プロパティマネジャー ………… 163
文書管理 ………………………… 245
文書の保存期間 ………………… 245
文書の持出し等の管理 ………… 247
分配可能額 …………… 27, 211, 213
へ 変形労働時間制 ……………… 227
ほ 方式の自由 …………………… 168
法定担保物権 …………………… 203
募集 ……………………………… 22
補償条項 ………………………… 140
ほふり …………………………… 36
保有個人データ ………………… 295

【ま行】

ま マネジメント型 ……………… 85
み みなし労働時間制 …………… 227
め 名義書換え …………………… 36
も 目論見書 ……………………… 25
モニタリング型 ………………… 85

【や行】

や 役員報酬 ………………… 53, 60
約定担保物権 …………………… 203
ゆ 優越的地位の濫用 … 263, 272, 278
有価証券通知書 ………………… 24
有価証券届出書 ………………… 24
有価証券報告書 ………… 57, 59, 82
有利誤認表示 …………………… 285
優良誤認表示 …………………… 284
よ 要件事実 ……………………… 176
用途・用法違反 ………………… 153
要配慮個人情報 ………………… 294
与信管理 ………………………… 198
予防法務 ………………………… 1

【ら行】

り 利益相反 ……………………… 63
利益相反取引 …………… 97, 101
リストリクテッドストック ……… 55, 56
留置権 …………………………… 203
流通・取引慣行ガイドライン … 270, 271
臨時報告書 ……………………… 82
臨床法務 ………………………… 1
れ レンダー ………………… 162, 163
ろ 労災保険 ……………………… 223
労働協約 ………………………… 222
労働契約 ………………… 220, 221
労働時間 ………………………… 227
労働審判 ………………………… 237

【わ行】

わ ワークフローシステム ……… 196

303

執筆者紹介

監修者

堀江　泰夫（ほりえ　やすお）

1983 年早稲田大学法学部卒業

司法書士試験合格後，大手流通企業の法務部に入社し，以後数社の法務部門を経て現職。

役　職　等：日鉄ケミカル＆マテリアル株式会社　総務部法務担当シニアマネジャー

司法書士（東京司法書士会，1989 年合格）

日本組織内司法書士協会　発起人・顧問（2013 年 8 月〜2017 年 8 月同協会会長）

日本大学法学部非常勤講師（2010 年 4 月〜現在）

主 な 著 書：『契約書作成の基礎と実践―紛争予防のために』（青林書院，共著，2012 年）

『改訂版下請の法律実務』（三協法規出版，共著，2012 年）

『法務部門の実用知識』（商事法務，2013 年）

『新・司法書士始末記』（日本評論社，共著，2014 年）

『説明義務の理論と実際』（新日本法規出版，共著，2017 年）

『契約業務の実用知識〔第 2 版〕』（商事法務，2017 年）

本書での担当：第 1　企業法務とは，第 8　契約書関係

編著者

早川　将和（はやかわ　まさかず）

司法書士試験合格後，大手司法書士法人勤務を経て，現職。会社では人事・総務部門で勤務する傍ら，司法書士としても活動し，日本組織内司法書士協会の発起人・幹事として，「組織内司法書士」の普及・啓蒙活動に取り組んでいる。

役　職　等：リスクモンスター株式会社（東証二部）人事総務部　部長代理
　　　　　　司法書士（東京司法書士会，2006 年合格）・与信管理士
　　　　　　日本組織内司法書士協会　発起人・幹事
　　　　　　東京司法書士会総合研修所　商事・企業法務研修室　室長
　　　　　　金融財政事情研究会『詳細　登記六法』編集委員
主 な 著 書：『議事録作成の実務と実践』（第一法規出版，共著，2017 年）
　　　　　　『法人・組合と法定公告』（全国官報事業協同組合，共著，2014 年）
本書での担当：第 2　株式関係，第 10　会計税務

著者（五十音順）

生野　太朗（いくの　たろう）

1997 年早稲田大学法学部卒業。
大手玩具メーカー法務部勤務を経て，2003 年株式会社シーエー・モバイル入社。
現在同社法務統括。

役　職　等：司法書士試験合格（1999 年）
　　　　　　株式会社シーエー・モバイル法務統括
本書での担当：第 6　M & A，第 12　労務関係

内海　孝太郎（うちうみ　こうたろう）

2003 年，中央大学法学部卒業。同年，国分株式会社（現　国分グループ本社株式
会社）入社。現職では，グループ各社の取引先審査や法務業務を行っているが，食
品卸売業という業種柄，下請法に関する相談や社内講師を引き受けることも多い。

役　職　等：国分グループ本社株式会社　法務部審査法務課　グループ長
　　　　　　司法書士試験合格（2016 年）
本書での担当：第 15　独占禁止法・下請法

加勢　弥生（かせ　やよい）

司法書士実務を経験後，IT ベンチャー企業の総務・法務部門を経て，食品製造販
売会社に勤務，現在に至る。同社では法務部門，労務部門に所属した後，現在は内

部監査部門に所属。

役　職　等：司法書士試験合格（1996 年）

　　　　　　　食品製造販売会社　内部監査部　主査

本書での担当：第 12　労務関係

河原　正幸（かわはら　まさゆき）

1997 年司法書士登録，司法書士事務所に勤務。その後，外資系プライベート・エクイティファンド，外資系証券会社の法務部にて勤務。コーポレートセクレタリー・関連会社管理業務及び投資エンティティのリストラクチャリング等を担当。2011 年，企業法務サービスを提供する株式会社イントリム及びイントリム虎ノ門司法書士事務所（現，イントリム司法書士事務所）を開設。

役　職　等：株式会社イントリム　代表取締役

　　　　　　　イントリム司法書士事務所　パートナー司法書士

　　　　　　　司法書士（東京司法書士会，1996 年合格）

本書での担当：第 5　グループ会社管理

下宮　麻子（しもみや　あさこ）

司法書士実務を経験後，2013 年株式会社日本 M & A センター入社。

現職では，M & A にかかる法務面でのスキーム，ドキュメンテーション等を中心に年間 100 件以上の M & A に従事している。

役　職　等：株式会社日本 M & A センター　法務室　課長

　　　　　　　司法書士試験合格（2007 年）

　　　　　　　一般社団法人金融財政事情研究会主催「M & A シニアエキスパート養成スクール」講師

本書での担当：第 6　M & A

鈴木　裕摩（すずき　ゆうま）

平成 6（1994）年サッポロビール株式会社（現サッポロホールディングス株式会社）入社。北陸，千葉の事務所勤務後，本社生ビール関連機器・部材開発部門を経て，現職。グループ国内各社の法務相談他一般法務全般，法務人材育成研修及び商

標関連業務担当。

役　職　等：サッポロホールディングス株式会社　グループ法務部　マネージャー

司法書士試験合格（2016 年）

簡裁訴訟代理認定考査合格（2017 年）

他に知的財産管理技能士 2 級，FP 技能士 2 級など

本書での担当：第 14　知財・不正競争防止法

髙山　香理（たかやま　かおり）

司法書士試験合格後，インターネット関連事業及びファイナンス・インキュベーション事業を傘下に収める持株会社等の法務担当を経て 2011 年より現職。法務業務全般を担当。

役　職　等：株式会社 LITALICO（東証 1 部）法務グループ所属

司法書士試験合格（2005 年）

簡裁訴訟代理認定考査合格（2006 年）

本書での担当：第 3　ガバナンス

田中　誠（たなか　まこと）

昭和 60（1985）年麒麟麦酒株式会社（現キリンホールディングス株式会社）入社，支店営業企画，ビール営業を経て，通算約 20 年企業法務に従事（その他 8 年不動産業務にも従事）。平成 30（2018）年同社を退職し，現在，株式会社アドバンテッジリスクマネジメント経営管理部担当部長（法務担当）。

司法書士試験合格（1995 年）

役　職　等：・『株主権行使対応マニュアル』（経営法友会，共著，1995 年）

・『株主代表訴訟対応マニュアル』（経営法友会，共著，1996 年）

本書での担当：第 4　会議体

富岡　聡（とみおか　さとし）

司法書士試験合格後，司法書士事務所勤務を経て，2000 年より大和証券グループに入社。銀行の立ち上げなど各種プロジェクトに参画し，現在に至る。

役　職　等：株式会社大和ネクスト銀行　法務コンプライアンス部長
　　　　　　司法書士試験合格（1997 年）
　　　　　　管理業務主任者試験合格（2002 年）
　　　　　　金融法学会会員
主 な 著 書：「キャッシュ・マネジメント・システム〈CMS〉への参加に関する
　　　　　　子会社取締役の責任」筑波大学大学院ビジネス科学研究科企業法学
　　　　　　専攻編『企業法研究の序曲　Ⅴ』（同友館，2017 年）所収
　　　　　　「契約条項の限界を理解する」ビジネスロー・ジャーナル No.45
　　　　　　（2011 年 12 月号）54 頁
本書での担当：第 5　グループ会社管理，第 13　社内規程・文書管理

中　将志（なか　まさし）

2007 年に朝日生命保険相互会社に入社後，司法書士試験に合格。同社では，支
社，コンプライアンス統括部に所属した後，現在は経営企画部に在籍。

役　職　等：朝日生命保険相互会社経営企画部課長代理
　　　　　　司法書士試験合格（2008 年）
本書での担当：第 11　内部統制

中村　誠（なかむら　まこと）

新潟県上越市出身。司法書士試験合格後，都内電機メーカーや経済団体の法務部門
での勤務を経て，現職。

役　職　等：新光電気工業株式会社（東証 1 部）コーポレートコミュニケーショ
　　　　　　ン室　担当課長
　　　　　　窓月まつしまや　顧問・法務対策室長
　　　　　　司法書士試験合格（1998 年）
主 な 著 書：『新しい事業報告・計算書類—経団連ひな型を参考に』（商事法務，
　　　　　　共著，2007 年）
本書での担当：第 3　ガバナンス

濱野　雄治（はまの　ゆうじ）

司法書士試験合格後から現職，会社では法務部門を担当。2017 年から日本組織内司法書士協会の会長として，同協会の活動の中心を担う。

役　　職　　等：京浜急行電鉄株式会社　総務部統括課　課長補佐（法務）

　　　　　　　　　司法書士試験合格（2009 年）

　　　　　　　　　日本組織内司法書士協会　会長

本書での担当：第 7　不動産

藤田　亜紀子（ふじた　あきこ）

大学卒業後，前職の不動産会社にて売買，賃貸管理営業等を経験ののち，法務部門の立ち上げを行い，不動産取引関連法務及び労務関連・企業法務全般を担当。同社在籍中に司法書士試験に合格し，現職。

現職では，不動産金融事業及びホテル運営事業に関する取引関連法務，商事法務，ライセンス関連法務，コンプライアンス等法務関連全般を担当。

役　　職　　等：ウェルス・マネジメント株式会社（東証二部）　法務・コンプライ

　　　　　　　　　アンス部　部長

　　　　　　　　　司法書士試験合格（2014 年）・宅地建物取引士・公認不動産コンサ

　　　　　　　　　ルティングマスター

本書での担当：第 7　不動産

真柄　修也（まがら　しゅうや）

司法書士試験に合格後，インターネット広告代理店（東証マザーズ）に勤務し，契約法務や，M＆A など法務部門の業務に幅広く関わる。現職における主な職務は，法務部門として規程整備や，ストックオプションの発行などの上場準備における担当業務を行う。その結果，2016 年 6 月に東証マザースへの上場を果たす。

役　　職　　等：バーチャレクス・ホールディングス株式会社（東証マザーズ）経営

　　　　　　　　　管理本部

　　　　　　　　　司法書士試験合格（2006 年）

　　　　　　　　　日本組織内司法書士協会　幹事

本書での担当：第 2　株式関係

執筆者紹介

宮川　康弘（みやかわ　やすひろ）

司法書士試験合格後，岡山県の司法書士事務所勤務を経て，司法書士初の任期付公務員として消費者庁消費者情報課情報公開・個人情報保護・公益通報係長（後に，庁内の課の再編により総務課へ転属）。4年間勤務し，任期満了後に独立。

役　職　等：宮川司法書士事務所　司法書士

　　　　　　司法書士（岡山県司法書士会，2002年合格）

　　　　　　日本司法書士会連合会司法書士執務調査室執務部会室委員

　　　　　　（公社）成年後見センター・リーガルサポート個人情報保護安全管理措置実施委員会副委員長

主な著書等：『商業・法人登記300問〔初版〕』（テイハン，分担執筆，2010年）

　　　　　　「日常生活支援を目的とした委任契約と消費者保護：任意後見契約の効力発生以前の問題」現代消費者法 No.37（民事法研究会，2017年）

本書での担当：第16　消費者関連

山崎　裕（やまざき　ゆう）

司法書士試験合格（2011年）。現職では，社内唯一の法務担当者として幅広く法務業務を行う傍ら，福祉系 NPO 法人の監事としても活動している。

役　職　等：コンサルティング会社法務担当

本書での担当：第9　債権回収・与信管理

編集協力────────

木村　孝行（きむら　たかゆき）

小林製薬株式会社（東証一部）広報・IR部　部長

司法書士有資格者

協　　力：第4　会議体

311

古屋　秀明（ふるや　ひであき）

司法書士（東京司法書士会）

協　　　　力：第 2　株式関係

渡邉　功喜（わたなべ　のりよし）

株式会社いなげや（東証一部）人事本部人事部　課長

司法書士有資格者

協　　　　力：第 12　労務関係

司法書士目線で答える会社の法務実務
株式・株主関係実務から契約関係実務，予防法務
まで企業法務全般を解説

平成 30 年 11 月 26 日　初版発行

監　修　堀　江　泰　夫

編　著　早　川　将　和

著　者　日本組織内司法書士協会

発 行 者　和　田　　　裕

発行所　日 本 加 除 出 版 株 式 会 社

本　　社　郵便番号 171-8516
　　　　　東京都豊島区南長崎 3 丁目 16 番 6 号
　　　　　T E L　（03）3953-5757（代表）
　　　　　　　　　（03）3952-5759（編集）
　　　　　F A X　（03）3953-5772
　　　　　U R L　www.kajo.co.jp
営 業 部　郵便番号 171-8516
　　　　　東京都豊島区南長崎 3 丁目 16 番 6 号
　　　　　T E L　（03）3953-5642
　　　　　F A X　（03）3953-2061

組版・印刷・製本　㈱アイワード

落丁本・乱丁本は本社でお取替えいたします。
★定価はカバー等に表示してあります。
Ⓒ 2018
Printed in Japan
ISBN978-4-8178-4522-1

JCOPY 〈出版者著作権管理機構　委託出版物〉
　本書を無断で複写複製（電子化を含む）することは，著作権法上の例外を除き，禁じられています。複写される場合は，そのつど事前に出版者著作権管理機構（JCOPY）の許諾を得てください。
　また本書を代行業者等の第三者に依頼してスキャンやデジタル化することは，たとえ個人や家庭内での利用であっても一切認められておりません。

〈JCOPY〉　Ｈ Ｐ：https://www.jcopy.or.jp，e-mail：info@jcopy.or.jp
　　　　　電話：03-5244-5088，FAX：03-5244-5089

ベーシック企業法務事典
ビジネスを推進する実務ナビ

永井徳人・鈴木智也 編・著
冨田和裕・増原陽子・西原以久美 監修・著
2016年11月刊 A5判 336頁 本体2,950円+税 978-4-8178-4358-6

- 実務で迷ったときのための企業法務の総索引。企業内外の実務家のノウハウを図表とともに集約。中小企業・大企業の一般的な法務で扱う各分野を広くカバーし、基礎知識だけでなく、企業内外の視点から、実務のツボや基本的な考え方を凝縮。官民の資料・文献・Web情報を厳選して紹介。

商品番号：40657
略　号：企事典

企業法務ガイド 判例活用編
顧問先へのアドバイスに使える300事案

今川嘉文 著
2014年5月刊 B5判 336頁 本体3,600円+税 978-4-8178-4139-1

- 様々な立場に配慮した、バランスのよい解決策、防止策の指針を明示。
- 今後重要になると思われる地裁、高裁判決をセレクト。
- 各判例を1頁にまとめ、判決の意義、問題の背景、主要な学説、結論に影響を与えた間接事実、留意点をコンパクトに整理。

商品番号：40540
略　号：企判

論点解説 民法（債権法）改正と不動産取引の実務

鎌野邦樹 編集代表
2018年5月刊 A5判 444頁 本体4,300円+税 978-4-8178-4477-4

- 現行法と改正法の相違点、従来の判例との関係、改正後の実務への影響の有無の言及等あらゆる視点から解説した、類のない一冊。
- 各論点に関して、不動産取引の具体的な事例を多数設定しているので、改正前後の取引への影響が理解しやすい。

商品番号：40717
略　号：民改不

Q&Aでマスターする民法改正と登記実務
債権関係の重要条文ポイント解説77問

東京司法書士会民法改正対策委員会 編
2016年9月刊 A5判 376頁 本体3,400円+税 978-4-8178-4331-9

- 民法（債権関係）改正が司法書士業務にどのような影響を与えるかを徹底解説。
- 登記原因証明情報や登記申請情報のひな形を多数交え、改正後の実務を解説。
- 特に実務に影響の大きい改正については、具体的な設例に基づきQ&A形式で解説。

商品番号：40642
略　号：民改登

日本加除出版　〒171-8516　東京都豊島区南長崎3丁目16番6号
TEL (03)3953-5642　FAX (03)3953-2061（営業部）
www.kajo.co.jp